助力鄂州市乡村振兴系列教材

文化鄂州

主　编　周淑茹　陈　适
副主编　吴丽芳　张靖鸣　熊学敏
　　　　刘学文
参　编　蒋　莎　严巧云　王晓辉
　　　　胡钰清　漆　盈　万珂雯

图书在版编目(CIP)数据

文化鄂州 / 周淑茹,陈适主编. -- 南京：东南大学出版社, 2024.8. -- ISBN 978-7-5766-1439-8

Ⅰ.K296.33

中国国家版本馆 CIP 数据核字第 2024R1Y984 号

责任编辑：褚　婧　责任校对：张万莹　封面设计：王　玥　责任印制：周荣虎

文化鄂州　Wenhua Ezhou

主　　编	周淑茹　陈　适
出版发行	东南大学出版社
社　　址	南京市四牌楼 2 号(邮编：210096　电话：025-83793330)
出 版 人	白云飞
经　　销	全国各地新华书店
印　　刷	苏州市古得堡数码印刷有限公司
开　　本	787 mm×1092 mm　1/16
印　　张	14
字　　数	300 千字
版 印 次	2024 年 8 月第 1 版第 1 次印刷
书　　号	ISBN 978-7-5766-1439-8
定　　价	49.00 元

本社图书若有印装质量问题，请直接与营销部调换。电话(传真)：025-83791830

PREFACE 前 言

本书是具有鄂州乡土文化内核和地域特色的校本教材。教育部教职成〔2015〕6号文件第五条明文提出:"各地、各职业院校要充分挖掘和利用本地中华优秀传统文化教育资源,开设专题的地方课程和校本课程。"近些年来,地方高校乡土文化校本课程的开发已经引起了人们的高度重视。许多高校通过对各种乡土文化资源的利用,开展了多样的乡土文化学习活动,以进一步提高大学生的综合能力和人文素养。

文化是一个民族的血脉之根。党的十八大以来,习近平总书记反复强调,"文化自信,是更基础、更广泛、更深厚的自信","坚定文化自信,是事关国运兴衰、事关文化安全、事关民族精神独立性的大问题","要深入挖掘、继承、创新优秀传统乡土文化"。钱理群教授在《贵州读本》序言中指出青年一代对生养、培育自己的土地知之甚少,对其所蕴含的深厚文化,对厮守在土地上的人民,在认识、情感、心理上产生疏离感、陌生感,不仅可能"导致民族的精神危机,更是人自身的存在危机"。正因为如此,教育大学生正确对待乡土文化,成为高校乡土文化校本课程开发的主要目标。

著名的社会学家费孝通教授在他的《乡土中国》中讲述他初次出国时,他的奶妈偷偷地把一包用红纸裹着的东西塞在他箱子底下。还告诉他假如水土不服,想家时,可以把红纸包裹的东西煮成汤,喝一点儿。这是一包灶上的泥土。对土地的热爱,体现了老一辈淳朴的家国情怀。土地成为国家、故乡、家园的象征。"认识我们脚下的土地"是当代中国非常"重大的教育课题",涉及小学、初中、高中、大学等各个教育阶段。

鄂州职业大学的学生来自全国各地,将鄂州市的乡土文化资源推介给本校学生，不仅有助于全面发展鄂州文化，树立城市文化品牌，更能丰富校园文化内涵。乡土文化是具有地方特色的文化，它们既有中华民族文化共性的东西，又有各自独特的、与众不同的东西。通过对本教材的学习，学生们一方面可以从中汲取鄂州优秀的文化传统，另一方面可以对自己的家乡文化产生亲切感，进而去探究本土文化。总之，乡土文化课程是传承乡土知识和保护民族文化的有效手段，开设乡土文化校本课程非常必要。

鄂州有着5000多年的悠久历史，石器时代前后，鄂州境内就有鄂州先民生活的痕迹：大山遗址、坟山地遗址、和尚山遗址、吴家大垮遗址、太和金盆垴遗址、三墩子遗址、大城垴遗址……"鄂"文化灿若星辰：鄂邑、鄂渚、鄂王城、鄂君启节、越人歌，每一段历史背后都隐藏着尘封的故事。

鄂州是湖北省历史文化名城，是"中国三国文化之乡"；鄂州是闻名遐迩的古铜镜之乡；鄂州资源丰富，物产富饶，素有"鄂东聚宝盆"的美称；鄂州的美曾吸引无数风流人物竞折腰；鄂州是"百湖之市""鱼米之乡"；鄂州是驰名中外的"武昌鱼"的原产地；鄂州是中国优秀旅游城市；鄂州是全国旅游标准化示范城市；鄂州是正在"腾飞"的航空都市……这些都为我们编写具有乡土文化特色的校本教材，提供了丰富多彩的宝贵素材。

此书的编者都是一线教师，本着高度的责任感和使命感，他们向地方文史专家请教学习，充分挖掘鄂州乡土文化资源，收集整理大量素材。经过多次的商讨、论证，针对学生的关注点，结合教材的特点，将鄂州乡土文化分为7章进行编撰，主要包括古都根脉、山川胜迹、人物风流、民俗风情、乡音乡韵、舌尖文化、腾飞鄂州。每章又分为若干小节，从不同角度对鄂州部分优秀乡土文化进行了整合介绍，并穿插了一些民间故事和传说，增强了文本的趣味性和可读性。

作为乡土文化校本课程，从总的原则上来讲，教师的"教"，主要是激发兴趣，激发学生们热爱自然、热爱家乡、报效祖国的情感和社会责任感；学生的"学"，重点在于引发思考，培养创新精神和社会实践能力。

该教材的编撰工作由鄂州职业大学吴都文化研究科研创新团队成员共同完成。具体分工如下：周淑茹编写第六章；吴丽芳编写第七章第二节；张靖鸣编写第一章一、二节，第三章第一节；熊学敏编写第五章第一节；蒋莎编写第二章第一节、第七章第一节；严巧云编写第四章一、二节；王晓辉编写第一章第三节；万珂雯编写第五章第二节；胡钰清编写第二章第三节；漆盈编写第三章第二节；刘学文编写第二章第二节、第四章第三节；陈适负责全书统稿、审稿工作。

在编写过程中，得到了鄂州市文化和旅游局、鄂州职业大学教务处以及教管学院的大力支持，在此对他们表示衷心感谢！应该说，本教材以及相关社会科学应用课题的研发，标志着我校的校园文化建设站到了一个新的起点，对于拓展内涵，打造学校文化品牌起到了奠基作用，同时对弘扬鄂州优秀传统文化发挥了积极作用。

由于本教材参考、引用和借鉴了许多专家的著述和文章，其中部分作品的作者未能联系上，在此说明并表示感谢。另外，因时间仓促，外加经验匮乏和能力有限，《文化鄂州》肯定还有很多的不足，希望广大读者和专家批评指正，以及时完善本教材。

陈适
2024 年 1 月

CONTENTS 目 录

第一章　古都根脉

第一节　筚路蓝缕的鄂州先民 ⋯⋯⋯⋯⋯⋯⋯⋯⋯⋯⋯⋯⋯⋯⋯⋯⋯ 002
　　一、石器时代前后的村落遗址 ⋯⋯⋯⋯⋯⋯⋯⋯⋯⋯⋯⋯⋯⋯ 002
　　二、商、周时期村落遗址 ⋯⋯⋯⋯⋯⋯⋯⋯⋯⋯⋯⋯⋯⋯⋯⋯ 003
　　三、鄂州原始先民居用器物 ⋯⋯⋯⋯⋯⋯⋯⋯⋯⋯⋯⋯⋯⋯⋯ 003

第二节　灿若星辰的东鄂文化 ⋯⋯⋯⋯⋯⋯⋯⋯⋯⋯⋯⋯⋯⋯⋯⋯ 005
　　一、鄂邑 ⋯⋯⋯⋯⋯⋯⋯⋯⋯⋯⋯⋯⋯⋯⋯⋯⋯⋯⋯⋯⋯⋯ 005
　　二、鄂渚 ⋯⋯⋯⋯⋯⋯⋯⋯⋯⋯⋯⋯⋯⋯⋯⋯⋯⋯⋯⋯⋯⋯ 006
　　三、鄂王城 ⋯⋯⋯⋯⋯⋯⋯⋯⋯⋯⋯⋯⋯⋯⋯⋯⋯⋯⋯⋯⋯ 007
　　四、鄂君启节 ⋯⋯⋯⋯⋯⋯⋯⋯⋯⋯⋯⋯⋯⋯⋯⋯⋯⋯⋯⋯ 008
　　五、越人歌 ⋯⋯⋯⋯⋯⋯⋯⋯⋯⋯⋯⋯⋯⋯⋯⋯⋯⋯⋯⋯⋯ 009

第三节　繁荣开放的三国吴都 ⋯⋯⋯⋯⋯⋯⋯⋯⋯⋯⋯⋯⋯⋯⋯⋯ 011
　　一、以武而昌——政治中心、军事重镇 ⋯⋯⋯⋯⋯⋯⋯⋯⋯⋯ 011
　　二、农业的稳步发展 ⋯⋯⋯⋯⋯⋯⋯⋯⋯⋯⋯⋯⋯⋯⋯⋯⋯ 012
　　三、商贸之都 ⋯⋯⋯⋯⋯⋯⋯⋯⋯⋯⋯⋯⋯⋯⋯⋯⋯⋯⋯⋯ 013
　　四、文化中心 ⋯⋯⋯⋯⋯⋯⋯⋯⋯⋯⋯⋯⋯⋯⋯⋯⋯⋯⋯⋯ 016
　　五、手工业 ⋯⋯⋯⋯⋯⋯⋯⋯⋯⋯⋯⋯⋯⋯⋯⋯⋯⋯⋯⋯⋯ 018

第二章　山川胜迹

第一节　奇山秀水 ⋯⋯⋯⋯⋯⋯⋯⋯⋯⋯⋯⋯⋯⋯⋯⋯⋯⋯⋯⋯ 026
　　一、人文自然汇西山 ⋯⋯⋯⋯⋯⋯⋯⋯⋯⋯⋯⋯⋯⋯⋯⋯⋯ 026
　　二、文化荟萃莲花山 ⋯⋯⋯⋯⋯⋯⋯⋯⋯⋯⋯⋯⋯⋯⋯⋯⋯ 031
　　三、梦里水乡梁子湖 ⋯⋯⋯⋯⋯⋯⋯⋯⋯⋯⋯⋯⋯⋯⋯⋯⋯ 033
　　四、运动休闲红莲湖 ⋯⋯⋯⋯⋯⋯⋯⋯⋯⋯⋯⋯⋯⋯⋯⋯⋯ 035
　　五、烟柳如画洋澜湖 ⋯⋯⋯⋯⋯⋯⋯⋯⋯⋯⋯⋯⋯⋯⋯⋯⋯ 036
　　六、碧波荡漾三山湖 ⋯⋯⋯⋯⋯⋯⋯⋯⋯⋯⋯⋯⋯⋯⋯⋯⋯ 037

第二节　古迹寻踪 ⋯⋯⋯⋯⋯⋯⋯⋯⋯⋯⋯⋯⋯⋯⋯⋯⋯⋯⋯⋯ 039

一、三台、八景、十大古迹 ⋯⋯⋯⋯⋯⋯⋯⋯⋯⋯⋯⋯⋯⋯⋯⋯⋯⋯ 039

　　二、三山吴氏宗祠 ⋯⋯⋯⋯⋯⋯⋯⋯⋯⋯⋯⋯⋯⋯⋯⋯⋯⋯⋯⋯⋯ 045

　　三、方家古宅 ⋯⋯⋯⋯⋯⋯⋯⋯⋯⋯⋯⋯⋯⋯⋯⋯⋯⋯⋯⋯⋯⋯⋯ 047

　　四、梁子岛青石板街 ⋯⋯⋯⋯⋯⋯⋯⋯⋯⋯⋯⋯⋯⋯⋯⋯⋯⋯⋯⋯ 049

　　五、胡家大湾古建群 ⋯⋯⋯⋯⋯⋯⋯⋯⋯⋯⋯⋯⋯⋯⋯⋯⋯⋯⋯⋯ 050

　第三节　革命圣地 ⋯⋯⋯⋯⋯⋯⋯⋯⋯⋯⋯⋯⋯⋯⋯⋯⋯⋯⋯⋯⋯⋯ 053

　　一、吴兆麟将军纪念馆 ⋯⋯⋯⋯⋯⋯⋯⋯⋯⋯⋯⋯⋯⋯⋯⋯⋯⋯⋯ 053

　　二、程正瀛故居纪念馆 ⋯⋯⋯⋯⋯⋯⋯⋯⋯⋯⋯⋯⋯⋯⋯⋯⋯⋯⋯ 055

　　三、贺龙军部旧址 ⋯⋯⋯⋯⋯⋯⋯⋯⋯⋯⋯⋯⋯⋯⋯⋯⋯⋯⋯⋯⋯ 056

　　四、刘伯垂纪念馆 ⋯⋯⋯⋯⋯⋯⋯⋯⋯⋯⋯⋯⋯⋯⋯⋯⋯⋯⋯⋯⋯ 059

　　五、麻羊垴鄂南抗日根据地指挥中心旧址 ⋯⋯⋯⋯⋯⋯⋯⋯⋯⋯⋯ 060

　　六、彭楚藩烈士祠 ⋯⋯⋯⋯⋯⋯⋯⋯⋯⋯⋯⋯⋯⋯⋯⋯⋯⋯⋯⋯⋯ 063

第三章　人物风流

　第一节　治绩彰显的政治人物 ⋯⋯⋯⋯⋯⋯⋯⋯⋯⋯⋯⋯⋯⋯⋯⋯⋯ 066

　　一、陶侃 ⋯⋯⋯⋯⋯⋯⋯⋯⋯⋯⋯⋯⋯⋯⋯⋯⋯⋯⋯⋯⋯⋯⋯⋯⋯ 066

　　二、庾亮 ⋯⋯⋯⋯⋯⋯⋯⋯⋯⋯⋯⋯⋯⋯⋯⋯⋯⋯⋯⋯⋯⋯⋯⋯⋯ 068

　　三、蔡哲 ⋯⋯⋯⋯⋯⋯⋯⋯⋯⋯⋯⋯⋯⋯⋯⋯⋯⋯⋯⋯⋯⋯⋯⋯⋯ 070

　　四、熊桴 ⋯⋯⋯⋯⋯⋯⋯⋯⋯⋯⋯⋯⋯⋯⋯⋯⋯⋯⋯⋯⋯⋯⋯⋯⋯ 072

　　五、陈中孚 ⋯⋯⋯⋯⋯⋯⋯⋯⋯⋯⋯⋯⋯⋯⋯⋯⋯⋯⋯⋯⋯⋯⋯⋯ 074

　第二节　佳构纷呈的文人墨客 ⋯⋯⋯⋯⋯⋯⋯⋯⋯⋯⋯⋯⋯⋯⋯⋯⋯ 076

　　一、李白 ⋯⋯⋯⋯⋯⋯⋯⋯⋯⋯⋯⋯⋯⋯⋯⋯⋯⋯⋯⋯⋯⋯⋯⋯⋯ 076

　　二、元结 ⋯⋯⋯⋯⋯⋯⋯⋯⋯⋯⋯⋯⋯⋯⋯⋯⋯⋯⋯⋯⋯⋯⋯⋯⋯ 078

　　三、苏轼 ⋯⋯⋯⋯⋯⋯⋯⋯⋯⋯⋯⋯⋯⋯⋯⋯⋯⋯⋯⋯⋯⋯⋯⋯⋯ 081

　　四、黄庭坚 ⋯⋯⋯⋯⋯⋯⋯⋯⋯⋯⋯⋯⋯⋯⋯⋯⋯⋯⋯⋯⋯⋯⋯⋯ 086

　　五、丁鹤年 ⋯⋯⋯⋯⋯⋯⋯⋯⋯⋯⋯⋯⋯⋯⋯⋯⋯⋯⋯⋯⋯⋯⋯⋯ 088

　　六、张裕钊 ⋯⋯⋯⋯⋯⋯⋯⋯⋯⋯⋯⋯⋯⋯⋯⋯⋯⋯⋯⋯⋯⋯⋯⋯ 089

第四章　民俗风情

　第一节　水乡泽国的传统习俗 ⋯⋯⋯⋯⋯⋯⋯⋯⋯⋯⋯⋯⋯⋯⋯⋯⋯ 094

　　一、春节 ⋯⋯⋯⋯⋯⋯⋯⋯⋯⋯⋯⋯⋯⋯⋯⋯⋯⋯⋯⋯⋯⋯⋯⋯⋯ 094

　　二、清明节 ⋯⋯⋯⋯⋯⋯⋯⋯⋯⋯⋯⋯⋯⋯⋯⋯⋯⋯⋯⋯⋯⋯⋯⋯ 097

　　三、端午节 ⋯⋯⋯⋯⋯⋯⋯⋯⋯⋯⋯⋯⋯⋯⋯⋯⋯⋯⋯⋯⋯⋯⋯⋯ 099

　　四、中秋节 ⋯⋯⋯⋯⋯⋯⋯⋯⋯⋯⋯⋯⋯⋯⋯⋯⋯⋯⋯⋯⋯⋯⋯⋯ 102

五、男婚女嫁 ………………………………………………………………… 103

六、生儿育女 ………………………………………………………………… 107

七、送终治丧 ………………………………………………………………… 108

第二节　精彩纷呈的游艺盛会 …………………………………………………… 111

一、嵩山百节龙 ……………………………………………………………… 111

二、泽林旱龙舟 ……………………………………………………………… 112

三、葛店虾灯 ………………………………………………………………… 114

第三节　匠心独具的民间工艺 …………………………………………………… 116

一、雕花剪纸 ………………………………………………………………… 116

二、铜镜复制 ………………………………………………………………… 119

三、华容土布制作 …………………………………………………………… 122

第五章　乡音乡韵

第一节　鄂州方言 ………………………………………………………………… 126

一、方言流变 ………………………………………………………………… 126

二、方言区域划分 …………………………………………………………… 127

三、语音特点 ………………………………………………………………… 129

四、词汇特色 ………………………………………………………………… 133

五、地方俗语 ………………………………………………………………… 140

第二节　曲艺风华 ………………………………………………………………… 147

一、民歌渊源 ………………………………………………………………… 147

二、民歌 ……………………………………………………………………… 150

三、民间吹打乐 ……………………………………………………………… 158

第六章　舌尖文化

第一节　香味醇厚的美食文化 …………………………………………………… 164

一、方言"和八钚"与鄂州菜的渊源 ……………………………………… 164

二、武昌鱼 …………………………………………………………………… 165

三、梁湖大闸蟹 ……………………………………………………………… 168

四、太和千张 ………………………………………………………………… 170

五、黄颡鱼羹 ………………………………………………………………… 172

第二节　丰富多彩的美食节 ……………………………………………………… 174

一、梁子湖采菱节 …………………………………………………………… 174

二、涂家垴镇蓝莓节 ………………………………………………………… 176

三、蒲团荷花节 ·· 177
四、沼山镇胡柚采摘节 ·· 179

第七章　腾飞鄂州

第一节　美丽乡村
一、钟灵毓秀万秀村 ·· 182
二、"醉美"乡村岳石洪 ··· 183
三、墨巷荷秀张家湾 ·· 185

第二节　航空都市
一、机场获批 ·· 188
二、机场落地 ·· 191
三、机场试飞 ·· 198
四、飞向未来 ·· 202

参考与征引文献 ·· 209

第一章　古都根脉

第一节 筚路蓝缕的鄂州先民

> 石器时代前后,鄂州境内就有鄂州先民生活的痕迹。在鄂州发现的旧石器时代遗址中,出土有石核、石片、砍砸器、刮削器等人工打制和使用过的石器。另发现新石器时代遗存数十处,并有厚厚的文化层。
>
> 商周时期的鄂州村落遗址主要分布在西北的葛(店)华(容)段(店),东南的汀祖、沙窝、燕矶,南面的沼山、涂家垴等地。此时,鄂州先民逐渐由野蛮状态走向文明时代。
>
> 鄂州原始先民居用器物发掘出来的有石斧、石铲、渔网、甑、纺轮等,据此可以推测出先民们的生活状况。

一、石器时代前后的村落遗址

远古时代,我们的祖先就在长江中部南岸区域劳动、生息,创造着历史。在鄂州发现的旧石器时代遗址中,出土有石核、石片、砍砸器、刮削器等人工打制和使用过的石器。另发现新石器时代遗存数十处,并有厚厚的文化层。其文化面貌介于湖北、安徽和江西三省之间,既具湖北屈家岭文化、石家河文化特点,又带有安徽薛家岗文化、江西山背文化特征,体现了古代鄂州地区文化融合的历史进程。

大约距今4000—5000年,即原始社会末期,由母系氏族公社进入父系氏族公社时期,鄂州境内的先民生活居住的村落遗址主要分布在西北的葛店、华容、段店片,南面的太和片,以及东面的新庙地区,共13处。在西北的葛店、华容、段店片,主要有大山遗址、

金盆垴遗址

坟山地遗址、和尚山遗址、螺丝眼遗址和城子山遗址等10处遗存,并有厚厚的文化层。这几处遗址有个共同点,就是文化层厚达2~5米,内含标本丰富,采集有孔石铲、红陶鼎足以及火烧土等,其中夹砂陶略多于泥质陶,黑陶居多,红陶、灰陶次之,可见器形的有陶鼎、盆、豆等。在南面的太和、蒲团片中,主要有蒲团吴家大塆遗址,太和金盆垴遗址、三墩子遗址、大

城垴遗址。其文化层厚达 2～4 米，采集有孔石铲、石斧、铜箭镞、陶纺轮等。从地域来看，鄂州当属长江流域或江汉流域的重要地段，上述遗址中出土的石器、陶器当属新石器时代的物质文化遗存。

纺轮

二、商、周时期村落遗址

这一时期鄂州先民们的村落遗址主要分布在西北的葛店、华容、段店，东南的汀祖、沙窝、燕矶，南面的沼山、涂家垴等地。

在葛店、华容、段店片，有平顶山遗址、门前地遗址、常墩遗址、洋墩遗址、烽火台遗址、神墩（北）遗址和码头遗址。这些遗址的共同特点，就是文化层厚度差距较大，薄的仅仅 25 厘米，厚的可达 4 米。采集到的标本一般有陶鬲、缸、瓮、纺轮、小石凿、小铜斧等。

在东南的汀祖、沙窝、燕矶片，有汀祖官山遗址、龙转头遗址，沙窝陈林寨遗址，燕矶艾家塆遗址、侧船地遗址以及新庙楼塘遗址。这些遗址的文化层厚度一般为几十厘米。采集到的标本有鼎足、鬲足、豆把等。有的与鄂东南地区的阳新、大冶等地同期遗址标本大体一致。

在南面的沼山、涂家垴片，有沼山金老坟遗址，涂家垴神墩（南）遗址、金盆地遗址、乌龟山遗址和雷山遗址。

我们的先民经历石器时代到商、周的漫长时期，生产力在不断发展与提高，已经有了农耕、畜牧、捕鱼、纺麻、制陶和冶铸等农牧业与手工业的经营，已经从游猎逐渐转变为农耕、畜牧、渔业并举进而定居，逐渐由野蛮走向文明。

三、鄂州原始先民居用器物

鄂州先民用勤劳的双手和简陋的工具，创榛辟莽，在这块土地上建造栖息地。他们对居住环境的选择，基本上是居高临下，依山傍水，择优而居，对水土的需求是主要的，这是人类生存的普遍规律。从 40 处遗址的分布来看，除了依丘陵、沙丘的两处特例外，其余 38 处遗址都分布在江边、湖边、港边。择水而居是远古人类生活的重要特点。

在长江流域，原始居民种植的多为水稻，种植方法一般是先用石斧砍去杂草树林，放火烧光，等待湖泊涨水后，放水浸泡，产生肥力。水退后用石锛（类似今天鄂州农村使用的锄头或十字镐）、石铲翻松土地，点播种子，此后，听其自然，任其生长。这就是所谓"刀耕火种"。在鄂州的一些原始居民区内，几乎每处都有石斧、石铲发现，这些工具是先民对鄂州原始农业进行开发的极好证明。尤其值得注意的是，在今天花湖镇的华山村，发现了一把巨型石斧。该石斧为灰麻石凿磨而成，长达 28.3 厘米，可谓原始工具中的佼佼者。

渔网则用野生植物纤维编织而成,网脚往往有用石头磨制或用烧制陶器的方法制成的网坠。葛店镇白浒镇村的平顶山遗址曾发现这种网坠,系陶制,两端凹陷下去的一圈为系网绳的地方。猎获动物则是用石制或骨制的箭。庙岭镇大叶村的大山遗址就出土有用黑色石头磨制而成的箭头,今天看上去还很尖锐,也很精致。

自古以来,"民以食为天"。"甗"的用途是上半部分可以蒸,下半部分可以煮。太和镇柯畈村的三墩子遗址中出土的甗告诉我们,这里的居民已经懂得一定的"烹饪技巧"了。纺织遗物——纺轮的数量也较多,华容镇熊咀村高老屋的和尚山遗址、燕矶镇沙塘村官塘岸边的七窑山遗址和太和镇子坛村的大城墩遗址中,均有纺轮出现,有的纺轮还被当时的"美工人员"涂上了色彩,像流云,又像道教的阴阳八卦图案。纺织物则是用植物中的纤维,如野生麻、葛藤等织成。

目前发现,器物最为丰富多彩的遗址是华容的和尚山遗址,其次就是新庙的罗家咀遗址,这些原始居民点的居民使用的器具有上述的鼎、鬲、盆、钵等,质地有红陶、黑陶、灰陶,有的器物还有美丽的色彩、图案。其中,图案纹样多由植物纹样转化而来,带有一定的抽象性。

思考与探究:

1. 石器时代前后鄂州的村落遗址有哪些?具有什么特点?
2. 商周时期鄂州村落遗址主要分布在哪里?
3. 从鄂州原始先民居用器物可了解先民什么样的生活状况?

第二节　灿若星辰的东鄂文化

> "鄂"是湖北简称，与鄂州有重要渊源。鄂州的历史久远，有着得天独厚的自然环境与物质条件，其文化形态与内涵对后来湖北地区地名与格局产生了重要影响。
>
> 鄂邑、鄂渚、鄂王城、鄂君启节、鄂君歌等证实了鄂州是一座具有悠久历史的古城。

一、鄂邑

鄂国是先秦时期的古国，历史久远，而传世文献记载甚少，当今学者只能根据有限的资料进行探索。据《战国策》与《史记》记载，鄂侯在商代的地位很高，为纣王时代的三公之一。鄂国起初在黄河流域，大致在山西乡宁附近。周代早中期的鄂国地处湖北随州一带。西周中晚期至春秋的鄂国在河南南阳，因形势的发展，后迁至湖北鄂州、黄石一带，乃至湖南东北部、江西西北部等地区，这就是东鄂所在地。

鄂邑作为封邑，大致范围是今天的鄂东南、湖南与江西部分地区，在楚国居于极为重要的地位，承续时间长达几百年，鄂邑可以被视为楚国除国都之外的第二大政治中心。据范文澜先生所列《西周东周年表》统计，鄂君存续时间约为393年（前799年至前407年）。

周代楚公钟青铜器拓片

鄂君承续时间上限还可上推80年，即推至熊挚红被立为鄂王的公元前879年（周夷王七年），鄂君承续时间约共达473年。这在楚国历史上是极为罕见的。

战国时期楚国有封君54个，鄂君是楚国封君之一。在楚国封君中，地位最重要的当推鄀君，其次则是鄂君。鄂君中比较著名的人物有鄂君子晳和鄂君启等。鄂君子晳是鄂邑中期的一位封君，"鄂君子晳，亲楚王母弟也，官为令尹，爵为执圭"（刘向：《说苑·善说》）。他是楚共王之子，兼楚国令尹（宰相），地位十分显赫。子晳又名子晰、子析、公孙黑、黑肱、驷化等，系春秋五霸之一的楚庄王之孙，楚共王第四子，其生卒年约为公元前560年—公元前529

年。子晳作为封君，在东鄂一带活动的时间甚长。闲暇之时，"鄂君子晳泛舟于新波之中，乘青翰之舟，张翠盖，会钟鼓之音，越人拥楫而歌"。

子晳之后，东鄂继续保留封君制度，封君均由楚王的子嗣或兄弟充任。东鄂封君同楚王保持了密切的政治、经济及文化联系。楚王曾数次赠钟给鄂君。熊渠六世孙熊咢特制"楚公钟"给鄂君。北宋政和三年（1113年），该钟在今鄂州与嘉鱼之间的太平湖出土，后经王国维先生考证，确系东鄂遗物。东鄂最后一代封君是鄂君启，启受封于鄂的时间是在楚怀王六年（前323年）之前。1957年4月，在安徽寿县出土的鄂君启节为东鄂确曾实行封君制度提供了最有力的实物佐证。

》》二、鄂渚

"鄂渚"为地名，《楚辞》中有："乘鄂渚而反顾兮，欸秋冬之绪风。"意思是说，在鄂渚登岸，回头遥望国都，对着秋冬的寒风叹息。这是至今所看到的古代诗文中最早出现的关于"鄂渚"的记载。很多专家考证，"鄂渚"多指今天的鄂州长江段或梁子湖一带。鄂州本土研究者认为，屈原被逐期间行吟江南（不是回湖南）曾到过鄂州一带，应是地方志和民间传说等相互印证达成的共识。相关研究的论文专著（包括《屈原传》《湖北特色文化谈丛》《历史名人与鄂州》《武昌县志》《鄂州市志》等）举不胜举。还有西山的望楚亭、大西门的望楚门、北门江边的三闾大夫庙、东门的傩神祠等遗迹，以及茅船会与梁子穿花龙舟、泽林旱龙舟等省级、国家级非物质文化遗产，鄂州诗选、鄂州民谣民俗等，都是最具说服力的证明。

陈洪绶《屈子行吟图》

的确，古代有些写鄂渚的诗赋与鄂州有关。如南朝齐著名诗人谢朓《和伏武昌登孙权故城》诗有曰："钓台临讲阅，樊山开广宴……于役傥有期，鄂渚同游衍。"梁元帝萧绎《玄览赋》曰："经钓台而高迈，过鄂渚而西浮……嗟今来而古往，聊绝笔于获麟。"《梁书·张缵传》记载张缵为湘州刺史，述职经过武昌，作《南征赋》，中有："径遵途乎鄂渚，迹孙氏之霸业"。南宋诗人王十朋在《过樊口》中写道："鄂渚风烟接，吴宫草树荒。"又在《宿华容寺》中写道："晓发华容寺，云开鄂渚天。"

有些诗词中出现的"鄂渚"，则指武汉市长江段。而有的研究者倾向于屈原所指的"鄂渚"就是洞庭湖，因为屈原经过的路线是澧水→沅水→汨罗，"上沅兮"前面是澧水，后面是沅水,常德一带当时应该是一片湖泽,与洞庭湖相连,那才是文中的"鄂渚"。

综上所述,无论是在俗称中,还是在一些诗文中能见到的,是一种人文效应,也是鄂渚这一地名自身的文化效应。实际上,鄂渚应指湖北梁子湖、鄂州、武汉至湖南、江西一带相连的水域,这大约就是古鄂渚的范围。

三、鄂王城

鄂王城具体地点有二说。一为鄂县故城说。此说最早见于《水经注·江水注三》,其认为鄂王城在"鄂县故城",即今湖北鄂州市城区内。二为"古马迹乡说"。此说最早见于魏晋南北朝时期的《九州记》。此书虽已失传,相关内容尚见其他古书引用,其说:"鄂王城在武昌县西南二(为一百二十里误)里,属马迹乡。"古马迹乡,原处鄂州市南边,后划入大冶市,今为大冶西南边的金牛镇鄂王城村胡彦贵湾(位于今大冶金牛镇西南约7公里处)。

鄂王城城址

这二说中,古马迹乡说,在地方志和考古方面已得到一定的支持。方志方面,有全国性的总志,如宋代乐史的《太平寰宇记》云:"鄂王城在州西北百八十里。楚子熊渠封中子红于鄂,僭称王,居此城……今鄂人事鄂王神,即遗像也。"有本土方志,如光绪《武昌县志》、民国《湖北通志》都有详细考辨,光绪《武昌县志》云:"考马迹乡在县(今鄂州市)西南一百二十里……今遗址关门石尚存,土人呼为鄂王城,其为楚封址无疑。"1982年,大冶市博物馆的考古工作队对古马迹乡的"鄂王城遗址"进行勘探,发现"鄂王城遗址"正位于胡彦贵湾附近的岗陵上。地面至今可见土筑城垣、护城河及部分建筑基址。

唐宋时期,鄂东一带流行祭拜"鄂王神"的风俗;宋武昌县令薛季宣曾亲往鄂王故城遗址考察,他在《鄂墟赋》中写道:"按籍披图,乃窥鄂墟,有邑无民,荒城已芜。"描写的就是当时鄂王旧城残破的情景。至清末民初,土人尚能指点"鄂王城"遗址。

谭其骧、黄盛璋、刘和惠等专家认为鄂城县(今鄂城区)西南二里就是鄂王城,因为其地有长江与西山南麓作屏障,地势险要,为水陆要冲,在军事上可攻可守,在物质运输方面十分便捷,在贸易上可以抵达南方诸地,比大冶鄂王城各方面条件优越得多,但没有出土很重要的文物,所以难以确认。大冶鄂王城遗址经专家发掘,其东西长约500米,南北宽约400米,城垣总长为1530米,面积较小。遗址先后出土了金币"陈爰"、嵌金乌纹戈及石斧和陶器等,但没出土大件文物。专家们分析,此处离铜绿山不远,应是铜绿山矿产物资的一个中转站或军事据点,而绝非王都。还有人认为鄂王城在今江夏区湖泗镇境内,因为那里有两周遗址,出土了几件西周中晚期的青铜礼乐器。

目前,专家学者们还没有达成共识,鄂王城到底在什么地方,还有一个漫长的考证过程,需要重要的文物支撑,有待考古专家与文史学者进一步探究。

四、鄂君启节

鄂君启节

在中国国家博物馆收藏着 2 枚战国时期的免税通行证,其形状酷似竹节,长短不一,表面有错金铭文。其中一枚叫车节,长 29.6 厘米,宽 7.3 厘米;另一枚叫舟节,长 31 厘米,宽 7.3 厘米。它们就是著名的错金青铜鄂君启节。

鄂君启节,因为形似竹节而得名。节一般是古时由帝王或政府颁发的用于水陆交通的凭证。这两枚青铜竹节精巧细致,器表刻有铭文,为错金工艺刻上去的篆书。金色的篆字铭文配搭绿色的青铜节,看上去非常华贵。

在当今的国际交往中,无论是人员往来还是商品贸易,都需要有通行的证明或证件。在中国古代,来往各地的贸易人员也需要有一定的证件。而节,就是古代进行商业活动的一种凭证,它有免税和通关的作用,相当于我们今天的护照和海关免税单据。在《周礼·地官·掌节》中,对"节"就有明确的记载:"凡通达于天下者,必有节以传辅之,无节者,有几则不达。"

早在中国商代,就有了关检机构和制度。到春秋战国时,以传递命令的"符"和证明身份的"节"为代表的通行证开始产生,合称为"符节"。西汉时,节不再用青铜铸造,而是改成缀有旄毛的长杆。到了唐朝,人们在各地通行时,依然需要持有官府颁发的一种名为"过所"的凭证。这种通行证到明朝演变为"路照"或"通关文牒",形式跟今天的护照已经非常相近了。

这两枚青铜鄂君启节,是中国早期通行证的雏形。从青铜节上的铭文可以判断,鄂君启节颁发的时间是楚国"大司马邵(昭)阳败晋师于襄陵之岁",也就是公元前 323 年的战国中晚期。那么如此珍贵的青铜节,最初的主人是谁?

公元前 323 年的战国中晚期,强大的楚国的疆域几乎囊括了半个中国,它物产丰富,商业活跃,地位可以说是举足轻重。

当时楚国的国君是楚怀王,他将启封为鄂君。鄂君则是对鄂城一带封君的尊称。

楚怀王在封启为鄂君的同时，还赐给他青铜节，就是我们今天看到的鄂君启节。在战国时期，中国的税务制度已经达到一个相当高的水平，为了稳定国家的经济财政，统治者制定了一系列规范税务的制度，而商人则要向国家按章纳税。鄂君启得到了楚怀王亲自颁发的青铜车节和舟节，就意味着他的水陆两路商队在楚国境内可以一律免税，畅通无阻。

为什么要把青铜节设计成竹节的造型呢？原来，最早出现证明身份的节，就是用竹子作为原材料制作的，方便书写铭文。在那时，还没有纸，人们只能在竹片或简牍上面书写，最初的节就采用了常见的竹子制作，后来逐渐演变为青铜铸造。那么，鄂君启节上的铭文到底记载了什么内容呢？

这两枚青铜节，车节有154字，舟节有163字。从铭文的文字记录得知，青铜节虽然可以免除鄂君启的税，但是商队的规模、路线将受到国家的严格控制。在青铜节的错金铭文里，详细地注明：鄂君的商队船只不能超过150艘，车辆不能超过50辆，货物贩运时间以一年为限，并且严禁私运武器、青铜和皮革等战略物资。

对于商队的运货路线更有严格规定：鄂君启经水路湖北鄂城出发，穿过洞庭湖、汉江、长江和鄱阳湖，然后到达安徽的枞阳；还可以从鄂城向南过湘江、资江和沅江，前往楚国曾经的郢都。

这些青铜错金节既然能免除税款，那么，会不会有人伪造呢？从目前发现的当时的青铜节来看，上面的铭文均采用了错金工艺，很可能就是为了防止伪造。

错金，是中国春秋时期出现的一种工艺，具体方法是在青铜器铸造的时候先铸出凹槽，以便在青铜器铸造成形后，在凹槽内镶嵌金银。凹槽还需要加工錾槽。錾槽就是在器表用墨笔画出纹样，然后根据纹样，錾刻浅槽，这在古代时叫作镂金。接着将金银片、丝放入槽内镶嵌好，最后经过锤打、错实、磨平。

在当时，民间很少有人会这门工艺，只有宫廷贵族才会有掌握错金工艺的师傅，所以，青铜错金节是难以被仿制的。

时至今日，历经了2000多年的鄂君启节依然散发着迷人而古朴的光芒，刻于节上的错金铭文更造就了它独特的魅力。这两枚鄂君启节保存在中国国家博物馆，为人们研究战国时期楚国的经济、税务制度提供了详细而宝贵的资料，是极为珍贵的青铜瑰宝。它的出土，也填补了"节"这类实物的空白。

》》五、越人歌

战国时期，子皙被封为鄂君。据刘向《说苑》记载，鄂君子皙乘青翰之舟于新波之中，驾船的越人唱起了一首优美动听的民歌。这首歌的歌词堪称是楚辞的先声，在中国文学史上享有极高的地位。

据载,鄂君子皙来到新封鄂邑,乘坐华丽的游船,泛舟新波之中(当在其新封鄂地的江面上)。

越人拥楫(桨)而歌,歌辞曰:"滥兮,抃草滥予,昌枑泽予,昌州州,䱅州焉乎,秦胥胥,缦予乎,昭澶秦逾渗,惿随河湖。"

鄂君子皙曰:"吾不知越歌,子试为我楚说之。"于是乃召越译,乃楚说之曰:

今夕何夕兮,

搴舟中流。

今日何日兮,

得与王子同舟。

蒙羞被好兮,

不訾诟耻。

心几烦而不绝兮,

得知王子。

山有木兮木有枝,

心说君兮君不知。

越人歌

鄂君子皙听后,挥着长袖,上前拥抱那船夫,举绣被盖在他的身上。

这首歌的内容,主要描述王子(鄂君子皙)泛舟中流,歌者(荆楚越人)与王子同舟时对王子产生的爱慕之情。

起头数句本为叙事,加上"今夕何夕兮""今日何日兮"两句,就充分表达了歌者能与王子同舟的欢快喜悦的心情,使叙事与抒情融为一体。最后两句"山有木兮木有枝,心说君兮君不知",不仅在句中以"兮"字代替"而"字,增强了声调的优美感,而且以"枝"谐"知",使兴中有比。吟罢此歌,那别致的楚地风趣,质朴的水乡情谊,余韵柔婉,几能移人情思,令人心醉。

 思考与探究:

1. 鄂州的历史非常悠久,本节从哪些方面说明了这一点?
2. 关于鄂王城遗址,有哪两种说法?
3. 谈谈鄂君启节的历史意义。
4. 背诵《越人歌》。

第三节　繁荣开放的三国吴都

> 鄂州是一座历史悠久的文化名城，春秋战国时期，曾是楚之别都，为楚鄂王封地，三国时期，又两度成为孙吴的国都，是当时长江中游的政治、经济、文化中心之一。
>
> 公元221年4月，为了加强对长江中游的统治，孙权将其统治中心从湖北的公安迁至鄂县，取"以武而昌"之义，将鄂县改名为武昌县，寓意县、国两旺。同年分江夏立武昌郡，辖武昌、阳新、沙羡、下雉、柴桑、浔阳等六县。公元229年4月，孙权在武昌（今湖北鄂城）南郊称帝，传有黄龙蟠于江心矶上积日方去，遂改元黄龙元年，史称"东吴"。公元229年9月，孙权迁都建业（现南京市），以陆逊辅太子镇武昌。公元265年9月，末帝孙皓自建业迁都武昌。
>
> 东吴全盛时期，经济发达，相贤将勇，政通人和，版图推进到海南岛，统辖了长江中下游、珠江流域的扬、荆、交、广等四州之地，由于人口激增，户籍扩充，总县城数目达313个之多。

》一、以武而昌——政治中心、军事重镇

鄂州位于长江南岸的重要渡口处，其山川形势和物质资源适于建都。孙权来鄂州后修筑了武昌城，即"吴王城"。在今鄂州市南百子畈一带钻探查明，吴王城为一东西长，南北窄，总面积0.6平方公里的长方形古城。史载吴王城分内外两城。城内有一座武昌宫，四周有宫城，内有太极殿、礼宾殿和安乐宫等主要建筑物。武昌城的建筑用料十分讲究，据清光绪《武昌县志》载，其砖瓦"皆澄泥

吴王城遗址

为之，可以为砚，一瓦值万钱"。宋人薛季宣曾写过一首名为《樊山春望》的诗，对武昌安乐宫作了生动描写："东鄂城东安乐宫，李花练绚玉玲珑。画图长喜平芜绿，不觉身归罨画中。"描绘了武昌城锦绣、繁华之风采。如今吴王城仅存一段长约60米、宽10米、高达4米的夯土墙和形如带的护城河遗迹。

武昌地理形势险要，"襟带江、沔，依阻湖山，左控庐、浉，右连樊、汉"，便于设防，是东吴最大的军事港口和水军基地。赤壁大战前，孙、刘两家水军在武昌集结。赤壁之战后，孙、刘两家的矛盾日益尖锐，武昌为兵家必争之地。孙权经常前往长江中游调兵遣将，为诸军节度。

武昌三面皆山，环城皆水，尤其是东南部的幕阜山余脉，山势险峻，道路崎岖，是天然的军事屏障。其北有长江，西南有三山湖，南有洋澜、梁子诸湖，西有樊川襟江带湖。九十里樊川，水深道阔，曲折幽深，是停泊水军船只的绝佳场所，百里梁子湖，湖宽水丰，终年不竭，是周瑜水军训练基地，至今还存在"周瑜点将台"遗址。驻梁子、出樊川、入长江，非常有利于水军机动。

东吴靠水军立国，溯江而上，可北上直取襄阳，又可西进抗衡巴蜀。顺江而下，不日即可驰援建业。《三国志》："初权在武昌，欲还都建业，……时梁为小将，未有知名，乃越席而进曰：'……使武昌有精兵万人，付智略者任将，常使严整。一旦有警，应声相赴。作甘水城，轻舰数千，诸所宜用皆使备具。如此开门延敌，敌自不来矣。'权以梁计为最得，即超增梁位。后稍以功进至沔中督。"东吴将领充分认识到武昌重要的战略地位。

孙权在武昌周边兴建了许多军事堡垒，对岸江北的邾城（今黄冈）就有3万人驻守。而武昌作为军事大本营，驻军数量当不会少于邾城。因此，有学者推测，当时武昌驻军至少也在4万人以上。

>> 二、农业的稳步发展

东吴从孙权时期开始，各州郡实行"施德缓刑，宽赋息调"、务农重谷的经济措施，让人民休养生息。公元226年，陆逊上表孙权"请令诸将各广其田"，权曰："甚善。今孤父子亲自受田，车中八牛以为四耦，虽未及古人，亦欲与众均等其劳也。"孙权特将自己驾车的八牛改充耕牛，还表示要亲领一份公田的任务，与众人同样地从事劳作，以示鼓励。时人赞誉孙权"广开农桑之业，积不訾之储"。

吴国为了就地解决军需粮秣的供应，实行"且佃且守"的方针，推行屯田制度，设置典农校尉和典农都尉。屯田制分兵屯和民屯。兵屯下之耕者为佃兵，民屯下之耕者为屯田客。民屯生产由典农校尉、典农都尉管理，屯田客只需耕田种地，政府免除他们的兵役负担。北人南渡和越汉、蛮汉融合（东吴对山越等少数民族实行"强者为兵，赢者补户"的政策）为武昌农业的发展提供了劳动力。

古农事活动图

武昌沃野千里，雨量充沛，气候温和，宜于耕稼，发展农业的自然条件优越。随着铁农具和牛耕的推广，当地农田普遍采用耦耕和种植双季稻，农作物产量得到了提升。

武昌作为军事要地，屯兵在将帅的统领下且耕且战，以备边防。在武昌防区内的各级将领兴办农田水利，在武昌附近了兴建了很多灌区。

如长江北岸有引巴灌区。《水经注·江水注》"鄂县北"下载："江水左则巴水注之，水出雩娄县之下灵山，即大别山也。……吴时，旧立屯于水侧，引巴水以溉野。"《水经注疏》熊会贞按语云："今罗田为三国吴魏分界处，故吴屯兵守险，并引水溉田以储粮。"据此可知，引巴灌区位于今湖北罗田一带，这里有一片山谷平

水车灌溉

原，地势自东北向西南倾斜，宜于发展自流引灌。东吴引巴灌区的兴建，使这块前哨基地储备了充裕的粮食，得以与曹魏作持久的对抗。

长江南岸，以阳新灌区最为著名。《水经注·江水》载：江水"又东过下雉县（治所在今湖北阳新县东）北，……江之右岸，富水注之。水出阳新县（治所在今湖北阳新县西阳新镇）之青溢山，西北流经阳新县。……水之左右，公私裂溉，咸成沃壤。旧吴屯所在也。"富水是长江南岸的一条支流，在今湖北阳新县东。富水河谷平原宜于农耕，进出长江也很便利。当时东吴在富水流域设置有下隽（治所在今湖北通城县北）、阳新诸屯，引富水浇灌屯田。由此看来，当时阳新一带的灌溉农业是相当发达的。

屯田制使粮食单产有较大的提高，会稽的钟离牧有田二十亩，年获六十斛米，平均每亩可达三斛。嵇康《养生论》中曾说其家乡一带有亩产十斛的记录，而东汉崔寔《四民月令》载"荆楚亩收不过斛余"，相比之下东吴亩产量已相当可观。在劳动力充足和灌区兴建双重作用下，武昌的粮食单产有了提高。

屯田制推动了自给自足的地主庄园经济的发展，它保障了豪族的利益，东吴所倚重的文臣武将、世家大族（江南朱、张、顾、陆四大家族）生活优裕，"僮仆成军，闭门成市，牛羊掩原隰，田池布千里"。在东吴的稳定统治下，武昌人民开拓水网、围垦湖田，处处都是一派丰收在望景象："其田野则畛畷无数，膏腴兼倍。……国税再熟之稻、乡贡八蚕之绵。"（左思《吴都赋》）

三、商贸之都

得长江、樊川、梁子湖之便，鄂州自古商贸繁荣。战国时楚鄂君启舟车遍天下，广为货

殖。三国时期,长江是南方水运交通、货物运输的黄金水道,作为东吴的国都,武昌一直是长江中游的经济中心,农业、手工业的发展推动了武昌商业的繁荣。武昌商贸的兴旺表现为发达的泛江贸易和频繁的对外贸易。

(一)发达的泛江贸易

距武昌不远的黄军浦是著名的商舟会聚之地。《水经注·江水》:"江之右岸有船官浦。历黄鹄矶西而南矣,直鹦鹉洲之下尾,江水溠洄汏浦,是曰黄军浦。昔吴将黄盖军师所屯,故浦得其名。亦商舟之所会矣。"

武昌为当时江河交汇点上商品集散的中心,商品主要有江南的特产和中原各地的物产,江南的特产品种繁多,"江南之楠梓竹箭,羽毛齿革",皆自古称绝。"江南出楠、梓、姜、桂、金、锡、连(铅之未炼者)、丹砂、犀、玳瑁、珠玑、齿革","皆中国人民所喜好,谣俗被服饮食奉生送死之具",中原各地的物产精彩绝伦,如蜀国的漆器,魏、蜀的丝织品等,皆"待商而通,待工而成"。

孙权鼓励私人商业,王室贵族和富商巨贾无不利用武昌优越的交通条件,从事商货转运活动。长江沿岸大小商贩商船往来不绝。武昌繁荣的商业恰似左思《吴都赋》的描述:"开市朝而并纳,横阛阓而流溢。混品物而同廛,并都鄙而为一。士女伫眙,商贾骈坒。"早朝开市,货物像川流一样盈溢于市。这么多的货物或来自都中,或来自边远乡村。仕女伫立看货,在摊前流连忘返;而工贾则挨次选货,与货主讨价还价。人流拥挤,声音嘈杂,好不繁盛。

随着城市交通的兴建,武昌成为东西南北交通枢纽,为"东通吴(郡)、会(稽),南接江湖,西达都邑"的商业都会。公元 245 年,凿破岗渎,使用屯田兵及工程兵三万人凿句容中道,"自小其至云阳西城,通会市,作邸阁"。又"凿城西开沟入秦淮,通吴越运船"。这些工程加强了武昌与丹阳等地的经济联系。早在建安十六年(211 年),步骘占领了交州后,打开了岭南交通,促进了武昌与珠江流域的经济往来。

大量考古资料证明,武昌与南京两地之间经贸往来十分频繁。1991 年在鄂钢饮料厂发掘的"饮料厂一号墓"是吴国孙氏贵族墓,一次性就出土了近 200 件青瓷器,这些制工精美的青瓷器并非产自武昌本地,而是从长江下游的会稽郡输入的。

(二)魏蜀吴三国之间的贸易

武昌是三国时期的贸易中心,见证了魏蜀吴三国之间发达的官方贸易和频繁的民间交往。

孙吴与蜀汉之间,通过长江航道进行着频繁的互通有无的经贸往来;武昌与上游的成都单独进行泛江贸易,下游建业与上游成都之间的泛江贸易也可能在武昌中转。

公元 223 年,蜀邓芝使吴,"致马二百匹,锦千端,及方物",吴"亦致方土所出,以答其厚意焉"。

东吴与魏的官方贸易也较发达。公元 219 年,孙权"遣校尉梁寓奉贡于汉,及令王惇市马"。公元235年,"魏使以马求易珠玑、翡翠、玳瑁,权曰:此皆孤所不用,而可得马,何苦而不听其交易?"马是重要的军事物资,孙权用江南方物及南海贸易之物与魏国交易马。这些官方的交流活动加强了相互间的联系。

三国之间的民间交往也相当频繁。南北走向的汉江是南北经贸的主干道。汉水中游的南阳、襄阳一线,是著名的连接南北的南襄隘道。襄阳地处南北交通要冲,《水经注·沔水》:"魏武平荆州,分南郡立为襄阳郡,荆州刺史治,邑居殷赈。冠盖相望,一都之会也。"荆州的章乡、当阳一线是江陵北上襄阳的必经之地,北方的物资要周转东南,离不开汉江和长江水道,这样势必取道武昌。

(三) 兴旺的国际贸易

孙权被誉为中国古代第一位注重开发海外的大帝,他多次派将领率领大规模船队出海经略台湾,公元230年,孙权"遣将军卫温、诸葛直将甲士万人浮海求夷洲(今台湾)及亶洲(今吕宋)"。

孙吴还派船队去朝鲜半岛和日本列岛,倭人也定期来吴,建立起频繁的海上交往;至今日语的发音系统中,仍然有吴语发音的成分。近年来,日本出土了许多三世纪至四世纪初中国吴地所产的铜镜,至1984年已发现的就达370面之多,其中有相当一部分是从武昌输入的,这从一个侧面反映出三国时期武昌外贸的发达。

孙吴以交、广二州为基地,与林邑(今越南中部)、扶南(今柬埔寨和越南南部)、波斯、天竺等国沟通。孙权曾派出上百艘大船,满载货物到高句丽等地贸易。黄武五年(226年),吕岱派遣宣化从事朱应、中郎康泰率船队出使林邑、扶南等南洋诸国,两人回吴都武昌后述其所闻,朱应撰《扶南异物志》,康泰撰《吴时外国传》,介绍了东南亚各地风物人情,这是古代中国人观察海外世界最早的著述。

当时康泰已清楚通往罗马帝国的海道。《水经注》引康泰《扶南传》:"从迦那调洲(可能为今阿拉伯半岛南端一地)西南入大湾,可七八百里,乃到枝扈黎大江口,度江径西行,极大秦也。"《太平御览》引康泰《吴时外国传》有:"从迦那调洲乘大舶,船张七帆,时风一月余日,乃入大秦国也。"

据《梁书·诸夷传》载:"孙权黄武五年(226年),有大秦贾人字秦论来到交趾,交趾太守吴邈遣送诣权,权问方土谣俗。论具以事对。时诸葛恪讨丹阳,获黝、歙短人,论见之曰:'大秦希见此人。'权以男女各十人,差吏会稽刘咸送论,咸于道物故,论乃径还本国。"孙权在武昌接见大秦商人秦论,对远来的秦论极为慷慨,特赠以20个矮人。秦论后来又到达秣陵,他居住中国达七八年之久。当时罗马帝国处于强盛期,其上层社会竞尚奢华,对中国丝绸需求量激增,刺激了大秦商人乘七帆大船,凭借信风,越海东来贸易,于是东西方开始了直接往来。此外,赤乌六年(243年),"扶南王范旃遣使献乐人及方物"。可见,东吴与东南亚国家交往很频繁。

20世纪50年代，在鄂州五里墩121号西晋墓中，出土了一件波斯萨珊王朝出产的玻璃碗，这说明终三国时期，鄂州一直存在着一定规模的海外贸易。

四、文化中心

赤壁之战后，荆州三分，武昌乘势而起，随着孙权及其文武大臣、士人学者的到来，武昌城内，一时士人云集，人文鼎沸，学术昌明，成为当时湖北地区乃至长江中游唯一的文化中心。在东吴招抚养士政策的感召下，南北士人渐次进入孙氏政权，促进了南北文化合流，为此后江东地域学术文化的进一步飞跃奠定坚实的基础。

从公元221年初到鄂县，到公元229年迁都建业，孙权在武昌活动八年多。孙权重用文人儒士担任要职，大胆提拔年轻将领，委以全权，所以涌现了东吴四英杰周瑜、鲁肃、吕蒙、陆逊，他们辅佐孙权参与了猇亭大战、吴蜀修好、攻魏江夏郡、石亭战役等一系列重大事件。孙权迁都建业后，留下俊杰之士镇守武昌。如陆逊辅太子镇武昌，并掌荆州及豫章三郡事，董督军国，一直到他去世为止。接着又有吕岱、诸葛恪、陆凯、滕胤等大将军和大司马一级的重臣先后镇守武昌。

东吴统帅军队的将帅多为颇有学养的"儒将"，驻鄂时间较长的著名将领有周瑜、鲁肃、陆逊、诸葛恪、吕岱、陆凯等人，他们都有良好的文化素养。周瑜精通音乐，史称："瑜少精意于音乐，虽三爵之后，其有阙误，瑜必知之，知之必顾，故时人谣曰：'曲有误，周郎顾。'"

临淮东城人鲁肃和琅琊人诸葛恪都擅长抒情文学，《三国志·吴书》称鲁肃"虽在军阵，手不释卷。又善谈论，能属文辞，思度弘远，有过人之明"。公元225年，诸葛亮命费祎为昭信校尉出使东吴，重申盟好，饮宴间费祎"停食饼，索笔作麦赋"，诸葛恪"亦请笔作磨赋，咸称善焉"。

孙权本人有一定的儒学修养。公元229年，孙权在西山兴建宫殿的同时，修建了读书堂。当时武昌的读书著书之风大兴。学士们研习经典，潜心治学，收徒传道，他们在经、史、子及文学艺术各领域著述如林。

在武昌的人才群体中，有博览群书、善隶书的彭城人张昭，有善《诗》、《书》、三礼及《说文》的彭城人严畯，有擅长术数的河南人赵达，还有博通五经的汝南人程秉和沛郡人薛综……薛氏有好文之风，综子莹也著有大量诗赋论议，可谓文学世家。在经学方面，薛综著有《五宗图述》《二京解》等；张昭著有《春秋左氏传解》《论语注》等，又精通《孝经》；严畯著有《孝经传》等；程秉著有《周易摘》《尚书驳》《论语弼》等。在史学方面，张昭精《汉书》，张休（张昭子）随之学，著有《汉书章条》；薛莹（薛综子）撰《后汉记》100卷、《荆扬已南异物志》、《条例吴事》。在论议方面，薛莹著有《新议》8篇；徐州广陵郡人范慎著论20余篇，名曰《矫非》。其他如张纮等也有著作，但由于《三国志》不立《艺文志》，著作失载者当有不少。

在创立典制方面，孙权重用北来儒士修订朝廷礼仪典制，《三国志·吴书·吴主传》注引

《文士传》便明言孙权以沛国人郑札"为从事中郎,与张昭、孙邵共定朝仪"。《张昭传》注引《吴录》也载张昭与滕胤等"采周、汉,撰定朝仪"。确实,孙吴的典制主要是依靠这批北来士人修撰的。《三国志·吴书·张纮传》注引《吴书》,孙权初承统之时"每有异事密计及章表书记,与四方交结,常令纮与张昭草创撰作"。东吴军国文翰写得颇具文采,流布甚广。

北方士人的南徙还促进了江东与荆襄、中土等地的学术文化交流。张昭、张纮等人仕宦显赫,在外域新学风的引进及介绍江东学者方面,起到了桥梁的作用。荆州学派代表人物宋忠与张昭等交好,常托使臣携带自己的著作相赠,成奇再次出使江东时,宋忠托其带《太玄解诂》以赠张昭。吴人治《太玄》成就最著者当推陆绩,而绩治《太玄》直接受到宋忠的影响。虞翻为江东才士,但一度为北地士大夫所轻,张纮特地写信给孔融推赞其美,这对虞翻学术的北传有明显的促进作用。

在兴办教育方面,孙权选置北来儒士中德行、学养兼具者为师傅,如立孙登为太子,以程秉为通儒,"闻其名儒,以礼征;秉既到,拜太子太傅",又延请征崇入宫教导孙登。孙权特别重视历史教育,"欲登读《汉书》,习知近代之事,以张昭有师法,重烦劳之,乃令(张)休从昭受读,还以授登"。这说明张昭实际上也承担了太子师傅之任。后以孙和为太子,权以薛综"居师傅之位",综辞,权曰:"太子年少,涉道日浅,君当博之以文,约之以礼,茅土之封,非君而谁?"

孙登、孙和为太子时谦让好学,礼贤下士,获有"东宫多士"的美称。孙登、孙和之东宫宾客常互相切磋技艺,裴钦与太子登游处,"登称其翰采"。薛莹与华核、韦昭等同修国史,渐相感染。沛国人郑丰"有文学操行,与陆云善,与云诗相往反"。在这种风气下,江南土著士人的文学创作热情与水平都有明显提高,如东吴宗室人物孙丞、孙惠等颇有文才,仕晋后以此显名,史称"丞好学,有文章。作《萤火赋》行于世"。

在统治者的重视下,武昌的官学、私学都很发达。公元258年,孙休诏称:"古者建国,教学为先,所以道世治性,为时养器也……其案古置学官,立五经博士,核取应选,加其宠禄,科见吏之中及将吏子弟有志好者,各令就业。一岁课试,差其品第,加以位赏。使见之者乐其荣,闻之者羡其誉。以敦王化,以隆风俗。"这时吴国已经在走下坡路,而对教育仍如此重视,这在中国古代封建王朝中是少有的。

在这种开放的文化氛围的引领下,佛教流行于武昌地区。孙吴建都武昌期间,先后有大月氏人支谦,天竺僧人维祇难、竺道炎来到武昌,共译佛经,传播佛教。武昌成为江南佛教始传地。六朝时期,青瓷器上以佛像作装饰的,见于孙吴时期,其中以武昌最早。今鄂州出土的很多青瓷器上都有佛教图纹的装饰,如佛像香薰、佛像唾壶等。

陆逊在武昌的轶事

黄龙元年（229年），孙权赞赏陆逊的功绩，在大将军之上又设置上大将军，地位高于三公，拜陆逊为上大将军、右都护。同年孙权东巡建业，留太子孙登、皇子及尚书九官等在武昌，征召陆逊作为监护人到武昌辅佐太子，统领留守武昌的宫府事宜，并掌管荆州及扬州豫章等三郡事务，主持吴军国大事。

孙权令陆逊教导诸位皇子公子。当时建昌侯孙虑喜好斗鸭。陆逊严厉地说："君侯应当勤读经典，增加自己的新知，玩弄这些东西有什么用？"孙虑当即就拆毁了斗鸭栏。

射声校尉孙松在诸位公子中最亲近孙权，他不整军纪，陆逊当着他的面将他的手下处以髡刑，又斥责他。孙松看起来不服气，陆逊看到他脸色，问："你不因我粗鄙，多次来访，以明过失，我便顺从你的来意进尽忠言，为什么你却变了脸色？"孙松笑答："我也为自己的过失而生气，哪里敢有抱怨？"

南阳人谢景是太子的宾客，称赞刘廙先刑后礼的理论，陆逊呵斥谢景说："礼治优于刑治，久为历史所证明，刘廙以琐屑的狡辩来歪曲先圣的教诲，完全是错误的。您如今在东宫侍奉，应当遵奉仁义以显扬善言，像刘廙之谈不必讲了。"

陆逊为人正直严厉，后来孙登到赖乡面见孙权时，也曾述说陆逊的忠诚勤劳，坦言武昌那里没什么顾虑。

（资料来源：《三国东吴将领陆逊生平介绍及历史评价》，https://www.80065.cn/lishimingren/202009/118700.html,2024-2-6）

五、手工业

东吴的三大官营手工业是冶铁业、烧瓷业和造船业，武昌的手工业十分发达，它是东吴的冶铸中心、造船基地，也是南北纺织品、越窑青瓷等商品的集散地。武昌有大规模的官营作坊和手工业技艺工人。

孙吴手工业技艺工人的来源有三大渠道。首先是南迁的百工之民，孙权将建业一千多富户迁入武昌，达数万人之多，其中有不少能工巧匠，向武昌输入了吴越生产技术和文化。其次是战争掳掠。公元199年，孙策破皖城就掳掠了袁术的部曲、鼓吹及百工三万余人。最后是征发，公元263年，一次就征发交趾手工业者千余人送建业，从而激起了一次兵民的反抗。至于造船业则使用大量的谪刑徒。由此可见，孙吴大规模的官营手工业工场是用高压政策来维持的。

（一）冶铸中心与古铜镜之乡

1. 冶铸中心

武昌富有铜、铁等矿藏，当时的西山有铁矿，附近的汀祖、碧石和大冶的铜绿山一带，铜、铁矿藏都十分丰富,明代的医药学家李时珍在《本草纲目》中说:"……武昌白镘铜……皆不出陶冶而生者,无毒,宜作鼎器。"白镘铜,指古代在鄂州樊山出产的一种特殊的铜。在鄂州汀祖、碧石和大冶的铜绿山一带都发现了古代采铜和炼铜的遗址。

武昌及附近地区是闻名全吴的冶铸业中心。东吴设置"冶令",负责生产,为铸造兵器和钱币以及生活用具提供了极好的条件。冶金业主要生产兵器,支援、满足长江中游的军事重镇江陵的军需。《水经注·江水》记载:"大江右岸有厌里口安乐浦,从此至武昌,尚方作部诸屯相接。"公元222年,孙权在武昌铸数千铜釜。《太平御览》记载:"吴主孙权以黄武五年采武昌铜铁,作千口剑,万口刀,各长三尺九寸,刀头方,皆是南钢越炭作之。"在鄂州六朝墓中,常有铜弩机和铁刀等发现。

1977年,在鄂州西山南麓的鄂钢基建工程中发现一口古井,出土了一件吴黄武元年罐形铜釜,上面镌刻着"黄武元年作三千四百卅八枚""武昌""官"字样,从铜罐上的铭文来看,三国时期鄂州已有相当规模的官营铜器作坊。1987年,鄂钢综合原料场六朝葬中出土有两件环首铁刀。

三国时期,货币经济极度衰落。孙权没有采用曹丕的办法,因噎废食,"使百姓以谷帛为市"。孙权认识到货币政策在社会经济和社会稳定中的作用,采用了铸大钱的办法,铸造青铜货币来进行流通,发展商业。嘉禾五年(236年),"铸大钱,一当五百"。赤乌元年(238年),"铸当千大钱"。这些青铜货币以辅助姿态出现的,因为这时不但北方使用谷帛交易,就是江南地区,也多是盐布杂用,如孙权赐朱桓家"盐五千斛以周丧事"。孙皓时,"千里远求,一犬至直数千匹"。赏赐交易,都用杂物。这种由官府专断的低质大面值货币措施,实际上是对老百姓的一种掠夺政策,不可能久行。赤乌九年,孙权不得不下令"禁大钱"。可惜孙权始终没有找到解决问题的根本办法,因此听任蜀汉货币在吴国流行。

在鄂州曾考古发现东吴铜钱遗存,有"大泉五百"和"大泉当千"铸废铜钱等遗物,可看出当时东吴铸钱系采用花树形多层多件浇铸法,每层四枚,约有20层,每铸一范出钱百枚左右。

2. 古铜镜之乡

三国时期的鄂州,是长江中游地区最大的冶铸中心,与洛阳、会稽、徐州并列为全国四大产铜、铸镜中心。鄂州被誉为"古铜镜之乡",出土的古铜镜不仅数量惊人,而且品种齐全,工艺精巧,构图新颖,造型别致,纹饰精美,镜面光洁。从距今2300多年前的战国时期到目前为止,已出土各个时期的铜镜600余枚,有战国时期的楚式镜,汉代的铭文镜,六朝的神兽镜,唐代的瑞花镜、葵花镜,宋代的带把镜和方形镜,还有清代的五福双喜镜。

据不完全统计,从汉代的永康、熹平、建安到三国的魏黄初,吴黄武、黄龙、赤乌、甘露……鄂州出土的各个帝王的不同年号的铜镜几乎都有。其中的神兽镜,浮雕艺术达到很高的水平。鄂州铜镜中的"黑漆古"外层具有的抗酸碱能力,引起自然科学界的极大兴趣。

1972年5月在鄂州西山出土的东汉建安十年重列神兽镜

1976年12月在鄂州新庙出土的东汉建安六年分段式重列神兽镜

铜镜在秦汉以后逐步进入民间,成为人们日常生活的必备品。近年来在湖北出土大批青铜镜,铸作精良,器形纹饰具有吴楚地方特色。

1956年8月,在樊口朱家塯M21出土的一面黄武六年(227年)分段式重列神兽镜,其铭文曰:"黄武六年十一月丁巳朔七日丙辰,会稽山阴作师鲍唐竟,照明服者也,宜子孙,阳遂,富贵老寿,臣先牛羊马,家在武昌,思其少天下命吉服,事王干昔□□"。其中"会稽山阴作师鲍唐竟(镜)",说明此镜为会稽山阴的工匠鲍氏和唐氏所作。由于此镜在鄂州出土,铭辞中又有"家在武昌"之语,可见鲍氏和唐氏从会稽山阴被征调到武昌安家落户,从事铜镜的铸造。

古铜镜正面"可正衣冠",背面有精美的花纹、丰富的铭文,是研究考证当时历史文化的重要依据。1989年湖北省文化厅曾派专人将鄂州出土的鎏金画纹带神兽镜护送进京,参加中国历史博物馆为向新中国成立40周年献礼而精心举办的中国通史陈列展。

铜镜具有很高的收藏价值,是馈赠友人的佳品。《三国志》中记载:魏明帝曾将百面铜镜赠送给日本邪马台国。据著名考古专家王仲殊先生讲:在日本传世和出土的大量神兽镜中,"有的甚至与鄂州铜镜为一个模子中倒出"。这表明中日两国友好往来的历史悠久。当时武昌铸造的铜镜曾远传日本,据考证,在日本岛根县神原神社及郡马县紫崎等古墓中出土的中国铜镜,为武昌铸镜大师东渡日本从事铸造铜镜事业的制品。

今天,铜镜已成为象征友谊和维系情感的纽带,它传遍了日本、韩国、新加坡等国家和地区。日本学者多次来鄂州考察古镜和复制镜,1997年日本著名铜镜研究专家、八十高龄的樋口隆康先生专程来鄂州考察神兽镜,实现了他长久以来的愿望。

为了使青铜文化艺术得以延续,鄂州市博物馆铜镜复原复制研究所通过多年研究,以鄂州出土的古镜为依托,利用传统铸造技术,终于将工艺早已失传的古铜镜复制出来。复制镜不仅光彩照人,而且有一种神奇的"透光"效果,可以通过光线的照射将镜中的纹饰反射出来,此项技术曾获国际匹兹堡新技术、新发明博览会金奖、铜奖。

今天复制镜作为馈赠友人宾客和庆祝节日喜庆的纪念品,成为陶冶人们情操、丰富文化生活的重要内容。小孩满月、过周岁有生肖镜,青年人考上大学或走进社会有砺志镜,新婚之喜有百年好合镜,不同称谓的婚龄有丰富多彩的纪念镜,还有作为饰物的平安镜、同心镜和祝愿老人健康长寿的福寿康宁镜,等等。

(二)造船基地

《三国演义》火烧赤壁剧照

武昌地区河道如网,造船业发达。孙吴设置典船都尉,专门管理船业市场。这一时期,武昌人民造船驾舟的技术有很突出的发展,所造船只主要是战舰,其次为商船,数量多,船体大,质量好。内河里有小巧的"竹叶扁舟",用一至四张帆,帆随风向调整,可以逆风行船;江海中有庞大的楼船舰舶,大舶长达二十余丈,高出水面两三丈,可载六七百人,运货一百余斛,远洋航行有用七帆以上的。

最大战舰能载重五百石,可容三千士兵,分上下五层,雕镂彩画极尽壮丽。一般商船能载马八十匹,大海船的规模就更大了。孙吴武装船队一百余艘出海,随行将士一万余人,北上辽东,南下夷洲(今台湾)。

航行在南海的武昌船舶,"大者长二十余丈,高去水三二丈,望之如阁道,载六七百人,物出万斛"。除了中国船,还有波斯船、天竺船等。许多外国船多"随舟大小,或作四帆,前后沓载之,有卢头木叶,如牖形,长丈余,织以为帆,其四帆不正,前向皆使邪移相聚,以取风吹,风后者激而相射,亦并得风力,若急则随宜增减之,邪张相取风气,而无高危之虑,故行不避迅风激波"。至于驶往大秦的海船,有时甚至"张七帆"。其中扶南国的航海船只,"长者十二寻,广六尺,头尾似鱼,皆以铁镊露装。大者载百人。人有长短桨及篙各一,从头至尾,约有五十人或四十余人,随船大小,行则用长桨,坐则用短桨,水浅乃用篙,皆撑上应声如一"。这说明造船业推动了武昌与南洋各国的交通贸易。

吴亡时,东吴政权尚有大的船只五千艘之多。《吴都赋》里所说的"弘舸连舳,巨槛接舻",不是虚构之辞。

吴王长安号

吴王在武昌造了一艘艨艟巨舰,名曰"长安号",可载坐直之士三千人。这"长安"有"长治久安"的意思。大船新造成功后,吴王孙权亲率文武百官,在樊口钓台的江边举行了隆重的大船下水"典礼",其时应是在涨水季节的七八月间。

《三国志·吴书》引《江表传》曰:权于武昌新装大船,名为长安,试泛之钓台。溯,时风大盛,谷利令柂工取樊口。权曰:"当张头取罗州。"利拔刀向柂工曰:"不取樊口者斩。"工即转柂入樊口,风遂猛不可行,乃还。权曰:"阿利畏水何怯也?"利跪曰:"大王万乘之主,轻于不测之渊,戏于猛浪之中,船楼装高,邂逅颠危,奈社稷何?是以利辄敢以死争。"权于是贵重之,自此后不复名之,常呼曰谷。

(三)纺织业的兴盛

东吴时,官府丝织业和民间纺织业兴盛,随着手工艺人的南北流通,魏国扶风人马钧改进的织绫机被引入南方,使纺织业产量得到提升。武昌成为南北纺织品交易的集散地。

东汉初年,吴人陆绩喜着越布单衣,光武帝刘秀见而好之,因命会稽郡贡越布。自此,越布成为南方的名产(《后汉书·独行列传》)。孙吴时,用葛、麻织成的葛布、麻布更是风靡一时,几乎与丝织品相媲美。魏文帝说:"江东为葛,宁可比罗纨绮縠。"

三国时的织布机

左思在《吴都赋》中说到建业商品市场中的布匹时,曾指出"蕉葛升越,弱于罗纨",意思是说细好的葛布和越布,比罗纨还要柔软。此外,据魏文帝所言:"夫珍玩所生,皆中国及西域,他方物比不如也……江东太末布为白,故不如白叠布鲜洁也。"可知江南的太末布也是一种很有名的布,如同葛布、越布一样,作为商品在武昌中转后流入了曹魏境内。

孙吴境内的麻、葛织业,从其生产性质来说,既有官府经营者,也有私营者。华覈曾建议让老百姓家有妇女者,一年每人绩麻一斤,如有十万户,则一年绩成十万束,数年之后,服用充裕。

虽然诸暨、永安产丝,但是,吴国的丝织技术甚低,无法生产锦等高级丝织物,因而不得不从蜀国和曹魏输入。许多源自蜀魏的丝织品源源不断地输入武昌,或者经过武昌中转销往东吴其他城市。

(四) 陶瓷业

青瓷的发源地在南方地区,商周时代吴越原始青瓷生产已很兴盛,至东吴瓷器烧制工艺较为成熟。孙吴制瓷业的中心在会稽上虞(今浙江绍兴上虞)地区。瓷器的造型、装饰纹样、烧制技术以及施釉工艺都达到更高水平。

三国孙吴青瓷俑

随着越窑的发展,瓷器产品日益增多,借助水运之便,向西运到山阴(今绍兴)、钱唐(今杭州),或经运河抵京口(今镇江)、建业(今南京)、武昌(今鄂州)等都市,瓷业贸易往来频繁。从武昌考古发掘的墓葬出土情况来看,三国东吴时期几乎所有的墓葬都出土有随葬青瓷器,足见当时越窑青瓷器使用的普遍性和广泛性。

在鄂州出土的文物中,不同造型、不同形制、不同胎质、不同釉色的青瓷器多达七八千件(套),约占鄂州文物总数的40%。1967年,在湖北鄂城西山南麓孙将军墓中出土了一套青瓷院落门楼模型,详细逼真地还原了东吴时期庄园建筑造型,门楼、角楼、正房、厢房、围墙一应俱全,屋檐、门窗刻画细致,院落布局对称、形制规整。门楼上刻有"孙将军门楼也"六字。院落四周碉楼高立,俨然一座戒备森严的将军府第。该门楼已被收藏在中国国家博物馆。无独有偶,1991年,在孙将军墓东约30米处的一座墓中,又出土了一套类似孙将军门楼的"青瓷仓院",所不同的是,这座院落除置有房屋外,还设置有四个仓,且在造型与釉色上较孙将军门楼更胜一筹,堪称六朝青瓷之冠。经考证,此两墓乃是孙吴宗室孙鄰、孙述之墓。青瓷院落真实再现了当时的劳动生活场景及丰富多彩的地主庄园生活。

白瓷是我国陶瓷艺术百花园中的一个传统的优良品种,它打破了以往青瓷一统天下的局面,白瓷的烧制成功是我国瓷器史上一项重要的成就,标志着我国古代制瓷工艺的飞跃,是继青瓷、黑瓷以后的又一种重要产品。可以说,没有洁白如纸的白瓷,就没有元明清以来美轮美奂的青花、彩绘瓷器。白瓷从稚嫩走向成熟,经历了很长的历史时期,是中国陶瓷史上的里程碑,从原始白瓷到成熟白瓷,有着不同的时代气息和艺术风格,与中国文明的进步有着一定的关系。

 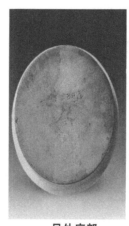 

三国孙吴越窑白瓷熊灯　　　　　足外底部　　　　　底部铭文

如三国孙吴时期越窑生产的白瓷熊灯,设计精巧,造型生动。器高10.3厘米,盘座足径12.3厘米。碗形油盏,外壁饰三道阴刻弦纹,盘座直壁,平沿外折并饰一道弦纹,平底。幼熊端坐,前肢上举扶首,头顶油盏,身穿条纹背心,腰系一带,活脱脱一个杂技小演员之形象,神态生动可爱。这件越窑白瓷熊灯胎色灰白,胎质精细,器身满釉,施釉均匀,乳白色釉面泛极淡的赭色,暖调、柔和、莹润,釉层有失透感,像是一种"乳浊白釉",釉中有细小的褐色颗粒。通身有极细碎之纹片,纹片大小粗细似唐三彩之纹片,足底无釉,阴刻"甘露元年五月造"7字行书铭文。"甘露元年"即公元265年。

 思考与探究:

1. 分析孙权和孙皓定都武昌的原因分别是什么。
2. 三国时的武昌与历史上哪些文化古都和名城相似?
3. 参观鄂州博物馆,谈谈你对这些文物的理解和感受。

第二章 山川胜迹

第一节 奇山秀水

西山因位于鄂州市吴王古城之西而得名。西山是一个以自然景观为主、人文景观为辅的低山丘陵风景名胜区。这里是1700多年前吴王孙权讲武修文、游猎宴饮、避暑郊游之所。

莲花山位于鄂州市风景秀丽的洋澜湖畔,莲花山旅游区始建于1988年,是湖北省涉外旅游定点单位、国家AAAA级旅游区、鄂州市未成年人思想道德教育基地、鄂州市孝文化教育基地、湖北省卫生示范旅游景区和省级文明景区。莲花山旅游区富有文化内涵的人文景观达30多处,以江南第一塔、东方第一龙、世界上规模最大的文化碑林——莲花山碑林而闻名海内外。

梁子湖位于长江中游南岸,是湖北省第二大淡水湖,也是驰名中外的武昌鱼的故乡。2000年,梁子湖群湿地被列入"中国重要湿地名录"。2001年,湖北省人民政府批准鄂州市建立"梁子湖省级湿地自然保护区"。

红莲湖位于鄂州市华容区庙岭镇。1994年,经湖北省人民政府批准成立首家省级旅游度假区。红莲湖建有红莲湖国际水上运动中心、红莲湖高尔夫球场等体育、休闲项目。红莲湖可以说是集旅游、度假、休闲、运动于一体。

洋澜湖位于鄂州城区中心,被称为鄂州市内的一颗明珠,为内陆浅水湖泊。洋澜湖风景区面积580多公顷,其中水面面积约占三分之二。洋澜湖风景区的布局设计以水面为中心,既有优美的自然景观,也有璀璨的历史人文景观,是休闲、娱乐、观光的理想之地。

三山湖因三山岛而得名,地跨鄂州市和大冶市,系自然形成的淡水湖。三山旅游名村具有典型的"湖岛渔村"特色。2014年7月,三山村被湖北省人民政府授予"旅游名村"荣誉称号。

一、人文自然汇西山

鄂州西山古称樊山、寿昌山,因位于鄂州市吴王古城之西而得名。西山总面积2.2平方公里(规划面积6.16平方公里),主峰海拔170米,是一个以自然景观为主、人文景观为辅的低山丘陵风景名胜区。

第二章　山川胜迹

西山气候温和，雨量充沛，土壤肥沃，全山植被覆盖率达98%，万木葱茏，飞绿叠翠，历代皆为游览避暑胜地。据文献资料记载：帝尧时西山为樊国故地，有樊仲文居此；战国时期，伟大的爱国诗人屈原曾行吟至此，"乘鄂渚而反顾"；三国时期，吴王孙权定都武昌（今鄂州）后，西山就成为吴王讲武修文、避暑郊游、游猎宴饮之所。

西山古往今来吸引了不少名人志士，有的在这里避世隐逸，种柳莳花，耕钓自娱；有的结庐松下，夏来秋去，避暑读书。晋代陶侃、庾亮、庾翼、孟嘉、陶渊明、车胤，南朝谢朓、庾信，唐代李白、元结、李阳冰、刘长卿，宋代苏轼、黄庭坚、苏辙、张耒、王十朋，元代丁鹤年，明代熊桴、钟惺、谭元春，清代曾国藩、彭玉麟、官文、张之洞、杨守敬等都曾涉足鄂州。他们用如椽之笔写下了吟咏西山的优美篇章，对西山的风景名胜作了生动的描绘，充分表达了无限向往与眷恋之情。

晋代陆机曾把鄂州西山誉为"王畿"，唐代李白称之为"帝里"，宋代苏轼又说西山是世上"幽绝处""人间之仙境"，离开鄂州后，在京城写下了《武昌西山诗》，和者30余人，极一时之盛。

大革命时期，贺龙同志曾率领军队进驻鄂州，在西山设防，至今留有红旗墩遗迹。新中国成立后党和国家领导人陈毅同志曾来西山，他盛赞西山风景之美，并嘱咐："一定要把西山建设好。"

西山名胜古迹主要有：吴王避暑宫、武昌楼、古灵泉寺等二十余处。

西山公园　2013年4月18日破土动工，2015年2月16日建成开放，占地面积21.4万平方米。西山公园是鄂州市十公里三国旅游风光带的龙头，西山风景区的门户，城市的生态氧吧，鄂州市民的文化广场，是一座集园林绿化、宗教景观、体育健身、休闲娱乐、商业商贸于一体的城市公园。

西山公园

九曲亭　位于西山南麓的九曲岭上，取"山路羊肠九曲"之义，命名"九曲亭"。始建于三国孙吴时期，吴王孙权（建）都鄂（今鄂州）时令士兵在西山凿山开道，用土石堆起一座小山（后人称为吴王岘），并在山上筑一山亭，后荒废。宋代苏轼谪居黄州时，在西山觅得故址，扩地重修，为鄂州古八景之一——"苏子遗亭"。九曲亭内黄屏红柱，屏壁正反两面分别书有苏轼的《武昌西山诗》和苏辙的《武昌九曲亭记》。

九曲亭

松风阁　1988年重建，为三层砖木结构，始建于宋代。宋徽宗崇宁元年（1102年）九月，黄庭坚与朋友

松风阁

游鄂城樊山,途经松林间一座亭阁,在此过夜,听松涛而成韵,写下了闻名遐迩的《松风阁诗》。《松风阁诗帖》是黄庭坚晚年作品,黄庭坚一生创作了千百件行书精品,其中最负盛名者当推《松风阁诗帖》,"其风神洒荡,长波大撇,提顿起伏,一波三折,意蕴十足,不减逸《兰亭》,直逼颜氏《祭侄》",堪称行书之精品。此行书真迹现珍藏于台北故宫博物院。

凤雏庵(也就是庞统读书处) 据《三国演义》第47回介绍:蒋干第二次过江,被周瑜扣留,送往西山庵中歇息。是夜,星露满天,蒋干踱步出屋,听到读书之声,信步寻声,见一间茅草屋内,有一人挂剑灯前,诵读兵书。蒋干叩户请见,知是凤雏先生庞统。蒋干劝其归曹,庞统诈允,随蒋干连夜飞棹江北,向曹操"巧献"连环计,为火烧赤壁立了大功。庞统在西山读书的传说,即缘于此。

庞统读书处

秀园 秀园原是吴王避暑宫所属的御园,因秀丽清新,故名秀园。1991年,由扬州古典园林专家设计重建。秀园是一座具有江南古典建筑风格的园林,位于剑石峰和石门峰之间,其独特的风格,为古老而又青春勃发的西山增添了无限的魅力和多姿的风采。

秀园小巧玲珑却不失大雅风度,虽然占地面积仅25亩,但园内亭、廊、阁、榭依山傍水,松、竹、梅、菊天然巧成,挽行云飞瀑于山水之间,铺长廊、舞长龙逶迤于山崖下,富有神韵,令人叹为观止。秀园内有梯廊、流音榭、香雪亭、幽思亭、停云馆等多处景点,盆景花木,着意点

秀园

缀,山水阁榭巧妙安排。秀园风景虚中有实,静中有动,变化万千,韵味无穷,一步一景,令人如醉如迷。许多当代著名诗人、书画家留下的诗书画珍品,更为秀园锦上添花。

吴王试剑石 公元221年,吴王孙权迁都来此,取"以武而昌"之意,将"鄂县"改名为"武昌"。《古今刀剑录》记载:当时武昌的冶炼业非常发达,孙权曾作"千口剑、万口刀",而其中有一把是专门为孙权打造的。宝剑铸成的那一天,孙权带领文武百官登山,看到一块巨石,举剑对天祷告:"若苍天有归,成全我东吴大业,必定削石如泥!"手起剑落,巨石一分为二,一立一卧。巧合的是,立着的这块石头看上去占整块巨石的三分之一,而倒下的这块占整块巨石的三分之二。后人笑曰:

吴王试剑石

"孙权占有三分之一的天下,此乃天意,为天命所归也!"宋代词人秦观在《风入松·西山》中写道:"石边试剑人何在?但荒烟、蔓草迷茫。"一千多年以来,试剑石成为孙权"以武而昌"的象征。

望楚亭 此亭建在剑石峰山顶上,始建于1506年,后毁,1983年重建,为纪念伟大的爱国诗人屈原而修建。屈原流放期间,曾行吟于此,在《楚辞·涉江》中写下了"乘鄂渚而反顾兮,欸秋冬之绪风"的诗句,表达了他怀念祖国、怀念家园的殷殷情怀。望楚亭迎风玉立,上摩苍穹,下临幽谷,飞檐射日,云烟缭绕,置身亭中,楚天山水一览无遗。

望楚亭

吴王避暑宫 吴王避暑宫是吴王孙权在西山避暑读书的行宫,始建于魏黄初二年(221年)至吴黄龙元年(229年)之间。这里松荫铺地,山泉潺潺,气温比山下城区要低2～3℃,历来被称为武昌城中的"清凉福地"。现有景观为1998年在椅子山辟地重建,占地面积百余亩,是西山风景区主要的三国景观之一,由双阙楼、议政殿、读书堂、避暑宫、武昌楼等一组仿汉古典建筑群组成,再现了吴王孙权避暑、议政、读书、练兵的场景。

读书堂 读书堂是吴王孙权阅览兵书典籍的地方。读书堂篆书题额,是现代知名书法家曹立庵所书;堂内有四壁回廊,廊壁间嵌刻有22块人物碑刻,集中记载了孙权在古武昌称帝的历史。碑刻为当今鄂州文人胡念征创意,湖南画家毛国保等人所绘,内容丰富,画面生动。游人观后,会对吴王孙权立国有一个鲜明的印象。

读书堂

武昌楼 武昌楼矗立于椅子山顶,摩云映日,巍峨挺秀,登楼远眺,鄂州景色尽收眼底。万里长江,烟波浩渺,百舸争流,汽笛响过,山鸣谷应,给人一种天宽地广气势磅礴之感。楼门横额"武昌楼"三字,是中国当代文化大家郭沫若的手迹,结体飘逸遒劲。

武昌楼楼高五层,顶楼内正壁书有王蒙《武昌楼记》,笔法庄重稳健。正门两侧悬有木刻抱柱长联,联文为湖北楹联名家白雉山所撰,当代著名书法家陈义经所书。

武昌楼

如今,西山风景名胜区经过新中国成立以来70余年的不断努力,在开发和保护方面都取得了出色的成绩,初步形成了以三国名胜古迹为特色的自然风景优美的省级著名风景名胜区,并成为长江中游和鄂东地区的旅游、避暑、度假胜地。

传说故事——石门开

西山风景区的郎亭峰下有两块巨石就像两扇敞开的大门,因此,人们就叫其"石门开"。传说这石门是孙权当年一剑劈下来的。清代诗人严观写下了"石门开左右,一剑自中分。何人施妙法,千古创奇闻"的诗句。关于石门开,在鄂州还流传着这样一个关于真善美与假丑恶的动人传说。

石门开

相传在很久很久以前,西山脚下住着一对相依为命的母子。母亲年老体迈,孝顺的儿子为了赡养老母,每天上山砍柴,换回柴米油盐,过着清贫但幸福安宁的生活。

他在上山的途中,要经过一个陡峭的石门坡。天长日久,孝子的行为感动了住在石门山洞里的石门神仙。一天晚上,石门山神托梦给孝子,对他说:"孩子呀,在你每天经过的石门山洞里有许多的珍珠玛瑙、金杯牙筷。只要你能从家里找出一把钥匙,打开石门,你就能得到这里面所有的财宝。记住,打开石门的口诀:石门开石门开,金银财宝滚滚来。"

第二天早晨,孝子给家猪喂食的时候,越发觉得自家的猪槽很像一把钥匙,但他并不为所动,他想靠自己的力量来赡养母亲。

谁知,这事一传十、十传百,传到了孝子的舅舅那里。他舅舅是个土豪,富有但贪心,还心肠狠毒。他假惺惺地对孝子说:"你看,你老娘这么大年纪了,穿没穿过什么,吃也没吃过什么,我呢,就把她接回来住几天,享几天清福,你看好不好?"孝子明白舅舅的心思,担心母亲受气,索性把钥匙给了舅舅,可他留了一手。留了怎样的一手呢?

孝子的舅舅扛着猪槽来到了石门,可他没有口诀呀,守门的青蛙就不让他进去。原来,聪明的孝子没有把"石门开石门开,金银财宝滚滚来"的口诀告诉舅舅。要知道呀,这青蛙可是守财神门的神仙。它立马从里面跳出来,纵身跃进石门前的山谷,面对敞开的大门,不让任何人进去。

沧海桑田,岁月变迁,这石门也不知经过了多少年的风风雨雨,依旧这么敞开着,而当年那只青蛙现在仍然蹲在山谷里,忠实地守护着已经开了的石门。只不过,它已经化作了一块石头,人们叫它"蛙樽石"。一直到今天,每年的正月初五,财神生日这天,还会有许多市民来石门开,沾沾财气。因为鄂州的老人讲:要想发财的话,一定要去石门开!

二、文化荟萃莲花山

莲花山旅游区始建于1988年,是经国家旅游局评定的鄂东南地区首家国家AAAA级旅游区。旅游区坐落于武昌鱼故乡、吴王古都鄂州市中心城区莲花山洋澜湖畔,依山傍水,叠峦耸翠,环境优美。

莲花山旅游区于1996年被评定为湖北省涉外旅游定点单位,2004年建成鄂东南首家国家AAAA级旅游区,2009年顺利通过国家园林城市检查小组对旅游区园林美化工作的审查,2011年荣获了湖北省卫生示范旅游景区光荣称号,2012年被鄂州市文明办、共青团鄂州市委、鄂州市教育局、鄂州市旅游局共同授予鄂州市未成年人思想道德教育基地和鄂州市孝文化教育基地称号,2013年被授予反邪教教育基地称号,2014年创建省级文明景区。

旅游区占地面积500余亩,拥有富有文化内涵的人文景观30多处,以江南第一塔、东方第一龙、当今世界上规模最大的文化碑林而闻名遐迩。整个旅游区由墙垣、建筑、树木分隔成四个景区,一是前院,以建筑为主;二是莲花山长寿路,以山林、雕塑为主;三是白猿山长城路,以莲花山碑林为主;四是福寿山、万宝海、接龙台山水交汇的主景区。

莲花山众多的景观是秀与雄的神奇结合。秀,充满江南山水的灵气和柔情,晨曦夕照,晴鱼雾雪,柳暗花明,无一不是写意山水画。雄,是建筑的雄奇瑰丽和龙的雄健。莲花山的九龙戏珠雕像、接龙台、祈福堂、元明塔上,都可以看到雕刻精美、形态各异的龙形象,它们或腾云驾雾,搅海翻江,或横空出世,叱咤风云,形态各异,生动传神。

走进莲花山、福寿山、白猿山,山山相连;长寿路、长城路、长生路,路路相通;清心泉、智慧泉、灵龙济月泉,泉泉相映。高耸云天的江南第一塔、腾云驾雾的东方第一龙、汇集古今中外精粹的世界第一碑林、高大威严的祈福堂、生动感人的忠孝图、栩栩如生的道德群塑、故事荟萃的万宝海长廊……造型独特,内蕴深刻。

莲花山旅游区既有北方园林的宏伟瑰丽,又含江南园林的灵秀端雅,既承载了东方文明的神韵和精髓,又闪烁着浓郁的人文光芒。

莲花山碑林始建于1994年12月,2002年秋竣工,占地面积3万平方米。碑林以整座山为基址,依山就势兴建而成。山下的圆形碑廊周长360米,8条旋转上行的碑廊汇通到山顶的中心碑阁,形成了一组全国罕见的球面建筑群以及"山是一座碑、碑是一座山"的奇特景象。这些错落有致的仿古式建筑,综合了南北建筑风格,造型独特,气势恢宏。莲花山碑林收刻了儒、释、道、中医、兵法、诸子百家的经典著作以及各民族文化精华,并将民间收藏品、历代书法绘画代表作、当代名家墨迹、出土文物描图、著名科学家肖像、科学发明图解等包容兼收、分类概括。

莲花山碑林有碑石1万块,堪称世界之最。8条碑廊按系列、类别来安排内容,每一条碑廊都有各自的主题:一号碑廊是儒家文化,二号碑廊是释家文化,三号碑廊是道家文化,四号碑廊是中华医药,五号碑廊是中华兵法,六号碑廊是民族文化,七号碑廊是吴楚文化,八号碑廊是科学文化。

莲花山碑林是世界上规模最大的碑林,那么它都有哪些特点呢?

首先,碑林的总体设计以整座白猿山为主体,这样的构造既富有动态感,又能体现出碑林的雄伟气势。

其次,碑林的内容汇集了古今中外文化精粹,既继承儒、释、道、中医、兵法的精华,又融汇了时代的特色;既弘扬了民族传统文化,又体现了时代创新精神,对促进社会主义精神文明建设有积极作用。

再次,碑林巧妙地将高超的书法艺术和精湛的绘画技巧紧密地结合起来,把碑刻艺术展现得淋漓尽致,满足了不同文化层次游客的需求。

最后,碑林所征集组刻的大型系列作品,不仅历史跨度大,而且内涵极其丰富。

碑林的主要作品有:

《法界源流图》:位于碑林的中心碑阁内,是泰国曾文穆先生于1996年捐赠给碑林的。《法界源流图》源于宋代的《大理国梵像卷》,历经宋、元、明、清五百余年,至清乾隆年间进入皇宫内府。乾隆皇帝视其为珍宝,在进行一番考订后,命当时宫廷画家丁观鹏在佛学专家、当时"四大活佛"之一的章嘉国师指导下,对梵像卷进行整理、临摹,前后费时数载,于1767年完成了《法界源流图》。原本几经周转,现珍藏于吉林省博物馆。

编钟:位于七号吴楚文化碑廊内,由左德承先生绘制并捐献给莲花山碑林。编钟是古代青铜艺术的杰作,据考古证实,编钟的青铜原料出自古鄂州。左德承先生是我国漆绘研究十大专家之一。他有感于莲花山碑林的重大历史意义,毫不犹豫地接受了莲花山碑林的邀稿,并闭门谢客,凝思息虑,潜心绘制,花费两个月的时间将这幅精美的"编钟"呈现给世人,并一一作了注解。

《曹氏风筝图谱》:位于六号民族文化碑廊内。《曹氏风筝图谱》是清代著名文学家曹雪芹创作的,它对风筝的起放、扎糊、分类、彩绘的诀窍进行了详细的讲述,图样精美,技艺精湛,堪称艺术珍宝。抗日战争期间,这一国宝曾流落日本,后来几经劫难,终于重见天日。

《论语画解》:位于一号儒家文化碑廊内。《论语》是孔子立身行教的具体表现,它的内容主要是讲仁爱、重伦理、行忠恕、守礼义,奠立了中华民族儒学文化的核心。为纪念孔子诞辰两千五百周年,台湾当代著名画家江逸子从《论语》中选取51则语录和《大学》《中庸》的各1则语录,配以工笔人物画,绘制《论语画解》。该画卷笔法细腻,形象生动,图文并茂。孔子第七十七代嫡传孙女孔德懋女士称赞说:此举乃弘扬祖国优秀传统文化的大好事,并欣然题词"有朋自远方来,不亦乐乎"。

《淳化秘阁法帖》:位于外围篆刻碑廊内。这是我国第一部著名的法帖,流传至今已有一千年之久,收集了从汉章帝到唐高宗,从古代名臣到二王、颜、柳等书法家103人的作品420

篇,原帖摹勒逼真,精神完足,被后世誉为法帖之祖。

莲花山碑林的建设,得到了社会各界的热情支持,无数书画家、篆刻家、文史专家、收藏家纷纷献策献宝,贡献了自己毕生的心血结晶和家藏的书画精品。中央电视台、湖北电视台、《人民日报(海外版)》等都相继作了报道,在海内外形成了较大影响。徜徉碑林,纵横慧海,能感受到传统文化的浓郁氛围,得到心灵的调和与思想的充实。

三、梦里水乡梁子湖

"夕阳微明薄暮天,榜歌迢递起渔船。溪头宿鹭忽惊起,飞破平湖十里烟。"这是一代书法宗师张裕钊笔下的梁子湖。梁子湖古名鄂渚,又称樊湖,位于长江中游南岸,地处武汉、黄石之间,因湖中梁子山而得名。梁子湖是全国十大名湖之一,是湖北省第二大淡水湖、武汉城市圈的中心湖、亚洲湿地保护区,同时也是著名的武昌鱼的故乡。梁子湖湖泊面积为271平方公里,主湖水深多在3米以上,以梁子岛为界,分为东梁子湖和西梁子湖。东梁子湖包括蔡家澥、涂镇湖、前澥、后

澥、东湖、西湖等子湖,属于鄂州市。西梁子湖包括牛山湖、宁港、前江大湖、张桥湖、仙人湖、山坡湖、土地堂湖等子湖,属武汉江夏区。鄂州市梁子湖区东沟镇、梁子镇、沼山镇、太和镇、涂家垴镇都位于梁子湖的腹地。

由于受到构造断裂和地貌条件等的影响,梁子湖的湖岬湖湾之多、湖岸之曲折,在国内湖泊中少见。梁子湖岸线总长达到400多公里,水网内大湖带小湖,母湖连子湖,大小湖泊多达30多个,湖泊形态及水系极其复杂,与洪湖、太湖、巢湖等湖泊形成鲜明的对比。

梁子湖自然保护区野生动物资源极其丰富,共有国家重点保护野生动物25种,其中国家一级保护野生动物6种,国家二级保护野生动物19种。梁子湖自然保护区野生植物也十分丰富,有许多植物是濒危和特有的。梁子湖还是亚洲稀有水生植物蓝睡莲的唯一生存地,是我国新记录物种和国际特有新记录物种扬子狐尾藻的发现地。梁子湖水域内的鱼类有100多种,其中鳜鱼、银鱼、针鱼都是名贵品种。梁子湖也是著名的武昌鱼和大闸蟹的产地。武汉大学在这里设立了水生物研究所,建立了野外定位工作站。武汉大学梁子湖湖泊生态系统国家野外科学研究观测站师生在此坚守20多年,探索出一种栽植水草、生态治污的"梁子湖模式"。经过多年生态治理,梁子湖湖区生态环境大为改善。如今这里共有282种水生高等植物,成为我国水生植物种类最多的湖泊。2009年6月23日,武大的研究人员发现,对水质要求极高、有"水中大熊猫"之称的淡水桃花水母高密度、大面积在梁子湖出现,这为梁

子湖的优质水质作了生动的诠释。

梁子湖因其优质的水质被专家称为"化石型湖泊"和"物种基因库"。2009年,第13届世界湖泊大会上,各国专家实地考察后认定,梁子湖流域具有独特的生态价值和相对良好的生态环境,在世界范围内都是一个非常珍贵的湖泊湿地资源。2011年9月,梁子湖被列入"国家试点湖泊生态环境保护"首批试点名单。

梁子湖的水具备四大特色:一曰"清"。水体清洁,水质纯净。每当风止日出时,湖水清澈见底,"带天澄迥碧,映日动浮光"。水的恬静,鱼的嬉戏,草的飘香,鸟的掠影,莫不历历可见,令人赏心悦目。二曰"秀"。湖山相连,水平相接,碧波与白帆,交相辉映,正所谓"悠悠烟水,澹澹云山,泛泛渔舟,闲闲鸥鸟",洋洋大观。三曰"旷"。梁子湖枯水时节水面300平方公里,若至涨水季节,则广至700~800平方公里,烟波浩渺,白浪滔天,气势雄浑,开人胸襟。四曰"奇"。湖中有宝岛,岛上有奇湖,湖心又有岛,层次极为丰富。岛上无污染、无噪声,冬天无虱,夏日无蚊。盛夏时日,气温要比周边地区低2~3℃,是极理想的避暑、疗养胜地。

近10年来,梁子湖生态环境治理初显成效。湖面烟波浩渺,水质清澈,生态景观怡人,岸线玉带绕湖,美不胜收。今天,梁子湖以最清澈的姿态再次舒展于世,让无数鄂州人再次发出感叹:生活在碧波美景的梁子湖畔,很幸福!

传说故事——梁子塑像

梁子湖湖心有一座岛,名叫梁子岛。关于梁子岛的来历,有一个美丽的传说故事。相传很早以前,梁子湖是一块陆地,叫做高唐县。有天中午,大街上突然来了个疯癫老道,人们多不搭理他。见其可怜,城里一樊家母子善待他。道人谢过后对妇人说:"几天后高唐县要沉入湖底,你要是看到县衙门口的石狮子口里流血,你母子就朝山上跑,不然就会被淹死的。"此后老道的话果然应验。不久后一天,突然天崩地裂,洪水滔天,县城转眼就不见了,从此高唐县就变成了百万亩的大湖泊,樊家母子坐着逃难的那片大荷叶,变成了湖上的一个洲。人们为了感谢这娘儿俩的报信之恩,就将湖取名为"娘子湖",后来名字演变成了梁子湖。年深月久,荷叶洲上住的人家越来越多,逐渐形成了今天的梁子岛。后来,当地百姓为了纪念樊家母子,在岛上建了梁子塑像。

梁子塑像

四、运动休闲红莲湖

红莲湖,又名杨椿湖,位于鄂州市华容区庙岭镇境内;西距武汉市仅20公里,东距鄂州市区23公里,与武汉东湖高新技术开发区(中国光谷)、葛店经济技术开发区(中国药谷)等新经济增长带毗邻;京珠高速、沪蓉高速、武黄高速、武汉外环在此交会,具有上连三峡、下接浦东、中托武汉的区位优势,是湖北长江经济带"金三角"的中心。1994年1月8日,湖北省政府同意成立省级红莲湖旅游度假区,并授权鄂州市政府组建度假区管委会,负责度假区的开发与建设。度假区的

红莲湖

建立拓展了湖北省吸引外商投资渠道,填补了湖北省旅游度假区的空白。

红莲湖旅游度假区以面积5.5平方公里的红莲湖为中心,规划面积49.67平方公里。红莲湖湖岸曲折有致,湖汊、半岛隐现其中,青山苍翠,湖水清澈见底。红莲湖风景独特,空气清新,无任何污染及噪声,恍如人间仙境,世外桃源。春有桃李硕硕,夏有红莲朵朵,秋至丹桂飘香,冬临寒梅绽放,更有那水质清纯的八千亩湖水,朝朝暮暮传送渔歌逗雁的风情,犹如一颗不可多得的璀璨的明珠。

每年丰水期,红莲湖的湖水可通过长港和鸭儿湖流入薛家沟,最后汇入长江。红莲湖水位为人为调控,水质纯净,可以饮用。度假区内地下水源丰富,附近有泉水自然流出地表,经专业检测分析,符合生活饮水卫生标准。红莲湖度假区属亚热带季风气候,气候温和,雨量充沛,日照充足,是一个一年四季都适合旅游度假的好地方。

根据红莲湖独特的自然资源和优越的区位条件,红莲湖度假区按武汉市卫星城市的要求进行规划建设,在红莲大道环线内形成以旅游度假、商住、疗养等为主的风景优美的生活区域,在红莲大道环线外形成以高科技企业、"三来一补"企业及华中物流中心为主的生产贸易区域。建设中采取完善配套、精心策划、分批征地、分期实施、统一招商的方针,有计划、有步骤地倾力打造华中地区最大的旅游区。红莲湖旅游度假区规划总布局是以红莲湖为中心向周围辐射发展,自然形成内圈、中圈、外圈三层空间。内圈为观光、旅游用地和体育休闲用地、别墅度假用地;中圈为居住用地;外圈为少量旅游工业用地和生态保护区用地。旅游功能分区可概括为"南动北静、东土西洋"四大功能区。"南动"为高尔夫等体育运动区域,"北静"为观光游览、旅游度假区域,"东土"为田园风光特色区域,"西洋"为旅游配套开发区域。

红莲湖旅游度假区已建成集国际标准18洞高尔夫球场、红莲湖大酒店、会务中心、商住中心于一体的红莲湖国际乡村高尔夫俱乐部,集水上运动训练、竞赛于一体的红莲湖水上运

动训练竞赛基地,集超五星级酒店、餐饮中心、商务中心、运动中心、会议中心、健康中心和娱乐中心于一体的旅游产业。

 传说故事——红莲湖的传说

传说很久以前,红莲湖只是一个荒芜的湖泊,杂草丛生,遍生芦苇。有一天,管理红莲天池的仙女下凡来到红莲湖,看到湖水清澈,湖的形状与天池一样,便非常喜欢这个湖。她很惋惜这个荒芜的湖,回到天庭,便不顾天条,在天池采了一把红莲籽撒在湖中。很快,红莲湖长出了碧绿的荷叶,血红的莲花、莲子。此美景引得天庭的仙人们纷纷前来观赏。很快,玉帝知道了红莲仙子触犯天条的事,准备将她打入凡间。观音菩萨得知后,为红莲仙子说情,这才让玉帝收回成命,改为关押红莲仙子九九八十一天作为惩罚。从此,红莲湖的荷叶、荷花、莲子可以和天池相媲美。

(资料来源:余凤兰,《红莲湖的传说》,https://www.ezhou.gov.cn/zjez/ezrw/ezcs/201808/t20180809_44935.html,2018-08-09)

五、烟柳如画洋澜湖

洋澜湖,古称"南浦",又名南湖、长湖,位于湖北省鄂州市城区东南,是鄂州市的"城中湖"。因湖之南侧曾建过一座"洋澜寺",故得名"洋澜湖"。洋澜湖面积583.6万平方米,其中水面约288.1万平方米,水深为0.7~2.2米,为内陆浅水湖泊。

鄂州作为国家级山水园林城市,襟江(长江)抱湖(洋澜湖),依水而兴。洋澜湖似一朵美丽的睡莲静卧

洋澜湖

城区,给吴王古都增添了一份妩媚和柔美,成为江南水乡灵气之所在。洋澜湖地理位置优越,自然环境优美,湖面开阔,景色宜人,是城市难得的风景游览胜地,也是人们观光休闲的好去处。

洋澜湖历史悠久,人文景观甚多。三国时期洋澜湖是吴王武昌宫御花园的一部分。南朝才子江淹曾在《别赋》中写道:"春草碧色,春水渌波,送君南浦,伤如之何?"此处的"南浦"即是洋澜湖的旧称。宋祝穆《方舆胜览》记载:"南湖旧名南浦,江淹《别赋》'送君南浦'即此。"元末诗人丁鹤年的《武昌南湖度夏》一诗写出了洋澜湖的神韵:"南浦幽栖地,当门罨画开。青山入云去,白雨渡湖来。石润生龙气,川光媚蚌胎。芙蕖三百顷,何处著炎埃?"

古时,南湖烟柳如画,碧荷接天,菱花吐艳。宋《太平御览》中记述:"武昌长湖通江,夏有水,冬则涸,于时廑所产植。陶太尉立塘以遏水于此,常自不竭,因取琅琊郡隔湖鱼菱以着湖内。菱甚甘美,异于他处,所产鲋鱼,乃长三尺。"湖边多植垂柳,时人称"陶公柳",又称"武昌

官柳"。据《武昌县志》载:"湖在县南,每水澹,秋空月丽,天半有玉镜倒悬、金波回映之妙。""南湖映月"亦为古鄂城八景之一,以至于历代文人墨客留下许多赞美洋澜湖的诗篇,如孟浩然"行看武昌柳,仿佛映楼台",杜牧"吴王官殿柳含翠,苏小宅房花正开",苏东坡"春江渌涨蒲萄醅,武昌官柳知谁栽",黄庭坚"四顾山光接水光,凭栏十里芰荷香"。

洋澜湖环湖建有小游园、绿地、木栈桥、石步道、亲水平台、景观亭台等观景设施。近几年,鄂州市政府对洋澜湖实施了环境综合治理和生态修复措施,加强了洋澜湖沿岸水源涵养林工程、湿地恢复示范区和护岸建设,使洋澜湖水生态逐步得到恢复,又重现了往日美丽而清澈的模样。

六、碧波荡漾三山湖

三山湖位于湖北,跨鄂州市和大冶市,属沉溺型洼地滞积湖。鄂州范围内的水域面积16.67平方公里,平均水深2.8米,湖面所辖区域包括杜山镇、泽林镇。三山湖因三山岛而得名。清同治六年(1867年)的《大冶县志·山》有记载:"三山,在县西河泾堡河泾湖之中,距城九十里,形如地肺";"石碧寺,在河泾湖中石碧山上"。

三山湖

由此可见,当时的"河泾湖"就是现在的"三山湖"。到清光绪十一年(1885年)的《武昌县志·水利》就出现了"三山湖"的名称。

1965年开始,三山村劈山围湖,历时20余年,发扬愚公精神,筑堤(北大堤、南大堤、子堤、东大堤)10 042米,围湖(愚公湖、移山湖)13 800亩。摸菱湖位于三山湖西北角,属于三山湖的一部分,南、北大堤将摸菱湖与三山湖截断,为三山人所利用,称之为"愚公湖"。子堤将愚公湖一分为二,一部分种田,一部分从事水产业。为进一步扩大生产规模,开辟致富门路,三山人又筑东大堤将三山岛北面的严家塞湖围住,做成鱼养殖基地,并将其改名为"移山湖"。

三山岛素有"三个山头九个包"之称,即远看似3个山头,近看有9个山包。"三个山头"之称,就是"三山"名称的由来,即这个岛像大湖中的三座山,故名"三山"。"九个包"指的是岛上有不同高度的9座山丘。

三山历史悠久,文化底蕴深厚,既有省级文物保护单位吴氏宗祠,也有大塆古井、龟头山等一批人文自然景观,更有神山(三山岛)、神水(三山湖)、神龟(九龟)的美丽传说。

相传很久以前,东海龙王的三太子率九只乌龟云游四方,至今樊湖地带,突感饥饿难忍,周围又无物果腹。于是,九龟一齐跪于三太子面前,说:"太子殿下,臣等心脏可供殿下充饥!"太子惊曰:"尔等心脏取下,岂不丧命?"九龟答:"殿下取出臣等心脏后,臣等即睡去;过两个时辰再叫醒臣等,臣等即可活转来。"太子大喜,遂以龟心为菜,长江之水为酒,胡吃海喝起来。龟心味奇美,三太子喝得酩酊大醉,昏昏睡去……谁料这一睡便是三个时辰,那九只乌龟,每三只靠在一处,再也唤不醒来……三太子顿足捶胸,将杯盏碗碟扫下石桌,那杯中所剩残酒倾泼,便成了今日的三山湖;那九只乌龟便化作湖中的小岛——三山相连的九个山峰。

三山旅游名村具有典型的"湖岛渔村"特色。2014年7月,三山村被湖北省人民政府授予"旅游名村"荣誉称号。

三山村门楼建成于2008年8月,是三山村的北大门。它造型古朴俊秀,气势恢宏,彰显金龟圣地,人杰地灵。

三山村的古建筑吴氏宗祠历史悠久。吴氏宗祠始建于清道光十八年(1838年),面积328平方米。1984年被鄂州市人民政府公布为文物保护单位。2008年全面修缮,面貌焕然一新。2008年被湖北省人民政府列为文物保护单位。

三山村有一口古井,建于明景泰年间,至今已有500余年的历史。此井水量大,水质优良,富含多种矿物质,可直接饮用,数百年不变。

20世纪90年代起,三山湖开始大量发展围网、围栏养殖,出现湖面建木桥、农家乐等违建乱搭现象,周边杂草丛生,生态环境受到极大的破坏。

自鄂州市开展湖泊环境保护和生态修复治理以来,三山村加强三山湖湖泊环境保护和生态修复多项改造建设,包括南北大堤整险加固工程、三山湖生态修复、移山湖芡实基地建设、新社区二期建设、文物保护维护、中心村美丽乡村改造等。一系列改造,净化了水质,让三山湖摆脱了污染,重见清澈。

如若用一种颜色来绘就三山村的小康画卷,选择绿色作为底色,再合适不过。绿水青山就是金山银山。三山人正阔步走在生态美、产业兴、百姓富的康庄大道上。没有绿水青山就没有全面小康。在追求经济发展时,村民们没有走竭泽而渔、劈山围湖的老路,而是认真践行"两山"理念。在发展中保护、在保护中发展,推动形成绿色发展方式和生活方式。生态治理后的三山湖,波光潋滟,碧波荡漾,水天相接。整齐碧空如洗,的民居楼鳞次栉比,潺潺小溪蜿蜒其中,让人不禁感叹:"九峰山顶彩霞红,放眼大湖皆妙景。"

 思考与探究:

1. 西山风景区中和三国有关的历史遗迹有哪些?
2. 莲花山碑林的特点是什么?
3. 谈谈梁子湖生态环境保护的意义。
4. 红莲湖旅游度假区规划布局和功能是什么?
5. 请说出三首描写洋澜湖的古诗词。
6. 谈谈三山湖在发展中是如何践行"两山"理念的。

第二节 古迹寻踪

> "三台",是指三国时期吴王孙权在武昌(今鄂州市)称帝建都前后修建的著名建筑,包括凤凰台、郊天台、钓鱼台。
>
> "八景",即西山积翠、南湖印月、凤台烟树、龙蟠晓渡、寒溪漱玉、书堂夜雨、吴王古庙、苏子遗亭。
>
> "十大古迹",民间一般称为"鄂城十景",即一古楼、二宝塔、三眼桥、四眼井、五家巷、六大坊、七星塘、八卦石、九曲亭、十字街。
>
> 三山吴氏宗祠位于鄂州市鄂城区杜山镇三山村。始建于清道光十八年(1838年),同治五年(1866年)扩建。该祠堂整体保持了鄂东南清代传统祠堂的结构和风格,是研究湖北乡土建筑的重要实物,为第五批湖北省文物保护单位。
>
> 方家古宅位于汀祖镇王边村的方家湾。始建于康熙末年(1720年前后)。该老宅规模较大,建筑风格独特,在当地民居中具有代表性,被列入鄂州市第一批历史建筑名录。
>
> 梁子岛青石板街是梁子岛上最古老的的街道之一。明清时期,街道两旁店铺林立、商贾云集,是梁子岛繁华历史的见证。
>
> 胡家大湾古建群在葛店武城村,古建大多建于清晚期,约在光绪、宣统时期。这些老房子有着江南民居的风格特征,其中一些建筑具有很高的艺术价值,可为现代建筑提供参考。

一、三台、八景、十大古迹[①]

(一) 三台

凤凰台位于东汉时鄂县(今鄂州市)城东洋澜湖北岸虎头山上。汉献帝建安十四年(209年),吴主孙权来到鄂县,因为民间传闻此地有凤凰出现,遂筑凤凰台于虎头山,并召集周瑜、鲁肃于鄂县城东虎头山上商议建都大计。后来又在凤凰台侧修建凤鸣寺。凤凰台上银杏参天,风景优美,每当春晨秋夕,轻烟薄雾缭绕于古寺、银杏之间,故有"凤台烟树"之称,被邑人

---

① 熊寿昌、胡念征、萧开发:《"三台""八景""十大古迹"》,载鄂州市旅游局编《山水乡愁——导游鄂州》,第277-283页。

列入"武昌八景"。

明神宗万历三年(1575年),知县李有朋建塔于凤鸣寺后的凤凰台上。塔高五级,俗称东门塔、凤凰台塔。此后,凤凰台屡毁屡建。20世纪70年代初,凤凰台、塔均被拆毁。2001年,鄂州市政府在凤凰广场东北角重建凤凰台,为两层汉式建筑高台,台中心耸立着三只铜铸凤凰,朝三个方向引颈合鸣,翩翩起舞,似欲冲天而起,紫铜甬道上刻有《鄂州历史纪要》,记录了鄂州五千年文明史。

凤凰台

郊天台又名郊天坛、即位坛,位于今鄂州市西山南峰白虎山顶。白虎山又名郊坛岗,郊天台即在其上。相传,孙权在此祭天即位,登上皇帝宝座。清咸丰年间,太平天国军队占领山头,这里又成为太平军的点将台。

钓鱼台即吴王钓鱼台,又名钓台圻,位于今鄂州市城区雨台山北边江岸,是中国十大著名的钓鱼台之一。历史上,人们将它与浙江桐庐严子陵钓鱼台、陕西宝鸡姜太公钓鱼台、江苏淮阴韩信钓鱼台并称为我国的四大古钓台。

吴王钓鱼台

历史上孙权曾在此宴会群臣。《三国志·吴书·张昭传》载有"权于武昌临钓台,饮酒大醉"的故事。《三国志》裴注引《江表传》云:"权于武昌新装大船,名为长安,试泛之钓台。"陶侃捕杀江贼时,曾在钓台整顿军队作为后继支援。

后来沙崩石出,钓鱼台于1956年被采石工人炸毁。但每当晴朝月夕,风定潮平之时,下罾、垂钓者多流连于此。今钓鱼台为2011年5月移地复建,是鄂州三国吴都旅游风光带、滨江公园景区的标志性建筑。

(二)八景

"武昌八景"之名,不知起于何时。清康熙《武昌县志·地理志·形胜》附有"武昌八景"之名,即西山积翠、南湖印月、凤台烟树、龙蟠晓渡、寒溪漱玉、书堂夜雨、吴王古庙、苏子遗亭。鄂州已故名人孟律之老先生的《鄂州八景》诗将八景全部囊括其中,别有一番趣味:

晓渡龙蟠喜壮游,晚栖积翠步山丘。

琤琮漱玉寒溪远,淅沥书堂夜雨疏。

古刹巍巍悲往事,遗亭兀兀锁新秋。

凤凰台上炊烟渺,月映南湖水欲流。

第二章　山川胜迹

西山积翠　西山古称樊山,峰岭深秀,林木苍翠,泉流不竭,鸟语花香。西山上的古灵泉寺坐西朝东,建于西山东南的山腰悬崖之上。后依山,前临壑,四周绿树环抱,遮天蔽日,浓翠如积,风景幽绝。山门的门楣上刻有清代湖广总督官文手书的"西山积翠"四字。山门内青龙桥畔建有拥翠亭,三面依山,一面临壑,偎绿拥翠,凌烟挹云。亭侧刻有清人吴翼圣题诗:

西山多白云,山中不见起。

每到断崖间,悠悠生袖里。

身与白云俱,浑忘坐亭子。

清代邑贤张裕钊曾题匾"白云深处"于亭上。寺后为广宴楼。清代诗人王渭鼎有咏《西山积翠》,诗曰:

萝薜蒙茸竹树齐,郁葱欲滴锁岩西。

晴岚缥缈江犹碧,爽气晶莹眼欲迷。

一片清光连广汉,十分绿荫络招提。

孙郎殿阁陶公柳,剩得空山鸟雀啼。

南湖印月　南湖又名洋澜湖,位于武昌县城南门外(今鄂州市中心凤凰广场前),历史悠久,人文景观甚多。湖边多植垂柳,旧时人称"陶公柳",又称"武昌官柳"。每当月圆之夜,泛舟南湖,烟景迷离,波光粼粼,天上、湖中月色交融,自有一种绰约风姿。清乾隆《武昌县志》赞曰:"每水澹秋空,月丽天半,有玉镜倒悬、金波四映之妙。"邑人名之曰"南湖印月",又称"南湖映月"。元代诗人丁鹤年隐居武昌期间,常在南湖游览,曾留下不少歌咏南湖的优美诗篇,如《武昌南湖度夏》,诗云:

湖山新雨洗炎埃,万朵青莲镜里开。

日暮菱歌动南浦,女郎双桨荡舟来。

凤台烟树　黄初二年(221年)四月,孙权来到鄂县。因百姓传说有凤凰栖集于城东虎头山上,孙权乃于此山筑凤凰台。清乾隆《武昌县志》云:"每朝暾暮雨,烟树迷离,令人想九苞翔集之胜。"故有"凤台烟树"之称。明代诗人陈荣曾有诗记其形胜,诗曰:

招贤人去霸图倾,千载还传旧日名。

鸣凤不来台上宿,淡烟空向树梢横。

牧童荫里眠春昼,归鸟枝头噪晚晴。

只恐九苞重在目,只今海宇际文明。

龙蟠晓渡　在鄂州市老城区东北一里外的江中矗立着一块巨大礁石,传说曾有虬龙盘踞其上,积日方去,故曰龙蟠矶。此矶方圆数十丈,石势嵯峨,蜿蜒起伏,雄踞波涛之上。元惠帝至正年间(1341—1367年),监邑铁山(蒙古族人)在矶上建龙蟠矶寺,俗名观

观音阁

音阁。阁长24米,宽10米,高14米,是条石垒成、青砖砌就、木框架结构的亭阁式建筑。观音阁为道教宫观,有纯阳楼、祖师殿、观音殿、老君殿等,供奉石雕观音、东方朔及八仙塑像。

清晨,东方露出鱼肚白,岸上的婆婆带着新媳妇,挎着竹篮,呼唤着艄公,她们要借这一叶扁舟到阁上去向观音菩萨拜烧第一炷香,以求得贵子……这就是"龙蟠晓渡"的意境。清咸丰年间,湖广总督官文题"龙蟠晓渡"四字匾于阁门之上,民国书法家朱继昌先生题写了阁名。因长江中仅此一阁孤悬水际,故又称"万里长江第一阁",后屡圮屡修。

当旭日东升、晨星未隐、爽气西来、水波不兴之际,一叶扁舟浮游于龙蟠矶寺与武昌城江岸之间,其景如画,美不胜收。清乾隆《武昌县志》有"每晓舟横渡,天光发新,景极清丽"之誉。清代诗人姜愃曾赋诗咏"龙蟠晓渡",诗云:

峭壁江心起,层台水面浮。

岂堪龙久卧,但见石长留。

云影轻帆外,桡声古渡头。

问津何处是,一柱砥中流。

寒溪漱玉　寒溪发源于武昌县(今鄂州)西山寺后的山谷岩窦间,自古泉色白而微碧,清寒凛冽,蜿蜒于葱茏林木之间。每遇溪石阻遏,只见寒流激湍,如溅珠漱玉,泉声琮铮如银铃,清泠悦耳成韵。清乾隆《武昌县志》有云:"山涧委折,水声潺湲,与石相激,琮琮玲玲,宛如漱玉。"故邑人名之曰"寒溪漱玉"。

宋代诗人吴居厚《吴王城》诗赞之曰:

吴王宫殿作飞尘,野鸟幽花各自春。

料得寒溪暄笑日,也曾惊动武昌人。

溪边原有寒溪寺,晋代高僧慧远曾挂锡寺中。宋代文学家苏轼《菩萨泉铭》序曰:"陶侃为广州刺史。有渔人每夕见神光海上,以白侃。侃使迹之,得金像。视其款识,阿育王所铸文殊师利像也。初送武昌寒溪寺。"寒溪之上,树根屈曲蟠错,虬结而成桥,人称"远公桥"。清代诗人夏克咸有诗咏"寒溪漱玉",诗曰:

一湾流水绕溪寒,玉润冰壶彻底看。

印月琼瑶常皓皓,凌波环珮自珊珊。

清泠远达松风韵,夏击频联梵磬残。

泽畔行吟闲照影,好教漱石蓼花滩。

书堂夜雨　晋代陶侃担任龙骧将军、武昌太守时,勤于吏职,恭而近礼,爱好人伦。他勤奋好学,在西山寒溪寺旁修建了一座读书堂,公务之暇,常来堂中潜心研读,诸子百家、兵书要略无不涉猎,曾对人说:"大禹圣者,乃惜寸阴,至于众人,当惜分阴,岂可逸游荒醉?生无益于时,死无闻于后,是自弃也!"清乾隆《武昌县志》载:"陶公书堂在寒溪北。当时夜雨滴沥,咿唔不辍,是真能惜阴者。每空山静夜,林木萧疏,如闻其声。"因而有"书堂夜雨"之说。

后来,有游人为亲自领略这一胜景,尝乘月登山,久候不见夜雨到来,归途才发现衣衫早已被"雨水"——夜露沾湿,方才恍然大悟。明代督学高世泰曾书其地曰"陶士行读书处",清代邑贤王家璧又重建读书堂。堂中原有数百年丹桂一株,花开时香飘幽谷。清代邑人孟廷柯有诗咏"书堂夜雨",诗曰:

陶公昔日读书堂,夜雨咿唔味更长。

可是书中明大分,一时忠愤自勤王。

吴王古庙　吴王古庙又称吴王古刹。清乾隆《武昌县志》载:"庙在郊西。旧时为孙权建,迄今破瓦颓垣,半在荆棘。然西抱山翠,南瞩湖光,自具佳致。"清光绪《武昌县志》则云:"吴大帝庙在县东安乐宫故址。宋时重建于宫北墦。久废。"而据鄂州故老相传,吴王古庙原址在城区内庙鹅岭村附近,约建于明代或更早时期,是本邑民众为纪念吴王孙权而建。明代诗人陈荣曾有诗记其概貌曰:

赤壁烟销霸业亡,可怜陈迹久荒凉。

英雄一代归何处,老屋三间奉故王。

满砌雨苔春寂寂,压檐烟树晚苍苍。

谁言建业钟王气,不敌楼船下武昌。

清代邑绅张元录亦有《过吴王庙》诗以抒怀:

寂寞荒池傍野丘,俨然东帝漫垂旒。

云飞天外西山暗,花落城隅一径幽。

曾有雄风悬剑石,空余明月照妆楼。

当时霸业今何在,小鸟争啼水自流。

苏子遗亭　武昌西山南麓的九曲岭,又称吴王岘。宋代文学家苏轼谪居黄州时,经常扁舟渡江来游武昌西山,见有废亭遗址,经考证,知是三国时孙权遗迹,便觅得故址,捐资扩地重建,取其山路"羊肠九曲"之义,命名为九曲亭,又请其弟苏辙作《武昌九曲亭记》以记其事。宋代以后,九曲亭屡毁屡建。明代曾一度改名怀坡亭。清同治十年(1871年),湖北提学使张之洞重修并恢复原名九曲亭,题有楹联曰:"鼓角隔江听,想当年短棹频来,赖有诗篇消旅况;宾僚携屐至,忆此后玉堂归去,也应魂梦恋清游。"后人为纪念苏轼,名之曰苏子遗亭。历代名人题咏颇多。明代抗倭名将熊桴曾有诗题"苏子遗亭",诗曰:

五百年前苏子游,青山白水想风流。

孤亭遥隔金莲夜,两赋争传赤壁秋。

绿柳红蕖曾击楫,沙汀渔火漫停舟。

乾坤胜地容迁客,应笑浮云自卷收。

(三)十大古迹

"鄂城十大古迹"民间一般称为"鄂城十景",即一古楼、二宝塔、三眼桥、四眼井、五家巷、六大坊、七星塘、八卦石、九曲亭、十字街,也有人说是一古楼、二宝塔、三眼桥、四眼井、邬家巷、六大房、七仙堂、八卦石、九曲亭、十字街。至于"鄂城十景"之说起于何时,到底哪种说法准确,已经无法考证了。

一古楼 古楼又称鼓楼、谯楼、南楼、庾楼、庾公楼、庾亮楼、玩月楼等,是鄂州城区历史最为悠久的一座古代建筑,是湖北省文物保护单位。东晋江州刺史庾亮镇守武昌时,曾与僚属在此楼上赏月。古楼历经多次维修,一直保持着跨街而立的石砌圆拱的外形。现存古楼为1940年在原址所建,见证着鄂州的沧桑变化。

二宝塔 老鄂城有两座宝塔。一是文星塔,又名文峰塔。这是鄂州唯一保存下来的古塔,也是鄂州市文物保护单位。因文星塔雄踞洋澜湖咀之上,古代曾是每年端午节赛龙舟的信号发布塔。二是凤凰台塔,简称凤凰塔,是一座五层八方中空重檐的木石结构宝塔。因其在县城东门外,俗称东门塔。塔前有凤鸣寺,后改建为凤台书院。1956年11月被公布为第一批湖北省重点文物保护单位。1970年建设鄂城化肥厂时被拆毁,现原址附近有东塔路。

文星塔

三眼桥 老鄂城曾有两座三孔石桥。一座是县城中心四眼井附近的益家桥,毁弃较早。另一座即"鄂城十景"中的三眼桥,是指县儒学宫(指县学的学宫)内的三孔石拱桥,又名百花桥。因桥有三孔,故得名。在学宫内建三孔石拱桥,寓意学子们能顺利通过三试(乡试、会试、殿试),连中三元,金榜题名。20世纪50年代中期,儒学宫的石门、三眼桥和殿堂先后被拆除,改建为鄂城县一中(今为鄂州市明塘小学)。

四眼井 四眼井本名寿井,位于鄂城县城(今鄂州市老城区)古楼南数十米的十字街口,与当年的县衙、古楼同在中轴线上。四眼井因井上有四个取水口而得名。县城益家桥一带向来是商贾云集之地,百姓饮水比较困难。南宋嘉定年间(1208—1224年),县尉邹应博关心百姓疾苦,捐款在桥南开凿了一口水井。因井水的水质好,吸引了人们来此汲水,并聚集在井旁谈天说地。为方便百姓,有人捐资在井上建寿井亭,成为小城的一处景观。四眼井是鄂州老城区保存下来的

四眼井

唯一古井,为鄂州市文物保护单位。2003年,鄂州市政府拨专款对其进行了维修。

五家巷 五家巷是指鄂城县城中南北走向、名气突出、以姓氏为名的五条巷子,从东到西分别为谢家巷、熊家巷、龙家巷、杨家巷、辛家巷。

六大坊 六大坊是指鄂城县城中的六大手工作坊,包括铸造铜铁的作坊、印染衣物的染坊、酿造白酒的糟坊、加工米面的磨坊、制作糕点的作坊、制作酱菜的酱坊等。

七星塘 七星塘是指鄂城县城内用于防火的七方水塘。清光绪《武昌县志》载:"七星塘在县城内,明万历初,知县李有朋挑浚,以镇邑之火灾。东门为熊家塘,南门为严家塘,小西门为邬家塘,旧分司前为张家塘,庾亮楼右手为胡家塘,谢家巷为方家塘,后街为太平塘。"

八卦石 八卦石原址在鄂州市老城区建设街与南浦路北段丁字形交叉口东侧的绿化带处。清光绪《武昌县志》载:"八角石在县治南街中,石分如八卦。后作土地祠于其上,石不可见,而祠犹称八卦石云。"

九曲亭 九曲亭位于鄂州市西山南麓,古灵泉寺东南方,又称怀苏亭、怀坡亭、苏子遗亭。现为鄂州市文物保护单位。现亭内东侧红柱间镶嵌着一副黄屏,屏壁两面分别刻有苏轼的《武昌西山》诗和苏辙的《武昌九曲亭记》。

十字街 十字街是鄂州市老城区南北走向的古楼街(原武昌县治前的南楼正街),与东西走向的菜场路(东起熊家巷,西至辛家巷/小西门)相交形成的正十字形街道,一度被称为小十字街,至今犹存。老鄂城有一首民谣说:"古城十字街,八门四方开。天上有北斗,地下八街七星排。"

二、三山吴氏宗祠[①]

"三个山头九个包,四面环水不通道。"这是三山村人描述的50年前的家园——一座孤岛。据史料记载,三山吴氏始祖福五公于明成化三年(1467年)由鄂城庙鹅岭村迁徙到这座孤岛上,从此,世代以捕鱼为生,繁衍生息550多年。

吴氏宗祠坐落在三山村龟背山南。它坐北朝南,面对万顷湖光。如果说三山岛是万顷湖波中沉浮的金龟,那么吴氏宗祠便是后来镶嵌在这只金龟背上的一颗珍珠。这可是鄂州市唯一的一座被市(1984年)、省(2012年)两级人民政府列为文物保护单位的宗族祠堂。

吴氏宗祠

这座始建于清道光十八年(1838年)的古建筑为典型的徽式砖木榫卯结构,共用木柱42根。形状各异、雕刻精美的青石墩为座础,大小龙梁层叠错落,无缝对接,托起300多平方米的空间架构,浑然天成。外墙以长条红石托底,上为青砖灌肚砖墙,当年工匠用泥土佐以糯米粥伴石灰填充而成。山墙分上下两重:上重骑马墙采用尖山顶设计,下重猫拱墙采用圆山顶设计。主屋脊上塑有二龙戏珠。宗祠正面为明三式,门楣、门夹、门槛、石座等均为上好的青石打磨雕琢而成,门座安

[①] 吴幼鹏:《三山吴氏宗祠》,载鄂州市旅游局编《山水乡愁——导游鄂州》,第291-293页。

放有两尊青石石鼓,垛角各盘一只雄狮,在"吴氏宗祠"四个勒石大字映衬下,颇显大家气派。檐下的彩绘,如"文王访贤""太白醉酒"等历史故事,也给这座宗祠注入了不少文化内涵。

迎面正中堂称享堂,匾额上的"三让遗馨"四个遒劲大字保留了海内外各地吴氏宗祠题匾的书写风格。它讲述的是吴姓始祖吴泰伯三让王位的故事。《论语》《史记》对此均有详细记载。三让美德更是感动了孔子,孔子赞美泰伯为"至德"。

吴氏宗祠木雕

享堂中的神龛均由名贵木材雕饰而成,呈三层滴水式,粉金饰银,檐舞鸾凤,柱绕盘龙。两边屏风绘有历朝历代吴氏宗族画家的画作。所有立柱、龙梁、斗拱等均饰以人物、山川、鸟兽等彩绘。这是2008年宗祠全面修缮时,一切修旧如旧,按原样恢复的。

与享堂相对的二楼是俗称戏楼的万年台。上有吴氏族徽高悬其上,昭示族人凝聚团结,和气圆融。正中屏风是松鹤朝日图,台中屋顶为八卦藻井,彩绘以仙鹤衔草图,并配巨型彩灯映衬。台上方"至德留芳"颂幅与享堂上的"三让遗馨"匾额遥相呼应,彰显人文底蕴。戏楼中雕梁画栋,各种极具寓意的图案,如"八仙过海""三清赴会"等,更是栩栩如生,使得宗祠流光溢彩,肃穆堂皇。

戏楼下的左右厢房就是各个时期主理事务的核心办公地点,一些重大决策就出台于此。1942年,张体学同志(1956年任湖北省省长)曾将鄂大抗日指挥部迁移至此办公,组建并指挥着樊湖抗日武装。新中国成立后,此处先后成为大队部、养殖场、手工业联社及供销社等。

生活在此的祖祖辈辈都是以捕鱼为生。历史上为建成此宗祠,吴氏宗族可谓倾尽两代人的心力。从初建到完工,因资金紧张和洪水淹没的缘故,前后历经28年(1838—1866年)。

宗祠内有清同治五年(1866年)吴氏族人刻制的两块珍贵石碑。

左侧墙壁上的一块主要是记录当时家族的公共产业情况,同时对公产的管理与收益作了一些规定。起句"尝思计图久远者,功不仅一时而及后世;谋欲周遍者,思不私一人而尚公溥",开宗明义,告诫族人创业守业之不易。

右墙壁上则是一块祖训族约碑,与左墙碑隔着天井相望。该碑文由前言和条规组成。其前言部分论述了家族宗庙和子弟读书的重要性,如"重孝悌,以敦伦常;明礼义,以睦宗族;崇正格颜,勿令子弟不法;光前裕后,尤赖父兄教成。盖祖宗虽远,祭祀不可不诚;子孙虽愚,经书不可不读。故宗庙之傍,当立学校,培养后人,正所以善继先人也",成为三山村人历代重视教育、崇尚文化的座右铭。

清道光以来,宗祠就曾是三山三大宗族创办的私塾所在地之一。村中小孩不分姓氏,均可选择入学。1950年春,三山三所私塾都集中到吴氏宗祠,开办了三山有史以来的第一所正规公立小学——三山乡初级小学。三山村崇文重教的优良传统长盛不衰,仅恢复高考以来,从2000多人的三山村考出去的各类大中专生就有300多人。

进入新时代以来,广大农村如沐春风。三山村正在打造农村文化新阵地,昔日的宗族祭祀场所,如今成了村里的文化活动中心;当年的祠堂,也变成了今日的礼堂。

吴氏宗祠是鄂州古祠堂中保存最完好的一座,今天还发挥礼堂的作用并作为文物保护下来,它不仅承载着历史的风风雨雨,更重要的是还传递着三山人不屈不挠、积极进取的精神风貌。

历史故事——泰伯三让天下

3200多年前,周太王有三个儿子,长子泰伯、次子仲雍、三子季历,周太王非常喜欢季历的儿子姬昌,想将来让姬昌继承王位。

泰伯为了成全父亲的愿望,就带着弟弟仲雍,从中原到了现无锡市郊的梅村(也称梅里)。泰伯、仲雍来到梅里后,和当地人融为一体,并和当地居民一起开发了江南,使得原本人烟稀少、土地肥沃的梅里地区逐渐成为人丁兴旺、经济发达的富庶之地。

泰伯、仲雍也因之被当地人民推举为部族首领。后来,泰伯在东吴之地重建国家,国号"句吴"。"句吴"国逐渐发展壮大,终于在东南沿海站稳了脚跟,春秋时期成为强大的吴国。句吴国建立后,泰伯却一直不肯称王,只让人们称"伯",并且没有留下后代。

后来周太王去世,他与仲雍回去奔丧。季历和众臣求他接位,泰伯坚决不从,料理完丧事后随即返回江南,王位由季历继承。

大约在公元前1193年,季历被殷商第28任商王太丁杀害,季历的儿子昌请泰伯回中原继位,泰伯再次让位于昌(即后来的周文王)。这就是让人肃然起敬的第三让。泰伯去世后,仲雍成为句吴国传代始祖。

《论语》曰:"泰伯,其可谓至德也已矣。三以天下让,民无得而称焉。""民无得而称焉",是说:百姓不知用什么话来称颂他。泰伯"三让天下"的德行,为历代文人学士、骚人墨客所景仰、赞颂。以史为鉴,如果说"伯乐相马""举贤"被世人称为大德,那么"让贤""让天下"更是古往今来备受赞颂之至德。"天下"可让,那世间大大小小的事,勿可比之矣。谦让、举贤是中华之美德,是中华文明的最高尚的境界之一。

(资料来源:https://baike.baidu.com/item/%E6%B3%B0%E4%BC%AF%E4%B8%89%E8%AE%A9%E7%8E%8B%E4%BD%8D/9416006?fr=ge_ala,2023-12-27)

》》三、方家古宅①

汀祖镇王边村的方家湾有一座古宅,始建于康熙五十九年(1720年),由方氏先祖方恒定建造,为典型的徽派建筑风格。

---

① 王友燕:《方家古宅》,载鄂州市旅游局编《山水乡愁——导游鄂州》,第307-309页。

据方氏族谱记载,方恒定,字安万,生于康熙十九年(1680年)。他不仅性格敦厚,对父母孝顺,对兄弟友爱,而且学识渊博。听说他从小喜欢读书,记忆力非常好,看过一遍,便能背诵下来。后来由于家里困难,只好放弃读书学经商。在外经过多年打拼,攒了许多钱财,便回家购置了一些田地,花二十多年时间,在磨石山下建了这座像电视剧《红楼梦》中的大观园一样绿柳蔷薇满架、亭台青溪环绕、小桥游廊相接、栋宇错落相连的粉墙黛瓦大宅院。

整个建筑以祠堂为中轴线,向左右两边延伸,室外均为青砖、灰瓦、马头墙,室内内层为砖墙,外层为木质鼓皮。每幢楼内均建有天井、下水道等排水设施。

方家古宅

屋内每间侧门皆与过道相连,并设置有亮斗、格窗,不仅明亮通风,而且冬暖夏凉。祠堂右边的建筑保存较好,老地基有五六十米长。祠堂左边的房子基本都被拆了重建新房,剩下近百米老墙头和老地基。

恒定公有三个儿子,为了让子孙后代多读书,当时将宅子设计成四合堂。四合堂即两个大门,各进两幢,总共四个堂屋,再加两边厢房。

从祠堂右边古宅大门进入,第一间是接待客人的厅堂。厅堂大门高2.73米,宽1.64米,材质为红石,门头上方两侧和门夹上均雕刻有龙、鹿等象征吉祥的图案。进门处有回廊。回廊栏长2.8米,高0.28米,上面雕刻有二龙戏珠、松树、仙鹤及亭台楼榭等,栩栩如生。厅堂宽6.32米,长12.74米,面积80.5平方米。内为木质架构,两侧有7对汉白玉为底座的大木柱。其中第二对顶梁木柱最高,包括汉白玉底座在内高5.6米。

从天井中红石上跨过,进入正厅,厅上有一根横梁,上面刻有龙凤云等。梁下左右两边共有四个厢房。厅堂木门上挂有一块长匾,刻有"宝婺长辉"四个大字。

方家古宅木雕

跨出厅堂后门,中间是与正厅有木板墙相隔的厢房过道。从过道后面朱红色的大门进入第二间古宅。来到上堂屋,进门第一眼看到的是两翼挑梁,末端各倒挂着一只瑞兽貔貅木雕,寓意招财守宝。下方挂着一幅七彩中堂画,画像中老人慈祥和蔼,身穿清朝官服,头戴红顶,坐在古朴典雅的茶几旁,一脸浩然之气。他就是方家祖先恒定公。据此屋现在主人介绍,因原画损毁严重,为了留住祖先音容笑貌,前些年特请画家对照原画临摹了一张。两边对联"襟怀旷远云中鹤,品德清高崖上松"十四个大字是其感念先人而挥毫泼墨写下的。

上堂屋结构与厅堂基本相似,均为木质架构。堂中两侧有6根以汉白玉为底座的大木柱。左右两边各有一个厢房,为家中书房,恒定公常在此教子孙读书,检查功课。据方氏族谱记载,其子孙代代勤奋好学,博览群书,人才辈出,德能兼备。

他的孙子方示梅八十岁仍然每天读诗书,并督促检查子孙读书。他的曾长孙方天台为培养晚辈读书而建"听涛山房",藏书汗牛充栋。他的曾季孙方天骤生得眉清目秀又聪慧。有一回,府试揭晓,太守张央现看了说:"以子品貌,当冠阎邑,况文乎。"并亲书对联:"儒家经述归康济,汗简文章讼雅训。"

他的玄孙方瀞洲博文通古,为官清廉能干。道光年间任江西新余司马,到任七天,就秩序大变。在梅州任职,功绩卓著。离任时,梅江两岸彩旗鼓角,灯延十里,百姓都来相送。后接旨赴龙南任知县,在任期间,为国为民,赤胆忠心,两袖清风,鞠躬尽瘁。

他的第五世孙方水观,有一年长江发大水,有人找到他问如何治水,他说筑堤建闸能解决。当时长江昌大闸隶属两县管辖,他带头并邀集武昌、大冶两地绅士捐款,找民工用土筑起了十几里长堤和闸坝,让当地老百姓不再流离失所。

他的六世孙方勋廷,十三岁因病致右手残疾,左手写字,应童子试名列前茅。

他的七世孙方杨槐,学名方针,是四川成都1935年建立的黄埔军校分校23期学生。新中国成立后一直在家乡学校教书。他生前乐善好施,据说年轻时,每次和别人一起出门坐车船,不论多少人,他都一人付所有车船费。

穿过过道,到了第三间堂屋。此屋与上堂屋结构相似,进门是天井,厢房楼阁雕花木刻,建筑工艺和气势上都稍逊于上堂屋。屋中茶几上面的红木雕刻和老家具等,在此不知放置了多少年,已经成了文物。

四、梁子岛青石板街[①]

> 青石板没有记忆,
> 打湿,蒙垢。
> 静静地躺着,路人走过。
> 罅隙中尘埃成了泥土,
> 泥土生苔,
> 诉说着雨水的岁和月。
>
> ——痖弦,《青石板》

在梁子码头上岛后,直行200米左右,路的左边有一老街的标牌,指向梁子岛上最古老

[①] 涂林芬:《梁子岛青石板街》,载鄂州市旅游局编《山水乡愁——导游鄂州》,第305页。

的一条街——青石板街。

街道不长,500 米左右,街面不宽,路面上铺着清一色的青石块,非常平整。街道两旁青瓦挑檐,错落有致,虽然经过风雨侵蚀,留下了一些斑痕,然而岁月的沧桑并没有磨平老街的生机,街的两边是店铺门面,从那些残存的招牌遗迹中,足见昔日的繁华。

青石板街,是梁子岛饱经沧桑的见证者。在清朝康熙初年,这条街就具有一定的规模,约有 200 户人家,沿街经营着米店、商行、陶器铺、磨坊、当铺等等,后来延伸至 500 余米。沿石板街往西走直通湖边,往西北方向,便是古老的河埠头。

这里是梁子湖沿岸各地的集贸中心,也是鄂南几县的商贸中转站和水上交通要道,每天往来船只千余艘,

青石板街

一度盛极鄂东南。当时梁子镇因其繁华而有"小汉口"之美誉。弹丸之地的梁子镇人口最多时有 7000 之众,上百家铺面,仅当铺就有两家,可以想象当时是何等的热闹。抗战时期,梁子镇饱受日寇、伪顽、土匪的骚扰与蹂躏,由盛转衰,居住人口一度不足 2000 人。

磨得光溜的青石板,诉说着曾经的繁华和沧桑。漫步石板路,如同走进了一本年代久远的线装书里,有着唐诗宋词般的清雅古意;恍惚间,仿佛看见了当年店铺林立、旗幌摇曳的情景,侧耳细听,似乎有久远商贾的叫卖声从老街深处传来。

这是梁子岛最古老的街道,连接着昨天与明天、过去与未来。如今,青石板还在,两旁林立的店铺早已换了新颜。

五、胡家大湾古建群

青石小路、粉墙黛瓦,走进葛店武城村胡家大湾,古朴的江南村落矗立眼前,让人感觉仿佛穿越百年。

据专家考证,胡家大湾的古建筑大多建于清晚期,约在光绪、宣统时期。目前保存下来的古民居有 10 余座,其中 3 座最为气派。

和其他民居不同,这 3 座民居都有天井和高大的马头墙,并且其中有一处至今还住着人。胡楚桥从小在这座老房子长大,此后,结婚生子也没有离开。他也不知道房子是何时建的,大约是新中国成立前,他的爷爷胡品方

青石板小巷

从湾子的一个大户人家手中购得这房子,而房子的原主人去了台湾。此后,这座房子一共住过四代人。

在胡楚桥的老房子周围,古朴的老房子连接成片,中间有的隔着青石板铺就的小道,显得非常幽静。房子门口有的砌有刻着麒麟的石鼓,有的砌着雕刻花鸟、走兽等纹饰的石基。房内有木板隔开的房间、窗棂,房门镂空,雕刻出各种图案,虽然布满灰尘,但仍旧惟妙惟肖。

胡家大湾历史上人才辈出,有的房子曾是辛亥革命烈士的故居。胡家大湾古建群包括辛亥革命将领胡廷佐故居、胡继炎老屋、胡建桥老屋、胡国超老屋等,这些古民居多建于晚清至民国时期,建筑风格独特,布局精巧,结构合理,历经百年风雨能保持至今难能可贵。

纹饰石基

如胡廷佐故居为清代民居建筑。该民居系砖木结构天井屋,朝正东方向,平面呈长方形,占地面积约235平方米,由左右厢房、天井、堂屋等单元组成。整个建筑面阔3间12.7米,进深3间18.48米。正门墙面一大红"福"字,堂屋前两厢房之间用条石砌成一长方形天井,面积约4平方米。厢房两侧均设2层楼,便于居住或贮物,且相通。北侧木楼梯损毁,南侧木楼梯保存良好,宽90厘米,台阶共23级。堂屋为穿斗式木构架,房与房之间用壁板隔断,落地柱为通柱,柱与柱之间用穿枋连接,楼梁及门窗雕花精雕细琢,部分因年久失修朽坏,后用红砖加砌。此建筑为单檐硬山灰瓦顶、风火墙,地面大多用青石板铺就。该建筑如今有人居住使用,其主体部分保持原貌,保存较完整,整体牢固。

资料:

胡廷佐(1880—1917),湖北鄂州人。1880年出生于鄂州市华容区葛店武城村,先在湖北工程营地垒司充队士,后随清湖广总督张之洞到南京,以功绩升工程营哨长,又调升第四十一标第三营右队队官。他虽未加入革命组织,但对革命极表同情。武昌起义时,先后率队猛攻清督署和藩署。在守护藩署时,他严申纪律,以身作则,有败逃清军取藩库存银一锭者,胡部士兵必予追回,归放原处。民军扩编,他任第七标统带。清军南下,他率部在汉口

胡廷佐故居大门

刘家庙、三道桥一线鏖战。汉口失利,退守汉阳。扁担山争夺战中,他左膀负伤,伤愈升第二协统领。1912年4月,其所在队伍改为第十旅,任旅长。1914年所部缩编为湖北第一师步兵第二团,他任团长。1916年反对袁世凯复辟帝制。1917年在荆沙响应护法,任团长兼前敌司令。敌人反扑,他着红里军大衣站在宜昌磨盘山高处指挥战斗,中弹而死。

胡家大湾有趣的传说

胡家大湾地处葛店镇燕南角,与华容等地接壤,因所处的地形很特别,留下了许多有趣的传说。

胡家大湾地处鸭儿湖西岸,东北临湖有刺家垴、龙王庙、渡口、月富咀、杨家湾5个刀切一样的红土高坡,上面光秃秃的无一根杂草,最高的刺家垴高坡高度近30米,远望像翘起的猴子屁股。因此,此处便有了"猴子屁股"这个雅号,在鄂州西部数乡镇非常有名。

村西有一座小山,"五猴"呈半圆形围绕其间,中间是一块向东倾斜的平地,像是一把竹椅,故名"竹椅山"。山上一年四季长着青草,夏天人们在这里乘凉,没有蚊子,这块平地地形好像一只蟠桃,周围又有5个"猴子",因此又有"五猴戏蟠桃"之说。

在雨后天晴的时候,站在红土高坡上往东远眺,可以看到青雾缭绕中的吴王城;往西放眼望去,白浒山、九峰群山在蓝天白云下隐隐约约;往近处鸭儿湖看去,浩渺的水面一眼望不到边,港汊里的芦苇随风摇曳,正是野鸭生长的天堂,成群结队的野鸭使这里有了"鸭儿湖"的美名。

这里也是军事要地,曾经驻守着军队,守城的武士在绿水青烟中格外醒目,因此在群众中也流传着"武城"来历的另一个传说:因为这里有武士守城,才有了"武城"的美名。

胡家大湾为了防风防盗,围绕湾子北面到竹椅山下修建了一道城墙,并在竹椅山下留有后门,城墙高约2.20米,长达300米,为防火砖砌成,在20世纪80年代消失。

在竹椅山往东去的斜坡下修建有八字朝门,因胡家大湾的胡氏家族第五世祖玉珍公家三代同朝为官,皇帝便恩赐八字朝门。通过巷子至山下,两边的房屋逐渐增多,于是便形成了南北两头的胡家大湾。

(资料来源:取经的兵,《鄂州葛店胡家大湾有趣的风物传说》,http://www.360doc.com/content/20/0814/09/70795872_930252079.shtml,2020-08-14)

 思考与探究:

1. 说说鄂州的"三台""八景""十大古迹"分别指的是什么。
2. 谈谈自己家乡的名胜古迹。
3. 你知道关于"三让遗馨"的历史典故吗?
4. 我们通过学习"方家古宅",了解到方家的家风是什么?
5. 梁子湖的青石板街,能够让你们想起家乡的老街吗?说说家乡的老街。
6. 胡家大湾古建群建筑有什么特点?
7. 谈谈保护古建筑的意义。

第三节　革命圣地

鄂州,是一座英雄之城,是一片蕴含着红色文化的革命热土,保留着较为丰富的革命遗迹。吴兆麟将军纪念馆、程正瀛故居纪念馆、贺龙军部旧址、刘伯垂纪念馆、麻羊垴鄂南抗日根据地指挥中心旧址、彭楚藩烈士祠等相关纪念馆、陈列馆等,不仅是市民了解革命历史、缅怀先烈的重要场所,也是鄂州市爱国主义教育基地。走进这些红色基因深深烙印过的地方,才能真正了解鄂州这座英雄城市的历史。

一、吴兆麟将军纪念馆

在美丽的鄂州洋澜湖畔,有个安静的小院落,藏于闹市旁,却显得格外幽静。郁郁葱葱的树木将一座两层小楼环绕起来,这里就是民国时期著名将领吴兆麟将军的纪念馆。

吴兆麟将军纪念馆始建于1998年。白墙红瓦的欧式建筑,与碧波荡漾的洋澜湖相互辉映。透过深色的铁艺栏杆,可以看到庭院内绿草如茵,鲜花盛开,砖墙上爬满了绿色藤蔓,给这座庄严的建筑增添几分神秘色彩。1882年吴兆麟将军出生在鄂城葛店岳陂村,是辛亥革命武昌起义的元勋之一。武昌起义当夜,他指导起义部队进攻湖广督署,占领武昌。其卓越的军事才能、过人的胆识策略,为推翻帝制、建立民主共和国所做出的伟大功绩为世人所传颂。

为弘扬先烈的爱国精神,激发后人振兴中华的斗志,经湖北省民政厅和中国人民银行湖北省分行批准,由吴兆麟的孙子——全国政协委员、中国科学院法学研究所兼职研究员吴德立提议,于1995年12月1日成立了"吴兆麟基金会",并修建了吴兆麟将军纪念馆。

吴兆麟将军纪念馆

吴兆麟将军纪念馆建筑古朴,格调高雅,占地五亩。主体建筑共分为两层。纪念馆正中悬挂着辛亥革命十八星军旗。一楼为名人真迹殿,收集了康有为、居正、蒋中正、程思远等人为吴兆麟题词的真迹二百余幅。二楼是吴兆麟将军生平事迹展览,分"投身行伍、密结团体""受命指挥、立功首义""运筹军政、抗击清军""功成身退、为民兴利""高功亮节、后世敬仰"五个部分,用图片、实物展示了吴兆麟将军的一生。

吴兆麟将军雕像

名人真迹殿

生平事迹展览

馆内陈列有许多名家的书法绘画题词,已故中国民革原主席李沛瑶先生、辛亥革命研究专家章开沅先生,都在这里留下了真迹。穿行在纪念馆中,看着以吴兆麟将军生平事迹为脉络的展览,一幕幕历史画面也慢慢复原。如今,吴兆麟将军纪念馆被列入鄂州市九大旅游线路之一——"辛亥革命教育旅游线",将有更多的人前来参观,领会辛亥革命首义文化的内涵,一代名将的革命精神将继续延续下去。

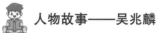 **人物故事——吴兆麟**

吴兆麟将军祖籍湖北鄂州市,1882年出生于鄂城葛店的农家,是武昌起义总指挥。16岁入武昌工程营当兵。1905年参加革命团体"日知会",任该会干事及工程营代表。1909年,以优等生成绩毕业于湖北参谋学堂,具有出色的军事才能。

相传,在鄂州市城外不远,有一道水闸,已有近百年的历史了,看起来还是很结实。附近的孩子们说,他们很喜欢在上面跑来跑去地玩。一代名将吴兆麟在京任职期间,目睹北京政府之所为、袁世凯野心勃勃,对党人丧失信心,遂退出政坛,解甲归田,回湖北从事公益事业。1922年,他拿出自己的退役金2万大洋,督修樊口大堤,建民信、民生二闸,开辟月河,筑王唐黄堤等水利工程,风餐露宿,不辞劳苦,三年时间,使工程告竣,变水害为水利,终于使沿江七县一州浅泽变良田。

在修建水利的同时,吴兆麟被公举为"武昌辛亥首义同志会理事会"主席。为了纪念武昌起义,也为了安置在武昌起义中受伤的伤残军人,他出资修建武昌首义公园。这两大举措用去了吴兆麟将军全部的退役金4万大洋。抗日战争时期,武汉沦陷。吴兆麟因素患哮喘,困居武汉读经自遣。日本侵略者以伪军总司令、伪湖北省政府首席参议为诱,均遭吴拒绝。日本人无奈,将其软禁。吴兆麟面对山河破碎,国难当头,悲愤难抑,哮喘病加剧,于1942年10月17日饮恨而逝。重庆国民政府明令褒扬并予公葬。

二、程正瀛故居纪念馆

离武汉七十公里左右,古城鄂州南边有一小镇——泽林镇。从泽林镇驱车五公里,到大山村下庄屋。村口新建的石牌上写着"程正瀛故居"。这是为纪念当地历史名人、武昌首义"打响第一枪"的程正瀛而修建。

程正瀛故居为5间砖混结构平房,坐北朝南,建筑面积约100平方米。大门楹联题为"首义史长垂,革新华夏原三楚;千秋功不朽,射落皇冠第一枪"。故居于2004年8月22日动工,同年10月10日完工。2017年重新翻修。门前20米处,立有程正瀛持枪塑像。人像高约4米,由鄂州作家樊小庆设计,民间艺人徐大银、徐祖利父子捐资制作。

程正瀛持枪塑像

1911年10月10日武昌起义爆发前夕,起义消息泄密,多名革命志士相继遇害。危难时刻,程正瀛挺身而出,冒险犯难,对着反动军官扣动枪机,打响了震惊中外的辛亥首义第一枪。这一枪具有划时代意义,敲响了清王朝封建统治的丧钟,吹响了共和国诞生的号角,拉开了民主主义革命的序幕,为中华民国的建立立下了不朽的历史功勋。程正瀛敢为人先的首义精神,名垂青史,受后人敬仰。2006年,为重塑英雄形象,激励后人弘扬革命英雄主义精神,纪念辛亥革命95周年,有关部门决定修复程正瀛故居,并为程正瀛塑像。鄂州市特请年逾九十高龄的当代著名书法家陈义经先生题写匾额。

程正瀛故居

 人物故事——程正瀛

程正瀛(1885—1916),湖北省鄂州市泽林大山村人,革命人士。早年投入湖北新军工程八营当兵。1908年加入共进会,并任工程营革命军第二正队第五支队队长。加入共进会后,程正瀛响应孙中山民主革命号召,秘密联络同志,共谋反清大业。1916年因革命派内部矛盾激化而被害。

关于"武昌起义第一枪"的由来,在贺觉非先生与冯天瑜先生合著的《辛亥武昌首义史》,以及《武昌起义档案资料选编》下卷中均有记载。1911年10月10日,临近举义时,二排排长陶启胜巡查营房,见金兆龙荷枪实弹,急上前夺枪。金兆龙疾呼:"再不动手,等到何时?"在旁的程正瀛应声而起,将陶击倒,打响了武昌起义第一枪!于是各营房纷纷响应。一时,人声鼎沸,枪声大作。武昌起义后,军政府扩编军队,同时又抽调精干老兵组成中华民国鄂军敢死队。程正瀛任敢死队第二队副队长。10月18日,阳夏之战爆发,程正瀛随马荣率队渡江,赴汉口与清军鏖战,队长马荣战死,程正瀛即接任队长。南北和谈后,敢死队改编为护军队,程正瀛充任副队长。中华民国成立后,历任鄂军工程第四营管带、第五营营长。

》》三、贺龙军部旧址

鄂州城区大北门正街30号,有一栋中西合璧的小洋楼——贺龙军部旧址(原北伐军二十军军部旧址)。在大革命时期,贺龙曾率领部队进驻鄂城(今鄂州市),就在这座庭院里执行武汉外围防御、清匪除霸、工农革命运动等重要任务。如今,这座红色革命旧址已成为人们缅怀革命先辈、接受革命传统教育的重要场所。抚今追昔,跟随历史的脚步,让我们再次回顾这段耐人寻味的红色记忆,重温这段激情燃烧的岁月。

1927年2月,贺龙率部移驻鄂城,在此先后就任国民革命军独立十五师师长和二十军军长,师部、军部均设于此处。当时,正值大革命高潮时期,北伐军的到来给鄂城如火如荼的工农革命运动注入了新的活力,在鄂州革命史上留下了辉煌灿烂的篇章。鄂州至今仍流传着贺龙军纪严明,在鄂城打土豪、建农会的革命故事。其后,贺龙毅然率领国民革命军第二十军从鄂城开赴南昌,担任南昌起义总指挥,打响了武装反抗国民党反动派的第一枪。这是贺龙同志任军长期间唯一一座保存完整、有据可查的北伐战争时期的军部旧址,是贺龙同志早期革命活动的重要实物见证,具有重要的历史价值。

贺龙军部旧址

贺龙军部旧址主体建筑分前后两栋。前栋为2层中式砖木建筑,是当年警卫、后勤人员的居所。其梁架形式体现了鄂州城中江边临街商铺的构筑特点。后栋为2层欧式砖混建筑,是贺龙元帅当年的办公室、卧室及军部机关办公场所。

为保护这一珍贵的红色遗产,2013年鄂州市财政拨款对贺龙军部旧址进行了全面保护维修。2015年7月,贺龙军部旧址陈列布展工作专班成立。按照红色文化纪念馆和重要国防基地、爱国主义教育基地、省级文物保护单位维修保护和开放利用范例的标准,以反映历史的实物、文字图片展板和场景复原为主,公开向社会及市内外收集、征集与贺龙和国民革命军第二十军相关的实物、资料。布展工作专班以收集、征集的实物、资料为基础,邀请省市专家经过几轮讨论,几易布展大纲,最终全面、准确地反映出贺龙(从湖南桑植到江西南昌)和国民革命军第二十军的革命轨迹。

(a)

(b)

贺龙军部旧址主体建筑

北伐军第二十军军部旧址史迹陈列展览,以大革命时期为背景,展览了许多当年遗留下来的老物件,包括军徽、军刺、草鞋、皮带扣、望远镜等。每一件都能依稀看出使用过的痕迹。沉浸在这样的实景展览中,能感受到革命最初的模样。

展览展示了贺龙从桑植举义到南昌起义这一时期重要的革命活动。共分五个部分,即"乡村少年,胸怀大志;投身革命,威震湘鄂;北伐名将,所向披靡;驻军鄂城,革故鼎新;受命指挥,南昌起义"。还对警卫室、会议室、办公室、卧室等处场景进行还原。通过生动的故事视频、电子展示等方式,再现了贺龙在鄂城期间峥嵘的革命历史。

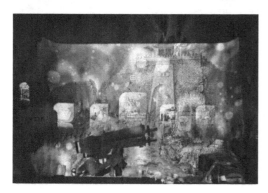

馆内展览

贺龙军部旧址 2016 年 3 月正式对外开放运营,至今共接待观众 38 万人次,接待团体 3000 余个。其中包括贺龙同志女儿贺晓明,开国中将杨秀山之子杨晓哲等。同时,还积极配合各单位开展主题党日等活动。2016 年 3 月贺龙军部旧址被确定为鄂州市爱国主义教育基地,2017 年被湖北省人民政府评定为省级爱国主义教育基地,2019 年被湖北省人民政府评定为省级国防教育基地。

人物故事——贺龙

1927 年 1 月,贺龙率领国民革命军第九军一师北伐,奉命执行武汉外围防御任务,第一、第四团进驻鄂城。2 月中旬,全师各团陆续开抵鄂城县,奉命改编为国民革命军独立十五师。师部机关从汉口迁至鄂城。3 月 23 日,贺龙通电全国,就任国民革命军独立十五师师长,师部仍设在鄂城。

1927 年 4 月,贺龙率领独立十五师北伐进军河南,参加武汉国民政府发动的第二次北伐战争。在北伐中,贺龙战功卓著,率领的独立十五师被誉为"战绩最大、声誉最高、异常奋勇"的"钢军"。同年 6 月,贺龙率部回师武汉,独立十五师奉命扩编为国民革命军第二十军,贺龙任军长,驻防鄂城一带,军部机关仍设于此处。贺龙在鄂城期间,治军严谨、爱兵爱民。部队纪律严明、秋毫无犯,给当地群众留下深刻印象。他大力支持工农革命,发展革命武装,建立各行业工会、商会,发展农协会、共青团、妇女协会等革命组织团体,极大地促进了鄂城地区工农革命运动的蓬勃发展。

四、刘伯垂纪念馆

革命先驱刘伯垂墓

刘伯垂生平简介

刘伯垂纪念馆位于鄂州市华容区刘弄村。2004年,华容区政府、华容区老区建设促进会及刘弄村共同筹资新建刘伯垂纪念馆,并将刘伯垂墓从刘氏祖墓迁建于纪念馆东北侧。

革命先驱刘伯垂墓,坐东北朝西南,占地面积170余平方米。墓前立大理石碑,高2.45米、宽0.6米、厚0.3米,阴刻楷书"革命先驱刘伯垂墓"。墓旁树木葱茏、松柏滴翠。墓碑左侧立刘伯垂生平事迹碑。时光定格在此刻,让人瞻仰一代革命家的浩然正气。

不远处红瓦白墙的刘伯垂纪念馆里,陈列着有关早期共产党人的资料,大门两旁还有董必武在刘弄村避难的故事简介。纪念馆右厢房分别挂着刘伯垂的遗像、生平简介,以及一些活动照片等。左厢房分别挂着华容区早期共产党员名单、华容区新四军烈士名录、华容区辛亥革命人物名录等。

2014年12月,华容区老促会成立专班,对刘伯垂纪念馆进行了整体维修,并集中两个多月时间赴红安、阳新、武汉等地收集刘伯垂从事革命活动的史料。然后,按照刘伯垂生平、刘伯垂嫡孙回忆文章、刘伯垂良师益友、刘伯垂家世及遗物存放等内容进行布展。同时,刘胜军也将祖父刘伯垂留下的一些老家具捐给纪念馆,不仅使纪念馆内容得到了极大丰富,也见证了荆楚大地共产主义火种传播者刘伯垂的非凡人生。

刘伯垂纪念馆

刘伯垂纪念馆目前已被纳入全国红色教育基地的改扩建项目。一方面,将建立生态墓区,使刘伯垂纪念馆、刘伯垂墓二者成为一体;另一方面,将红色教育基地与群众文化活动中心融合而建。目前,刘伯垂墓已是省级文物保护单位,纪念馆成为当地爱国主义教育重要场所。刘伯垂纪念馆的从无到有,是各地各界人士共同努力的结果,也是鄂州市深度发掘红色资源的生动实践。

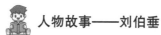

人物故事——刘伯垂

刘伯垂(1887—1936),名芬,鄂州市段店镇刘弄村人,中国共产党早期党员,湖北地方党组织创始人之一。清朝末年留学日本,就读于明治大学法科,结识孙中山、陈独秀等人,加入中国同盟会,从事反清革命活动。1920年夏,由陈独秀介绍加入共产党,被派回武汉和董必武、陈潭秋等人筹建中共湖北地方党组织。1923年参与发动和领导了"二七"大罢工运动。第一次国共合作期间,曾任国民党汉口特别市执行部(管辖湖北、湖南、陕西三省)工农部部长。1924年5月被军阀逮捕入狱,次年被党营救出狱。1926年国民革命军兵临武昌城,久攻不下,刘伯垂和董必武等人策动北洋军阀守军六个营起义,为革命军夺取武汉三镇做出了贡献。1927年八七会议后,刘伯垂调中共中央组织部工作。年底,为了躲避武汉军警的追捕,刘伯垂潜赴日本,次年回国,隐居上海。1936年秋病逝于上海。1937年葬于刘弄村刘氏祖茔。刘伯垂是传播共产主义"火种"到湖北的第一人,为中国共产党在湖北的创立和壮大做出了巨大贡献。

五、麻羊垴鄂南抗日根据地指挥中心旧址

鄂南抗日根据地指挥中心旧址位于鄂州市临空经济区沙窝乡麻羊垴。麻羊垴地势险要,进可攻、退可守。此处山峰如羊头,冬日草枯成麻色,故被称为"麻羊垴"。在抗日战争时期,麻羊垴一带是鄂南中心县委、鄂南抗战指挥部以及鄂大工委三级党政首脑机关的驻地,

是鄂南抗日根据地指挥中心。

鄂南抗日根据地指挥中心旧址

旧址上的省级爱国主义教育基地碑

抗日战争时期，中共长江地委和行署及鄂南军分区指挥部、中共鄂南中心县委和鄂南工委、鄂南政务委员会及指挥部、中共鄂大工委和鄂大政务委员会及指挥部等党、政、军首脑机关都设在这里。1941年，党中央和毛主席认识到麻羊垴的特殊地理条件，毛主席、朱总司令复电新四军代军长陈毅、政委刘少奇，通知五师师长李先念，要求五师坚守原地、向南发展。1942年5月初，新四军五师令十四旅挺进鄂南。麻羊垴随之成为鄂豫边区根据地的"鄂南抗日桥头堡"、鄂南地区的革命中心。鄂南管辖地区包括鄂城、武昌、大冶、蒲圻、咸宁等10县市。

鄂南抗日根据地先后建立了3个区、12个党组织和抗日民主政府，成立了"农救会""妇救会""青救会""抗日十人团"等抗日群众组织，建立了粮库、医务所、被服厂、修械所等为部队服务的设施和机构。鄂南地方武装也不断壮大，经常伏击下乡掳掠的敌人；袭击敌人的军需车、船；断公路、割电线，破坏敌人的交通、通信设施；多次袭击铁山、碧石渡等日军据点，攻克了雷山碉堡，有效地打击了敌人，使我军主力部队在大江南北畅通无阻。麻羊垴留下了光辉的历史篇章和动人的革命壮歌。

为系统梳理在抗战时期,鄂南抗日根据地人民在中国共产党的领导下,不怕牺牲、前仆后继的英雄事迹,龚德玖曾先后走访湖北红安、大悟、黄石、大冶、咸宁等地修建的抗日纪念馆,收集相关党史、抗战史书籍和资料,终于编写出版《烽火麻羊垴——鄂南抗日根据地指挥中心记实》一书。该书根据当年抗日将士回忆录和有关史料编成,每个英雄事迹都经历了枪林弹雨的严酷考验,展示了军民团结、无坚不摧的巨大力量,充分体现了老区人民大仁大义、大忠大爱、大智大勇的胸怀和品质,读来令人刻骨铭心、荡气回肠。《烽火麻羊垴——鄂南抗日根据地指挥中心记实》的出版发行,为鄂州市的红色文化又添了一部力作,也为传承红色基因、赓续光荣传统做出了贡献!

目前,麻羊垴已经修复了鄂南中心县委旧址、鄂大工委旧址、鄂南政务委员会旧址、新四军营房旧址、张体学军事指挥台、麻羊垴爱国主义教育基地纪念碑、鄂南抗日桥头堡纪念碑、抗日烈士陵园、抗日纪念馆等纪念设施。为铭记历史,麻羊垴鄂南抗日根据地指挥中心旧址,于1995年11月被鄂州市委、市政府确定为"鄂州市爱国主义教育基地";1999年2月被湖北省人民政府命名为"湖北省爱国主义教育基地";2011年6月被国家宗教局命名为"全国宗教界爱国主义教育基地";2020年9月经党中央、国务院批准,入选第三批抗战纪念设施、遗址遗迹名录。

麻羊垴的抗日斗敌故事

抗日战争时期,麻羊垴是鄂大抗日民主根据地的中心区域。1942年5月初,为了支援华中、华南抗日战场,牵制日军,新四军五师根据新四军军部指示命令十四旅渡过长江,挺进鄂南,创建鄂南抗日游击根据地。1942年8月,在鄂城谈家桥(现属大冶市)成立江南兵团指挥部和指挥部党委。指挥部党委于8月底成立中共鄂南工委,领导鄂(城)大(冶)、大(冶)鄂(城)、樊湖、阳(新)大(冶)等沿江地区工委。鄂南工委以鄂(城)大(冶)敌后抗日根据地为中心展开工作,机关设在鄂大根据地中心区麻羊垴。1943年4月,中共鄂南工委与中共咸崇蒲中心县委合并成立中共鄂南中心县委,同时成立鄂南指挥部,中共鄂南中心县委和鄂南指挥部机关驻地设在麻羊垴。1945年4月,中共鄂南中心县委并入鄂南地委后撤销,鄂南指挥部并入鄂南军分区后撤销。

1944年3月,顽军国民党鄂南挺进军的马钦武部、廖义华部趁新四军主力部队撤到江北,鄂大根据地兵力空虚之际,联合出兵1500余众,大举进犯鄂大根据地,强占了麻羊垴及周边的康家湾等地。鄂大工委书记王表率领县区武装奋力抵抗,并派人火速过江,向第四军分区报告,请求主力部队增援。第四军分区司令员兼政委张体学接到报告后,当即令罗通率新四军四十一团连夜先行过江,随后亲自率四十二团跟进。四十一团到达池湖港时,恰遇一股顽军追击几名武工队员至此,战士们争先登陆,先机制敌。顽军吓得掉头就逃,四十一团尾追不舍,一鼓作气追至康家湾附近。不久后,四十二团赶到,夺回了阵地。天明时分,两路渡江部队和鄂大地方武装会合,发起全面反攻,张体学亲自部署并指挥战斗。双方在麻羊垴地区展开了一场大战,战士们奋勇杀敌,群众甘冒危险争上火线送水送饭、救护伤员。顽军节节败退,最后全部退缩到麻羊垴主峰。新四军步步紧逼,不断加强攻势。廖义华、马钦武两部困守山头,渐渐力不能支,日落前全线崩溃。经过一天一夜的激战,新四军大获全胜,毙伤顽军 100 多人,缴获电台 2 部,机枪 2 挺,其他枪支和弹药一批。新四军牺牲排长 1 人,战士伤亡 30 多人。

战斗结束后,中共鄂南中心县委和新四军第四军分区在沙窝上宋湾召开军民庆功大会,表彰了作战有功人员和群众支前模范,进一步鼓舞了军民的抗日斗志。

六、彭楚藩烈士祠

在鄂州市华容凉亭村内,有一座雪白的建筑十分亮眼,这便是辛亥首义第一烈士彭楚藩的纪念祠。白墙红窗、立柱坚实,在葱郁的松树掩映下,显得有几分宁静。1884 年彭楚藩出生于华容区凉亭村,为推翻清王朝的腐朽统治,他用自己的鲜血助燃了武昌起义的烈火。

因彭楚藩曾字青云,为纪念烈士,其家乡华容曾改名"青云"乡。新中国成立后,鄂城县政府、政协曾拨款修整烈士墓。墓前的门牌上撰写着"浩气贯长虹黄帝子孙原有种;红旗光大地人民事业正无疆"的对联。墓后的青松翠柏四季常青。如今,该墓被列为湖北省重点文物保护单位。每逢清明时节,人们纷纷结队前往凭吊祭扫。

彭楚藩烈士馆

彭楚藩故里

1912 年,中华民国南京临时政府为武昌起义"三烈士"之一的彭楚藩拨款建祠,但原祠已经毁坏,1972 年重建为彭楚藩烈士祠,建筑面积 600 平方米。两层砖混结构的楼房,庄严肃穆,铭刻了一代革命烈士的英雄事迹。该祠是辛亥首义文化的重要遗存。

馆内彭楚藩烈士的画像,栩栩如生,墙面上展示了彭楚藩烈士的英勇故事,字里行间我们可以读出一代鄂州革命人士大无畏的革命精神。每年清明节都会有成百上千的市民、学生来到此处献花祭扫,读着碑文,心中的民族自豪感也油然而生。

人物故事——彭楚藩

彭楚藩(1884—1911),原名潭藩、家栋,字青云,世居鄂城东门,后迁华容凉亭村。楚藩童年就读于私塾,致力经史,稍长便能以诗文抒发大志。20岁时在家乡附近的广福寺教私塾,阅读过《猛回头》《革命军》等书刊,接受了进步思想。1906年夏,湖北新军炮兵标统万廷献回本籍招兵,楚藩遂决意投笔从戎。1910年,彭楚藩考入湖北宪兵学校,毕业后充任宪兵,因勤于职守,学术均优,被升为宪兵营正目。时值"文学社""共进会"在新军中发展,彭楚藩于1911年初加入"文学社",曾毅然剪辫,以示革命决心。

1911年9月,武汉形势已如箭在弦上。为适应革命的需要,24日,革命党人在武昌胭脂巷召开大会,成立湖北革命军总指挥部。会上通过了《人事草案》,任楚藩为军务筹备员。会议还决定中秋节湘鄂联合起事。会后,出入楚藩寓所的党人众多,经常通宵达旦地谋划起义的具体方案。中秋在即,为确保不误事机,也顾不得合家团圆,楚藩将妻子、女儿打发回华容。后因湖南"准备不足",起义时间延缓。在举事筹备期间,楚藩利用职务之便,出入敌对营垒,刺探官府诡秘。当清吏偶察党情,问及宪兵时,即阴为调护,党人因此少触罗网。10月武昌起义中,彭楚藩誓与其他同志共存亡,自称革命党人,与刘复基等人一起被捕遇害。烈士的鲜血,浇灌了革命烈火。革命党人矢志报仇,决心拼死一战。10日晚7时许,工程营打响第一枪,党人同志踏着先烈的血迹,高呼"楚虽三户,亡秦必楚;楚虽三烈,覆清必楚;三烈在前,我们在后"的口号,猛攻督署。经过一夜浴血奋战,11日首义成功,全城汉帜飞扬。几千年的封建帝制,在辛亥革命中急剧解体。

武昌起义后,革命党人找到烈士遗体,将尸首缝合,装棺入殓。因时值阳夏之战,遂停棺于武昌紫阳路皇殿,供革命党人祭吊。南北议和告成,武昌军政府下令开吊3日,随后移棺鄂城。移棺当天,棺前扎龙头,棺后扎龙尾。32人摇龙抬棺,200名士兵列队护从。鼓乐军号开道,旗幡联幛蔽日,绵延数里。武昌全城闭市,所经沿街摆设香案,各界人士挥泪拜送。南京临时政府副总统、湖北都督黎元洪及武昌军政府全体要员,均亲自送灵柩至码头上船,再派20艘炮舰抗航出武汉港。棺至鄂城,军民皆烧香化纸,燃鞭放炮,设案祭奠,把酒酹江,鼓乐喧天,迎送上西山,安葬于古灵泉寺大雄宝殿后。

 思考与探究:

1. 除以上鄂州革命遗址外,你还知道哪些鄂州的红色教育基地?

2. 请你选择一处革命遗址,进行实地调查,思考如何进行革命遗址的保护与开发,并撰写一份调查报告。

第三章 人物风流

第一节　治绩彰显的政治人物

> 陶侃，东晋时期名将。曾两度镇守武昌（今鄂州），留下诸多佳话。治理有方，功勋卓著，深受百姓爱戴。其曾孙为著名田园诗人陶渊明。
>
> 庾亮，字元规。颍川郡鄢陵县（今河南鄢陵北）人。东晋时期名臣、名士，容貌俊美，善于清谈，喜欢《庄子》《老子》。陶侃死后，代其镇守武昌，并留下南楼理咏等故事。
>
> 明清之际，武昌籍在朝官吏多有政声。在众多的官员中，犹以蔡哲、熊梓、陈中孚、柯逢时等治绩不凡，流馨后世。

一、陶侃

陶侃（259—334），字士行（一作士衡）。本为鄱阳郡枭阳县（今江西都昌）人，后徙居庐江郡寻阳县（今江西九江）。东晋时期名将，官至侍中、太尉、荆江二州刺史、都督八州诸军事，封长沙郡公。勤政为民、屡立战功，深受百姓爱戴。公元334年，病逝于鄂州樊口，享年76岁。谥号"桓"，史称桓公。有文集二卷，今已佚。《全晋文》录有其文：《相风赋》《表》《上温峤遗书请停移葬表》《让拜大将军表》《上表逊位》《上成帝杂物疏》《遗荀崧书》《答温峤书》《答慕容皝书》《报封抽韩矫等书》《与王导书》等。其曾孙为著名田园诗人陶渊明。

陶侃

陶侃出身贫寒，父亲很早就去世了，但其母湛氏，贤德名世，家教极严。陶侃在寻阳任鱼梁吏时，托人带一坛腌鱼送给母亲。母亲见来自官家腌制坊，心中不悦，当即将坛口封好退回，并附书信责怪儿子说："汝为吏，以官物见饷，非唯不益，乃增吾忧也！"陶侃一生公私分明、光明磊落，得益于母亲的严格家教。

陶侃生性聪慧敏捷，做人谨慎，重情重义。太守张夔召陶侃做了督邮，兼任枞阳县令。一次张夔的妻子生病，需要到几百里外的地方接医生。当时正值寒冬大雪，众属官对这事都感到为难，只有陶侃说道："我们应把侍奉郡守当成侍奉父亲。郡守的妻子如同是母亲，哪有父母有病而子女不尽心的呢！"于是自己请求前去。众人都佩服他的义气。

第三章　人物风流

陶侃戎马一生，曾两度镇守武昌，在武昌留下了不少佳话。

陶侃问柳。《晋书》卷六六《陶侃传》载，陶侃镇守武昌，尝课诸营种柳。部将都尉夏施偷了一棵官家的柳树，移栽到自己的府第前。陶侃发现后，质问夏施说："这是武昌西门前柳，是官柳，你为什么偷种到自家门前？"夏施惊恐万分，乞求谢罪，并将那棵官柳移植到原处栽好。可见陶侃是一位公私分明的官员，容不得损公肥私的行为。从此，陶侃问柳的故事，在民间传为佳话。不仅如此，陶侃号召将士植树的创举，开启了中国古代义务植树的先河，为后人义务植树树立了楷模。

治理长湖。陶侃是一位情为民系、利为民谋、造福一方百姓的人。据《太平御览》记载：武昌城东有长湖（今洋澜湖）直通长江，每到冬季湖水干涸，鱼虾无法生存。312年，陶侃亲自带领民众筑起了一道蓄水堤，使洋澜湖水体保持在一个相对固定的深度。为了帮助百姓发展养殖业，他从琅琊买回大量鱼苗和菱藕种养于湖中，洋澜湖从此有了"鱼翔浅底，菱荷飘香"的迷人景象。洋澜湖周围的百姓，从此过上了靠水吃水的田园生活。

发展商贸。清光绪《武昌县志》记载，陶侃担任武昌太守时，长江中下游的鄂东、豫南、皖西、赣北的民众常到武昌赶集，民间贸易十分活跃，但是当时没有固定的交易场所，很难形成规模。为发展武昌经济贸易，把民间交易市场做大做强，陶侃在武昌城东开辟了一处场地平坦、道路畅通、方便商贸交易的"夷市"。夷市的建立，不仅为百姓创造了便利的商贸往来集散地，更促进了武昌地区经济的繁荣。

除暴安良。东晋时期，社会动荡，战争不断，兵匪盗贼趁机作乱，常常拦江抢劫，鱼肉乡民。清光绪《武昌县志》载，为扫除这帮盗贼，足智多谋的陶侃令将士藏于商船，诱捕盗匪，当即捕获数人。经审讯，得知是晋宗室、太宰西阳王司马羕的部下。为荡平盗贼，陶侃不畏权贵，在武昌钓鱼台整军列阵，兴师渡江，逼着手握重兵的司马羕交出兵匪20人并斩之。从此，水陆交通一路平安，武昌地区的社会环境彻底改善，人民群众和进出武昌的商人，无不感怀陶侃的大德。

戒酒治赌。陶侃幼年丧父，家境贫寒，母子相依，人生起点很低。但他从不向命运低头，从小立下积极进取的决心，在母亲的督促下发奋读书，自小养成勤勉惜时的好习惯。咸和五年（330年），陶侃自巴陵还镇武昌，此时干戈稍息，官兵休整。但是，少数将士恶习滋生，三五成群在军营中酗酒或聚赌。陶侃获悉此事后，不仅没有因为将士们杀敌有功而放纵宽容，而是给予惩罚，命人将酒器和赌具丢入长江中，并训诫他们说："大禹圣者，乃惜寸阴，至于众人，当惜分阴，岂可逸游荒醉？生无益于时，死无闻于后，是自弃也！"（"大禹是圣人，还十分珍惜时间；至于普通人则更应该珍惜分分秒秒的时间，怎么能够游乐纵酒？活着的时候对人没有益处，死了也不被后人记起，这是自己毁灭自己啊！"）陶侃治军从厉、治政从严的精神，广为后世崇尚。

清廉自守。居功不傲、清廉自律、坚守正义、清白做人，是陶侃一生的操守。咸和九年（334年）六月，当他因病重从武昌辞官告老还乡时，最后的一班岗也站得令人感动，晚节昭昭，光可鉴人。离任之际，他把朝廷赐给他的一切军资等国家财产，一一登记造册，封印入库，亲掌匙锁，清点完毕交付右司马王愆期后，才登船离开武昌，其廉洁自律精神深为世人称道。

晋尚书梅陶曾评价陶侃说："桓公机神明鉴似魏武，忠顺勤劳似孔明。"苏东坡盛赞陶侃说："陶桓公忠义之节，横秋霜而贯白日。"

 陶侃逸闻

陶侃在州府无政事时，总是早上将百块砖搬到书房外，晚上再运到书房内。别人问他原因，他回答说："我正在致力收复中原，过分的优游安逸，恐怕不能承受大事。"他磨砺志向、勤勉努力，都像这样。

陶侃逸闻

》》二、庾亮

庾亮（289—340），字元规。颍川郡鄢陵县人。东晋时期名臣、名士，丞相军谘祭酒庾琛之子、明穆皇后庾文君之兄。容貌俊美，善于清谈，喜欢《庄子》《老子》，一举一动都讲究礼节。

庾亮早年被琅邪王司马睿召为西曹掾，先后任丞相参军、中书郎等职，因姿容俊美，善谈玄理，且举止严肃遵礼，颇受器重。其妹庾文君又嫁世子司马绍（晋明帝）为妃，他与司马绍也结为布衣之交。晋成帝即位后，庾太后临朝，庾亮任中书令，拥有决断政事之权。后苏峻、祖约作乱，京师陷落，庾亮逃奔寻阳，与江州刺史温峤共推荆州刺史陶侃为盟主，击灭峻、约。乱事平定后，庾亮出镇豫州。陶侃死后，代替陶侃镇守武昌，为征西将军，兼领江、荆、豫三州刺史，都督七州诸军事。咸康六年（340年）逝世，年五十二。获赠太尉，谥号"文康"。

庾亮塑像

庾亮有文集21卷，今已佚失。《全晋文》收录其作品如下：《让中书监表》《让封永昌县公表》《荐翟阳郭翻表》《上疏乞骸骨》《请放黜陶夏疏》《请留庾怿监秦州疏》《谋开复中原疏》《斩陶称上疏》《皇子出后告庙议》《武昌开置学官教》《与郗鉴笺》《报温峤书》《与周邵书》《追报孔坦书》《书》《答郭预书》《答王群谘为从父姊反服》《翟徵君赞》《立行庙于白石告元帝先后》《释奠祭孔子文》。

庾亮在咸和九年六月至咸康六年之间，虽在朝廷上担有重职，但已远离中央，身在武昌。据史书记载，庾亮初镇武昌时，出至石头，百姓于岸上迎之并歌曰："庾公上武昌，翩翩如飞鸟。"出都之后的庾亮相对而言较为清闲，这为他游览山水，并积极参与文学创作提供了时间,他的大部分创作也都集中于他出都镇守武昌这段时期。庾亮为我国东晋文坛迸发活力做出了积极的贡献。

庾亮身居高位又是名士,在武昌征西府聚集了一批文人名士和贵胄子弟:除王羲之外,还有其从弟王兴之、王胡之,文学名士孙绰、清谈名士殷浩等。他们都曾多次参加以游会友的文学活动。可考的主要有三次:正旦大会、南楼理咏和游白石山。其中南楼理咏就是发生在鄂州南楼的文人集会。

南楼,在今湖北省鄂州市鄂城区南,又名玩月楼。理咏,即吟咏,乃作诗吟唱之意。后人又称南楼理咏为南楼咏谑,而南楼又称庾公楼、庾楼。可见庾亮的此次集会在文学史上具有很大的影响。

《世说新语笺疏》以及《晋书·庾亮传》中记载:"亮在武昌,诸佐吏殷浩之徒,乘秋夜往共登南楼,俄而不觉亮至,诸人将起避之。亮徐曰:'诸君少住,老子于此处兴复不浅。'便据胡床与浩等谈咏竟坐。其坦率行

庾楼

己,多此类也。"大意是:庾亮在武昌,殷浩和其他一些臣僚于秋夜登南楼聚会,一会儿庾亮也来了,大家起来准备回避,庾亮慢慢地说:"诸位稍留一会儿,老夫于此处兴致不浅。"便坐在胡床上和大家一起谈笑。其行为坦率,大都如此。此后,人们将南楼称为"玩月楼"或"庾楼",赞赏庾公平易近人和坦率真诚。因此,庾亮又被人称为"南楼使君""南楼老子",并留下了"庾亮南楼""胡床待月""庾监高楼"等典故。

历代文人墨客,如李白、杜甫、元稹、黄庭坚等都有引用这个典故的诗文。

20世纪90年代,维修古楼时,其石匾额仍是青石镌刻之"庾楼",因破损而替换成今之所见大理石匾额。现存古楼是民国年间在原基复建的。1983年,鄂州市政府将庾亮楼列为重点保护单位。2002年11月,庾亮楼被列为湖北省第四批重点文物保护单位。

《请放黜陶夏疏》是以陶侃去世时的家族内乱为背景创作的。在陶侃死后,陶斌想要窃取财物,被陶夏所杀,庾亮认为身为家族世子,手刃族人,为世不容。在《请放黜陶夏疏》中他言道:"斌虽丑恶,罪在难忍。然王宪有制,骨肉至亲,亲运刀锯,以刑同体,伤父母之恩,无恻隐之心。应加放黜,以惩暴虐。"寥寥数字,便将陶夏屠戮骨肉至亲的残忍之态呈现出来。从这篇奏疏里,我们也可以看出庾亮受儒家思想的熏染,陶斌即使罪恶滔天,但身为兄弟,陶夏应将其上奏朝廷,而不应"伤父母之恩,无恻隐之心",手刃至亲。但是这篇疏并未起到作用,因为在其疏未至京师时,陶夏病卒,此事便以此为结。

《武昌开置学官教》是庾亮居于武昌时的为政之作,在这篇文章里庾亮表达了三层含义。他首先阐释了当时世风,礼义之道被世人所轻,"人情重交而轻财,好逸而恶劳",所以,后生们忽视儒家经典,不肯用心学习。其次,针对这一现象他阐述了儒家经典在历代对国家具有重要意义:"昔鲁秉周礼,齐不敢侮;范会崇典,晋国以治。楚、魏之君,皆阻带山河,凭城据

汉,国富民殷,而不能保其强大,吴起、屈完所以为叹也。由此言之,礼义之固,孰与金城汤池?季路称摄乎大国之间,加之以师旅,因之以饥馑,为之三年,犹欲行其义方。况今江表晏然,王道隆盛,而不能弘敷礼乐,敦明庠序,其何以训彝伦而来远人乎!魏武帝于驰骛之时,以马上为家,逮于建安之末,风尘未弭,然犹留心远览,大学兴业。所谓颠沛必于是,真通才也。"庾亮以鲁国秉周礼而国不被辱,范会奉典治理晋国,楚、魏废礼以致亡国为例,来论证儒家礼义对于国家兴亡有着重要意义,所以,庾亮认为应当向魏武帝学习,虽于马上建国,但仍然注重文化教育。最后,庾亮在论及当前不良世风和废礼危害极大时,提及了他在教育上采取的政策,包括安学校处所、立讲舍、各子弟悉令入学、建儒林祭酒等等。可见庾亮在武昌任上对于教育极为重视,其文章里崇尚教育、注重礼义经典之观点,彰显儒者风范。

庾亮不仅在政治和文学上有所造诣,在书法上也极其擅长,尤其是行书。《淳化阁帖》收录有其墨迹《书箱帖》五行,内容短小,用词十分敬重,谦逊有礼,从文中出现的"亮白""奉告""亮再拜"等可以推测,此文应是庾亮给其长辈的一封书信。其书法以行草见长,而其行草又以强骨慢转、逸足难追、翰断蓬征、拖蔓葛垂、任纵盘薄而独具一格。唐韦续《墨薮九品书人论》将其列为上之下品。唐张怀瓘《书估》将其列为第四等,与羊欣、孔琳之等同列。

 庾亮拒卖的卢马

在《世说新语·德行》中记载了庾亮这样一则故事:庾亮驾车的马中有一匹的卢马,有人告诉他,这是一种会给主人带来灾祸的马,叫他把马卖掉。庾亮回答说:"卖它,必定有买主,那就还要害那个买主,怎么可以因为对自己不利就把马转手给别人呢?从前孙叔敖打死路遇的两头蛇,以保护后面来的人,这件事是古时候人们乐于称道的。我学习他,不也是很旷达的吗?"

庾亮拒卖的卢马

》》三、蔡哲

蔡哲(1336—1396),字思贤,武昌人。初随陈友谅,官御史。1362年,归附朱元璋,授江南行省理问,升右司郎中。1363年,蔡哲受命往赣州招抚熊天瑞,天瑞遂遣子入朝,因功擢中书省参议,升参政。

明太祖朱元璋登基后,致力于驱逐胡虏,恢复中华,为此扫荡各路割据势力。时四川明玉珍据蜀,号大夏。明玉珍去世后,他的儿子明升即位,改年号为开熙,继位时年方十岁。时大臣之间不和,内乱骤起。在这样的情况下,蔡哲奉命入四川,招抚蜀主明升,时皇帝谕令说:"蜀使者多饰浮辞,夸大其国,徒取人不信。汝至蜀,慎无效此,彼有所问,但以实告之耳。"蔡哲率领善画的官吏同往,将沿途山川险隘绘画成图。蔡哲自蜀归来,对皇帝说:"蜀自明玉珍丧后,明升暗弱,群下擅权。"因图其所经山川厄塞之处以献。

当时的著名学者苏伯衡曾有一首诗《送蔡思贤参政使蜀》,写的就是蔡哲作为朝廷使臣被派去四川的事,诗中描绘了蜀地奇特的风光景物。当蔡哲伫立在苍茫静穆之中的昭烈寺、诸葛庙、隗嚣宫前的时候,对汉代与三国的历史人物产生了无限的感慨。蔡哲这次出使蜀地成效卓然,他传布朝廷旨意,广施恩德,希望蜀地山川尽归朝廷所有,河西、陇右一带不再穷兵滋事。自蔡哲出使四川后,蜀地与内地相通无阻,蜀"无有远迩,毕献方物"。皇帝对蔡哲非常满意,言辞中饱含嘉许。而蜀地也处处歌舞升平,夜夜笙箫,一片祥和安居之景象。

洪武二年(1369年)五月二十日,设福建行省,以蔡哲为参政。明初的政风比较严肃。朱元璋鉴于元代吏治腐败,贪官污吏的搜刮引起了农民大起义的历史教训,对官吏的督察很严,贪污的官吏往往被处以极刑;也禁止府、州、县官吏任意下乡扰民。朱元璋告谕道:"君子立身行己,莫先于辨义利。夫义者,保身之本,利者,败名之源。常人则惟利是趋而不知有义,君子则惟义是守而竟忘乎利,此所以异于常人者也。福建地濒大海,民物富庶,番舶往来私交者众,往时官吏多为利讷,陷于罪戾。今命卿往,必坚所守,毋蹈其过。"蔡哲表示以公相报,果然"至官廉明自持"。

武昌著名诗人丁鹤年写过一首题为《寄乡亲济阳公》的五言诗:"身远乡情重,途穷客病深。参苓频在眼,桑梓最关心。居简便夷俗,含凄效越吟。自从遭丧乱,辛苦到如今。"这首诗称颂了蔡哲的桑梓情怀与精勤敬业、辛苦操持的精神。1396年,蔡哲去世,朝廷追封为"济阳王",葬于武昌城郊。1560年,戚继光、吴时来、唐继禄上书朝廷重修蔡哲墓,武昌知县施从教督修。

现存有蔡哲题跋《宋赵令穰〈陶潜赏菊图〉》,其卷尾行书题诗为:

山中忽逢九月九,
元亮家贫正无酒。
繁霜寂寞篱边花,
西风摇落门前柳。
适有可人携酒来,
掀髯一笑开心怀。
黄华满把恣狂饮,
立须醉倒倾尊罍。
君不闻猛虎不饮盗泉水,
归去柴桑书甲子。
又不闻凤皇不共鸡争食,

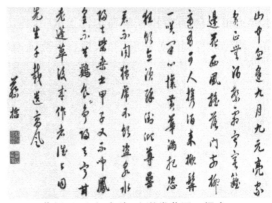

蔡哲题《宋赵令穰〈陶潜赏菊图〉》绢本
(现藏于台北故宫博物院)

归去宁甘老蓬莱。
后来作者谁与同,
先生千载遗高风。

四、熊桴

熊桴(1507—1569),字元乘,号镜湖居士,武昌人。嘉靖二十八年(1549年)中举,次年考中二甲进士,官至广东巡抚。

熊桴出身书香门第、官宦之家。其远祖熊二郎,宋代山西阳曲人,仕元,授福建参政。始迁祖名熊和钦,曾任四川策应大使,因元末江西寇乱迁武昌县,卜居贤庚沙溪(今鄂州市梁子湖区熊万隆村)。熊桴从小沉敏端重,学业拔萃,为诸生冠。他曾读书于西山吴王避暑宫中,不计寒暑。一天傍晚,熊桴读书稍觉疲乏,推开宫门,只见一只吊睛白额猛虎蹲在门外,尖牙似铁,呼声如雷,正虎视眈眈!熊桴大声吼道:"我钟山川之灵,当捐躯报国,岂可为你这恶兽充饥!"说来也怪,熊桴吼毕,这只猛虎竟然贴耳曳尾而去。从此以后,熊桴"叱虎"的故事就在武昌民间广泛流传开来。

熊桴画像(邓安全绘)

熊桴初入太仓任职,即革除库役杂费,惩治害民污吏,劝农兴学,禁吏民为奸,很快使太仓井然有序。嘉靖三十二年(1553年)四月,倭寇进犯太仓,围逼州城,因驻军调往外地,朝廷派来的守城将领蔡克廉(中丞)畏敌逃走。熊桴亲自登上城楼指挥,布置城中百姓鼓噪呐喊,又令部将在城墙上遍插旌旗以迷惑敌人,巧妙地与倭寇周旋,倭寇不知城内虚实,始终不敢贸然入城,相持了十多天后自行离去。

嘉靖三十三年(1554年),熊桴上奏朝廷请再设哨船30只,屯驻崇明三沙洪。时倭寇从水路进犯太仓,熊桴以铁齿扁木置于水中,扎伤泅水之敌,斩首俘获倭寇数百人,遂解太仓之危。同年熊桴调任苏州府同知,后晋升为河南按察佥事、苏淞兵备佥事。

明代抗倭图

第三章　人物风流

嘉靖三十四年(1555年)，因粮饷不济，驻金山卫(今属上海金山区)军队发生兵变，逼御史于松江之门，御史闭门拒之。熊桴亲临松江，大开城门，传檄于金山卫驻军，答应对所欠军饷全部照发，围乃解，并派遣通判到金山卫协商，不料使者竟为金山卫驻军所执。熊桴单车前往，陈说大义，诛首恶及将吏从者，乱军遂平。此后熊桴转战沿海。在吴地十二年，先后与倭寇作战30余次，斩敌3400余人，取得南沙、宝山两次大捷，以军功升任河南提刑按察司副使。其间，先后兴建了崇明、福山、洲沙、柘林、吴淞五城，为城建做出了贡献，并开凿了杨林、瓦浦、虹江、白茆四地水渠。同时，他还注重农业，奖励耕织，使吴地农业得以发展。吴地百姓感激之余，为其修生祠立碑，大书其文韬武略、吏治功勋。

嘉靖四十一年(1562年)，熊桴出任云南参政，采用剿抚并举政策，说动土司素仪来降，平定了云南地方土司叛乱。后调任山东参政。时徐、沛一带被洪水淹没，他发动民众，凿渠筑堤，使水患得到治理。

隆庆元年(1567年)，治水工程告竣，熊桴晋秩正二品。不久又转任浙江布政使，未曾上任，又因闽、广沿海遭海寇曾一本侵掠骚扰，调任右佥都御史巡抚广东。曾一本为广东潮州地方著名的海盗首领，踞南澳，聚众万，出入闽、广，到处劫掠，范围遍及琼崖、高雷、碣石、大埕等地。熊桴上任后，在闽、广造战舰160艘，相机出兵，一度击败曾一本于虎门。不甘心失败的曾一本勾结日本稗王兵古所侵犯惠州城，熊桴亲临惠州城守御，决战中，斩寇1500名，并生擒日酋古所，恢复海寇占据的长宁、永安二县。

隆庆二年(1568年)，曾一本窜扰惠州、潮州一带，熊桴带病驱军迎战，三战皆捷，终于在莲澳活捉曾一本，瓦解其部。

隆庆三年(1569年)，朝廷重臣张居正专门写《答两广总督熊近湖论广寇》给熊桴(熊近湖，熊镜湖之误，熊桴号镜湖居士；熊桴时任广东巡抚，题衔有误)，谈论海防战事。张居正时任内阁次辅，负责全国军事重任，对闽广海防尤为关注，他多次致函熊桴等人，商议进剿海寇的事宜。张居正在信中对熊桴的功勋予以称颂，并提出若干策略，希冀再接再厉，彻底消灭倭寇。

明代著名清官海瑞与熊桴交情匪浅，也多次写信与之讨论边防战事，信中回答熊镜湖"剿寇之道"时说："医道多端，急则治其标，缓急皆当固其本。广寇大都起于民穷，民穷之故多端，大抵官不得其人为第一之害。扫平之后，愿惟别加之意，使元阳得有底定之所焉，斯为可耳。瑞尝谓兴利莫如久任，除害莫如募兵，自以为切中今事。……我兵中大半贼人，虽一扫而尽，宴乐太平，生不敢以烦功也。"由此可见海瑞对社稷边防关心甚切，对战事具有非同寻常的见解。其文集存有《启熊镜湖军门》信札二件。熊桴是一位有较高文化素养的儒将。在戎马倥偬之余，写下了大量诗文，可惜大多散失于军旅之中。

熊桴逝世后，朝廷以其平寇有功，赞其"以死勤事"，追封为副都御史，赠兵部左侍郎。安葬于武昌县东五里处(今鄂城区五丈港)，并在其当年读书之西山青龙岗建造"伏虎楼"，以作纪念。所著有《镜湖集》《水陆事宜》《抚粤疏议》《乡约》诸书行世。

五、陈中孚

陈中孚(1766—1826),字允臣,号心畲,亦号星宇,武昌人,官至漕运总督。

陈中孚终生研习王阳明心学,以之为基础形成了自己的世界观和为官之道,并秉承"平心为体,实心为用,便终生受用不尽"的信条,故每历一官,见有关利弊,则无不极力兴革,是一位科学治水的能臣。

嘉庆十八年(1813年),陈中孚出任山西河东道员,兼晋、陕、豫盐运使。当时,姚暹渠淤塞,河水倒灌,盐田淹没。他集资募工,疏凿河道,使商民得利。第三年因父丧回籍,守丧期满后,赴任浙江宁绍台道员。他大修境内水利,使农田免受旱涝侵扰。甬东(今浙江舟山岛)原通海船,后因航道堵塞,商人来者渐少,他征夫修港,并着意辟市招商,很快,使中外商贾复聚,贸易大

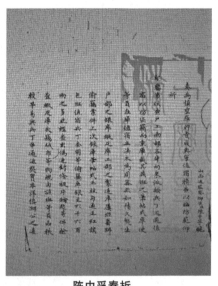

陈中孚奏折

兴。道光元年(1821年)四月,调任福建台湾道员,六月,提升为四川按察使,十月又调任广东,历任按察使、布政使。当时沿海匪徒猖獗,时常勒索商民,他取缔匪徒组织,并以武力驱匪出境,使商民得以安宁。第三年,因对犯人量刑过重,被刑部秋审时觉察,降职留用,先后暂代过浙江道御史、宁波府知府、浙江布政按察使、广东布政使,并出任过广东乡试文科监临、武科主考。

道光五年(1825年)八月,任漕运总督,当时议论开辟海运,他认为海运可以试行,但要搞好漕运,还必须以治内河为主。他奏请拓宽清口,疏浚河道,利用御黄坝,春来蓄水,秋至开闸,既利于冲刷淤泥,也方便漕粮运输。于是,他受命协同两江总督琦善,趁水落归漕之期,组织民夫疏挖河道。次年七月,调任山东巡抚,十一月,病逝于任。

陈中孚为官清正廉明,勤于政务。他制定户、工两部库藏管理措施,杜绝了包班顶替、串通舞弊事件的发生;他主张捐纳官员要有真才实学,不能让不学无术之徒钻营为官;他为防止科场舞弊提出有关建议,有利于科举选士,得到皇帝的奏准并实施。陈中孚在担任漕运总督时,考虑到各省的粮食北运京城,大部分靠运河内运,由于河道淤塞,运输十分困难,他实地勘察,奏明皇帝,组织百姓,疏浚河道,治理沿途大湖,以利蓄水,不仅有利于漕运,也有利于百姓民生。

陈中孚著述甚丰,有《传薪集》《补勤诗草》《宏运免愚编》《浙东教养录》《课士诗文合编》《种竹山房集》等。

第三章 人物风流

 陈中孚殿试妙语连珠

相传,清嘉庆六年(1801年),满腹经纶的应试举子陈中孚在科考殿试时,怀着对家乡的无比热爱,当场即兴吟诗一首,深情地赞美葛店:"脚踏熊黄两岸,背靠白浒青山。家居四海五湖,踏遍五岭三山。居海不见海,走山不见山……"嘉庆帝听后,龙颜大悦,心驰神往,即刻口谕派人到葛店实地查证,经查证诗中所述属实,嘉庆帝说:"这四海五湖、五岭三山,惟葛店独有,异邑不可同语。"说罢传胪陈中孚点翰林。

那么,被尊为一言九鼎的天子何以出此玉言,大为嘉许葛店呢?原来诗中若隐若现、秀美天下的四海五湖、五岭三山,并非天工地造的大自然美景,而是炊烟袅袅的村落。陈中孚凭自己的文才,别出心裁的构思,把葛店村名带有海、湖、岭、山诸字的村落巧借到诗中,一字一珠吟成此诗。其诗作大气流畅,借喻自然,意境美,情感真,深深地打动了嘉庆皇帝的求贤爱才之心,使他对陈中孚倍加赏识。

这场诗成天惊的御前胪唱已经过去了百年,成为民间津津乐道的美谈。如今,诗中提到的村落还在,村名也都未改。四海是:傅家海、蔡家海、徐家海和张秀海。五湖是:姚家湖、双塘湖、仕屋湖、梅庄湖和六庄湖。五岭是:王家岭、彭家岭、东街岭、积谷岭和宗国岭。三山是:七甲山、宋家山和六坛山。

 思考与探究:

1. 请你总结一下陶侃具有哪些美好的品质。
2. 请你对身边的朋友讲一讲庾楼的故事,并听一听鄂州老人们流传的庾楼故事。
3. 明清之际,几位鄂州历史名人在不同领域做出了贡献,请以"我向历史名人学什么"为主题,展开课堂讨论。

第二节　佳构纷呈的文人墨客

> 李白（701—762），字太白，号青莲居士，又号"谪仙人"，唐代伟大的浪漫主义诗人，被后人誉为"诗仙"，与杜甫合称为"大李杜"。有《李太白集》传世。成为宋若思的幕僚后，一同来到武昌（今鄂州），并夜登庾楼，留下诗作《陪宋中丞武昌夜饮怀古》。
>
> 元结（719—772），字次山，号漫叟、聱叟、浪士、漫郎，唐代学者。政绩颇丰。主张诗歌为政治教化服务，开新乐府运动之先声；又有人把他看作韩柳古文运动的先驱。曾携母隐居鄂州。
>
> 苏东坡（1037—1101），字子瞻，一字和仲，号铁冠道人、东坡居士，北宋文学家、书法家、美食家、画家、治水名人。苏轼被贬为黄州团练副使期间，常泛舟南来，游憩于樊口、西山。写有《与子由同游寒溪西山》《樊山记》《菩萨泉铭并序》等。
>
> 黄庭坚（1045—1105），字鲁直，北宋著名文学家、书法家、江西诗派开山之祖，作品有《山谷词》《豫章黄先生文集》等。被贬鄂州，创作《松风阁书帖》等作品。
>
> 丁鹤年（1335—1424），字永庚，号友鹤山人，有《丁鹤年集》传世。著名孝子。其父为官武昌，遂为武昌人。晚年隐居武昌，留下诗文佳作。
>
> 张裕钊（1823—1894），字廉卿，号濂亭，湖北鄂州梁子湖畔东沟镇龙塘张村人，晚清官员、散文家、书法家。其书法独辟蹊径，融北碑南帖于一炉，创造了影响晚清书坛百年之久的"张体"，被康有为誉为"千年以来无与比"。

一、李白

李白（701—762），字太白，号青莲居士，又号"谪仙人"，唐代伟大的浪漫主义诗人，被后人誉为"诗仙"，与杜甫合称为"大李杜"。

李白爽朗大方，爱饮酒作诗，喜交友，有《李太白集》传世，诗作多为酒醉时所写。代表作有《望庐山瀑布》《行路难》《蜀道难》等。李白所作诗赋，宋人已有传记（如文莹《湘山野录》卷上），就开创意义及艺术成就而言，"李白词"享有极为崇高的地位。

李白一生漂泊，足迹遍布大江南北。至德二载（757年），李白五十七岁。正月，在永王军营，作组诗《永王东巡歌》抒发了建功报国情

李白

怀。永王擅自引兵东巡,导致征剿,兵败,李白在浔阳(今九江)入狱,被宋若思、崔涣营救。宋若思为何会营救李白呢?

这与宋若思的父亲宋之悌与李白结下的深厚友谊相关。开元二十年(732年)李白在江夏(今湖北武汉武昌)遇到了因被贬要到交趾(今越南河内)去的宋之悌,二人分别时,李白作了一首诗《江夏别宋之悌》:

楚水清若空,遥将碧海通。

人分千里外,兴在一杯中。

谷鸟吟晴日,江猿啸晚风。

平生不下泪,于此泣无穷。

对应译文:楚地之水清澈见底似若空无,直与远处的大海相连。你我将远别于千里之外,兴致却同在眼前杯酒之中。谷鸟天晴时不停地鸣叫,江岸之猿猴却向晚而哀号。我一生之中从没有流眼泪,现在在这里却泣涕不止。

全诗大开大合,跳跃跌宕,情调悲切,深切地表达了作者对宋之悌以垂暮之年远谪交趾的同情。

成为宋若思的幕僚后,李白为宋写过一些文表,并跟随他到了武昌。其间作品有《中丞宋公以吴兵三千赴河南军次寻阳脱余之囚参谋幕府因赠之》诗,夸赞了恩人宋若思为官的政绩与军功。

李白也曾陪御史中丞宋若思在武昌南楼夜饮,听人谈起庾公当年故事后,在此留下《陪宋中丞武昌夜饮怀古》的诗句:

清景南楼夜,风流在武昌。

庾公爱秋月,乘兴坐胡床。

龙笛吟寒水,天河落晓霜。

我心还不浅,怀古醉余觞。

《陪宋中丞武昌夜饮怀古》

对应译文:南楼的夜色多清爽,风流人士都聚集到了武昌。宋中丞大人就像古时的庾亮一样喜爱赏秋月,乘着兴致坐在胡床上。玉笛声声,宛如流水潺潺;满地的银霜如从银河缓缓下降。我兴犹未了,真怀念庾亮的潇洒,让我们干杯吧,把酒喝光!

李白在宋若思幕下很受重视,并以宋的名义再次向朝廷推荐自己,即《为宋中丞自荐表》,希望能得到朝廷的再度任用,终以参加永王东巡而被判处流放夜郎(今贵州桐梓)。

李白在游历中,数次途经武昌,武昌的山水名胜深深地吸引了他。另一首诗《送储邕之武昌》表达了他对武昌的向往和怀念之情:

黄鹤西楼月,长江万里情。

春风三十度,空忆武昌城。

送尔难为别,衔杯惜未倾。

湖连张乐地，山逐泛舟行。

诺为楚人重，诗传谢朓清。

沧浪吾有曲，寄入棹歌声。

汪伦之情

唐天宝年间，汪伦听说大诗人李白旅居南陵叔父李阳冰家，便写信邀请李白到家中做客。信上说："先生好游乎？此处有十里桃花。先生好饮乎？此处有万家酒店。"李白素好饮酒，又闻有如此美景，欣然应邀而至，却未见信中所言盛景。汪伦盛情款待，搬出用桃花潭水酿成的美酒与李白同饮，并笑着告诉李白："桃花者，十里外潭水名也，并无十里桃花。万家者，开酒店的主人姓万，并非有万家酒店。"李白听后大笑不止，并

李白告别汪伦

不以为被愚弄，反而被汪伦的盛情所感动，适逢春风桃李花开日，群山无处不飞红，加之潭水深碧，清澈晶莹，翠峦倒映，汪伦留李白连住数日，每日以美酒相待，别时送名马八匹、官锦十端。李白在东园古渡乘舟欲往万村，登早路去庐山，汪伦在古岸阁上设宴为李白饯行，并拍手踏脚，歌唱民间的《踏歌》相送。李白深深感激汪伦的盛意，作《赠汪伦》诗一首："李白乘舟将欲行，忽闻岸上踏歌声。桃花潭水深千尺，不及汪伦送我情。"

二、元结

元结（719—772），字次山，号漫叟、聱叟、漫郎，唐代学者。天宝六载（747年）应举落第后，归隐商余山。天宝十二载（753年）进士及第。安禄山反，曾率族人避难猗玗洞（今湖北大冶境内），因号猗玗子。乾元二年（759年），入山南东道节度使史翙幕府任参谋，招募义兵，抗击史思明叛军，保全十五城。代宗时，任道州刺史，调容州，加封容州都督充容管经略使，政绩颇丰。约大历七年（772年）入朝，后卒于长安。原有著作多部，均佚。现存的集子常见者有明郭勋刻本《唐元次山文集》、明陈继儒鉴定本《唐元次山文集》、淮南黄氏刊本《元次山集》。今人孙望校点有《元次山集》。

元结

元结主张诗歌为政治教化服务，要"极帝王理乱之道，系古人规讽之流"；能济世劝俗，补阙拾遗，"上感于上，下化于下"；反对当时诗坛"拘限声病，喜尚形似"（《箧中集序》）的不良风气，开新乐府运动之先声。他的诗文具有强烈的批判现实性，触及天宝中期日益尖锐的社会矛盾。如《舂陵行》《贼退示官吏》，揭示了人民的饥寒交迫和皇家的征敛无度，变本加厉；《悯

荒诗》《系乐府十二首》等也是或规讽时政，或揭露时弊。

元结的散文，不同流俗，特别是其杂文体散文，值得重视。如《瘼论》《丐论》《处规》《出规》《恶圆》《恶曲》《时化》《世化》《自述》《订古》《七不如》等篇，都出于愤世嫉俗、忧道悯人，具有揭露人间伪诈，鞭挞黑暗现实的功能。其文章大多短小精悍，笔锋犀利，绘形图像，逼真生动，发人深省。其他散文如书、论、序、表、状之类，均刻意求古，意气超拔，和当时文风不同。《大唐中兴颂》文体上采用三句一韵的手法，类似秦石刻的体制，风格雄伟。后人对元结评价很高，唐代裴敬把他与陈子昂、苏源明、萧颖士、韩愈并提。还有人把他看作韩柳古文运动的先驱。

漫郎故居

宝应元年(762年)，荆南节度使吕諲病逝于江陵。吕諲死后，元结摄理府事达八个月之久。在此期间，境内晏然，获得时人好评。同年，玄宗、肃宗相继逝世。代宗李豫继位后，元结坚决辞去摄理职务，并以老母久病为由，要求免官归养。代宗批准了元结的要求，并授予其著作郎之职。于是，元结陪着母亲从瀼溪迁至武昌西山的退谷，过起了"以渔耕自资"的隐居生活。

退谷，是西山与雷山相接而自然形成的一条狭长的山谷。西山西麓的郎亭山与雷山东麓自然组合，结合处形如中断，自江面远远望去，恰如一个"八"字。退谷就在这个"八"字中。这里三面环山，一面临水，谷底幽邃，四季皆春。孟士源以元结退修耕钓，爱游此谷，遂取隐退之意，给此谷命名为退谷，恰合元结当时身份。元结作《退谷铭》，表示"且欲学耕钓，于斯求老焉"。退谷之中有抔湖。抔湖位于西山西坡脚下，因其在抔樽石下，乃得名抔湖。元结在《抔湖铭并序》中指出："抔湖东抵抔樽，西侵退谷，北汇樊水南涯郎亭。有菱有荷，有菰有蒲。方一二里，能浮水软。"

抔湖之上有抔樽石。状如硕大石蛙，俗名"蛙樽石"。元结常与孟士源游西山，并于此地休憩小饮，因见此石形状特异，便在石上凿窟以藏酒。孟士源为之取名为"抔樽石"。元结又在石巅筑亭，并作《抔樽铭》，以"如窦而底，似倾几欹，非曲非方，不准不规"数语，惟妙惟肖地描绘出此石之怪异，所以，此石又被称作"宏樽石"。

除被罢黜的县令孟士源外,元结还同当时的在职县令马玚友好。马玚在县治后面临大江之樊山上筑凉亭,请元结为之命名,元结以"公材殊、政殊、迹殊,为此亭又殊,因命之曰'殊亭'",并作《殊亭记》刻之于石,立于亭侧。马玚还曾在吴王孙权"樊山开广宴"处筑广宴亭,元结为之"相其地形,核之图记",又应邀撰写《广宴亭记》。在西山山崖两侧有两块直立的巨石,很像两扇打开的石门,传说为孙权由樊口凿山开道回武昌城的通道,是他一剑劈开的,后人因称这两块巨石为"石门开",又名"双石峰",该峰也因之名为"石门山"。元结曾与马玚同游至此,并为石门题名,马玚令人镌刻于石。

元结隐居鄂州期间,"安史之乱"平定不久,由于战争连年不息,人们流离失所,大片的良田沃地荒芜,农业遭到了极大的破坏,人民生活非常困苦。元结看到如此情况,极为痛心。因此,他积极主张开垦荒地,发展农业生产。他在《漫歌八曲·西阳城》诗中就表达了这一主张。诗云:

元结《西阳城》 张德进书

江北有大洲,洲上堪力耕。

此中宜五谷,不及西阳城。

城畔多野桑,城中多古荒。

衣食可力求,此外何所望。

为了使垦荒合法化,元结利用与武昌县令马玚的特殊关系,为民请命,积极争取地方政府官员的支持。同时,元结还身体力行,把垦荒的范围扩大到了江北的黄州。唐以前,黄州曾称"西阳州",唐为齐安郡,因郡治在旧西阳州州治,故老百姓仍按习惯称黄州城为西阳城。元结在《漫歌八曲·将牛何处去二首》中写道:"将牛何处去,耕彼西阳城。"

西山之所以名闻遐迩,当然与它美丽的风光和迷人的景色有关系,但更重要的原因,则是这里有丰富的历史人文景观。在历史上与西山密切相关的最重要的人物就是元结。最早提出这一观点的,是宋代大文学家苏东坡,他在《游武昌寒溪西山寺》中,称"尔来风流人,唯有漫浪叟"。这个评价是相当高的。王十朋游鄂州,也有诗"短棹经樊口,高人忆漫郎。抔湖谁复泛,退谷自深藏"。鄂州人为了纪念先贤,还特地建了"三贤亭",即纪念陶侃、元结、苏轼三位前贤。可见,鄂州人对元结是相当尊重的。

(来源:《鄂州日报》2017 年 9 月 18 日)

 元结落榜

不同于一般的有成就的诗人,元结没有天赋异禀,每天读书到很晚。元结跟随族兄元德秀学习,深受元德秀影响。在高洁、饱学的兄长的教诲下,元结的品行、学问都很好。天宝六载(747 年),玄宗下诏,让天下有一技之长的人都来参加科举。可是李林甫惧怕贤能,在他的作梗下,竟然无一人录取,还谎称野无遗贤。元结也参加了这次考试。寒窗十年,却被小人所阻。杜甫和他同年落选,可两人的反应很不同,从中也可见个性差异。元结爱憎分明,在见识了李林甫的险恶后,先前对尧舜的歌颂、对理乱之法的探究都偃旗息鼓了,还在《喻友》中直抒胸臆,劝想在长安"依托权贵、徘徊相谋"的同乡和他同归乡里,应该持有"人生不方正忠信以显荣,则介洁静和以终老"的态度。而杜甫却温良敦厚地批评自己"愚顽",不敢指责李林甫,并仍留在长安奔走干谒。直到李林甫死后,"杜甫才第一次对此事加以正面揭露和抨击"。有学者认为,两人在此方面巨大的分歧可能导致元结在《箧中集》中未选杜诗。

三、苏轼

苏轼(1037—1101),字子瞻,一字和仲,号铁冠道人、东坡居士,世称苏东坡、苏仙、坡仙,汉族,眉州眉山(今四川省眉山市)人,祖籍河北栾城,北宋文学家、书法家、美食家、画家、治水名人。嘉祐二年(1057年),苏轼进士及第。宋神宗时,曾在凤翔、杭州、密州、徐州、湖州等地任职。元丰三年(1080年),因"乌台诗案"被贬为黄州团练副使。宋哲宗即位后,任翰林学士、侍读学士、礼部尚书等职,并出知杭州、颍州、扬州、定州等地,晚年因新党执政被贬惠州、儋州。宋徽宗时获大赦北还,途中于常州病逝。宋高宗时追赠太师;宋孝宗时追谥"文忠"。

苏轼

苏轼是北宋中期文坛领袖,在诗、词、散文、书、画等方面取得了很高成就。诗题材广阔,清新豪健,善用夸张、比喻,独具风格,与黄庭坚并称"苏黄";词开豪放一派,与辛弃疾同是豪放派代表,并称"苏辛";散文著述宏富,豪放自如,与欧阳修并称"欧苏",为"唐宋八大家"之一。苏轼善书,为"宋四家"之一;擅长文人画,尤擅墨竹、怪石、枯木等。李志敏评价:"苏轼是全才式的艺术巨匠。"其作品有《东坡七集》《东坡易传》《东坡乐府》《潇湘竹石图》《枯木怪石图》等。

苏轼因"乌台诗案"被贬为黄州团练副使,在黄州期间曾多次到黄州城外的赤壁山游览,写下了《赤壁赋》《后赤壁赋》和《念奴娇·赤壁怀古》等名作,以此来寄托他谪居时的思想感情。公务之余,他带领家人开垦城东的一块坡地,种田帮补生计。"东坡居士"的别号便是苏轼在这时起的。

苏轼被贬为黄州团练副使时,常泛舟南来,游憩于武昌之樊口、西山,写有《与子由同游寒溪西山》《樊山记》《菩萨泉铭并序》等。苏辙有《陪子瞻游武昌西山》《武昌九曲亭记》诗文。

苏东坡贬谪黄州之初,只带上了儿子苏迈,没有熟识之人。大约过了十余天,有一位眉州老家的人来黄州登门拜访。此人叫王齐万,与哥哥王齐愈一块移居到了武昌的刘郎洑,即今天鄂州燕矶的车湖。

在这种人地生疏的境况中,突然遇到一位故乡人,令苏东坡心境豁然开朗。只是因为寒食节已近,所以王齐万只留语半日,便匆匆赶回。苏东坡亲自送对方上船,并站在江边的一处高丘上目送,一直望到小船渐渐到了刘郎洑,才依依不舍地回家。

到了家里,苏东坡心潮澎湃,写下一首题为《王齐万秀才寓居武昌县刘郎洑,正与伍洲相对,伍子胥奔吴所从渡江也》的诗,他在诗中写道:"明朝寒食当过君,请杀耕牛压私酒。与君饮酒细论文,酒酣访古江之濆。仲谋公瑾不须吊,一酹波神英烈君。"可见,两人虽是初识,却走得很近。又据元丰七年,即公元1084年苏东坡所写《赠王文甫尺牍》(王齐愈,字文甫)"及今四周岁,相过殆百数",可见苏东坡与其往来频繁。

在燕矶车湖,苏东坡观察到这里不仅风景优美,而且物产丰富,价格低廉,他便托王氏兄弟在车湖边买田,打算在这里养老。后来,苏辙离开黄州将赴江州时,苏东坡又亲自将弟弟送到燕矶车湖,受到了王氏兄弟的盛情款待,苏辙有诗言作记:"相逢勿空过,一醉不须起。"他还用这样的诗句描述湖边农民的生活状况:"渡江买羔豚,收网得鲂鲤。朝畦甘瓠熟,冬盎香醪美。乌菱不论价,白藕如泥耳。谁言百口活,仰给一湖水。"从苏辙的诗句中,我们不难感受到,那时的车湖就是鱼米之乡。

《墨庄漫录》一书也记录了一个苏东坡与车湖的故事。说的是有一天,苏东坡饶有兴致地访车湖,恰逢除夕将近,其老乡王氏兄弟正忙着准备写春联,突见苏东坡翩然而至,就立马开口请苏东坡这位大家亲书一副对联。苏东坡不假思索,拿笔就写,即:门大要容千骑入,堂深不觉百男欢。苏东坡与王氏兄弟之间如此随意,足见他们在黄州"他乡遇故知"是多么的高兴和默契。

元丰三年(1080年)六月初二,护送兄长家眷来黄州的苏辙,在哥哥的陪伴下,平生第一次来到武昌西山。武昌县令江绂闻讯,又携带酒肴奉陪。苏辙乘兴以《黄州陪子瞻游武昌西山》为题,作五言古诗一首,记述了他们兄弟在"乌台诗案"后,第二次相会时的特殊情感及所思所虑,也记述了当时武昌人对患难中的兄弟俩,基于尊重之上的真诚欢迎和热情款待:

千里到齐安,三夜语不足。
劝我勿重陈,起游西山麓。
西山隔江水,轻舟乱凫鹜。
连峰多回溪,盛夏富草木。
杖策看万松,流汗升九曲。
苍茫大江涌,浩荡众山蹙。
上方寄云端,中寺倚岩腹。
清泉类牛乳,烦热须一掬。
县令知客来,行庖映修竹。
黄鹅时新煮,白酒亦近熟。
山行得一饱,看尽千山绿。

第三章 人物风流

幽怀苦不遂,滞念每烦促。
归舟浪花暝,落日金盘浴。
妻孥寄九江,此会难再卜。
君看孙讨虏,百战不摇目。
犹怜江上台,高会饮千斛。
巾冠堕台下,坐使张公哭。
异时君再来,携被山中宿。

在苏轼赴黄州途中的第一站陈州,苏辙就风尘仆仆地从南都赶来,看望刚刚从"乌台大狱"走出来的哥哥,一起商量两家人的行程。

原来,苏轼湖州被拘后,他的一家人无依无靠,只能千里迢迢投奔苏辙。哥哥的案子了结后,苏辙受他的牵连被贬到比黄州更远的筠州。苏轼以贬谪戴罪之身走陆路押解去黄州,一家老小随他翻山越岭肯定不便。而苏辙是以降职贬官的身份从水路赴任,不论是旅行条件,还是行走时间安排,都好于哥哥。因此兄弟俩决定,大嫂和一家人跟苏辙走水路,溯江而上到九江。然后苏辙将自己的家人留在那里稍候,再护送大嫂去黄州。

近五个月的千里跋涉后,兄弟俩再次见面,想要说的话真是"三夜语不足"。苏轼刚登临游览武昌西山不久,知道弟弟同样向往武昌西山,于是就劝苏辙"勿重陈""起游西山麓",既弥补15年前的遗憾,又换个环境帮助他排解贬谪郁闷之情。

兄弟俩通过"轻舟乱凫鹜",来到"隔江水"的武昌西山。从"杖策看万松,流汗升九曲",再到"上方寄云端,中寺倚岩腹"的西山古寺,"清泉类牛乳,烦热须一掬"后,苏氏兄弟一下子清凉了许多。接着,武昌人待客的热情便一一展现出来:"县令知客来,行厨映修竹。黄鹅时新煮,白酒亦近熟。山行得一饱,看尽千山绿。"苏辙从中真切感受到武昌的山幽绝、泉醇美、人友好,这哪是两个被贬兄弟应有的接待规格呀!看到县令对哥哥这般尊重,哥哥还能常来这样的环境换个心情,苏辙感到些许安慰。但前路茫然,苏辙仍不免替哥哥担忧。因此"幽怀苦不遂,滞念每烦促"的他,想到"妻孥寄九江",兄弟俩很快又要分别,跟哥哥的下次相会"难再卜",生离死别之情埋在心里却无法说出口。

带着这样的心情回黄州,刚好路过江边的武昌钓台。送行的江诞连忙跟这两位喜欢谈古论今的大文人进行介绍。武昌钓台作为天下十大钓鱼台之一,在这里可以垂钓鲜美的武昌鱼,还可以品味文人墨客留下的精美诗句和佳话。更让武昌钓台千古留名的,是三国孙吴重臣张昭的"钓台罢酒"逸事。

观钓台景观,想张昭际遇,苏辙更为哥哥鸣不平,替他的未来担忧。据《三国志·吴书·吴主传》记载,面对"百战不摇目"后露出得意忘形苗头的孙讨虏(孙权),张昭"犹怜江上台,高会饮千斛",无奈"巾冠堕台下",坐哭而罢酒钓台。后又以"昔纣为糟丘酒池长夜之饮"的历史教训,对孙权直谏。虽然最后孙权纳谏罢酒,但张昭此举还是弄得孙吴上下不开心。在选任丞相的关键时刻,张昭两次被孙权分别以"职统者责重,非所以优之也""领丞相事烦,而此公性刚,所言不从,怨咎将兴,非所以益之也"的理由弃选,落了个忠耿不讨好的下场。哥哥苏轼从自求外任杭州,到湖州被拘……想到这里,心里如江上阵阵凉风袭来。这些所见、所思都被苏辙一一写进诗中。

不过苏辙最后还是以"异时君再来,携被山中宿",表达跟哥哥首次见面游玩时一样的想法:想要深度游资武昌西山。很可惜,此后苏辙的人生命运也像哥哥一样曲折坎坷,再也没有机会重上武昌西山。倒是因为哥哥还在黄州的原因,武昌西山在他睡梦里、诗文中时常出现。比如两年后,因哥哥牵头扩建九曲古亭,苏辙饱含深情写出了著名的《武昌九曲亭记》。

"布谷!布谷!"是布谷鸟甜美的叫声。在古代,武昌和黄州一带的老百姓常常把布谷鸟的叫声听成"脱却破裤"。苏东坡在这里生活了一段时间后,对当地老百姓的说法不是很理解。

有一天,他又一次欣然过江到武昌西山,因前一天晚上下了一场大雨,西山的山溪都灌满了水。他恰遇一位挑空箩筐的农夫穿着一条破裤子,连裤腿也没有卷起来,就从溪水中蹚过去了,甚是诧异。这时,林子里传来一阵阵"布谷、布谷"的叫声,这位挑空箩筐的农夫顿时朝树林吼骂起来:"该死的瘟鸟,你也叫脱却破裤呀!"在路一边的苏东坡感到好生奇怪,就上前问农夫:"老乡,你脱掉裤子,不就免得打湿了吗?"不一会儿,这位农夫当着他的面就脱下裤子,苏东坡只见农夫臀部和大腿上伤痕累累,又听到农夫哭着诉说,因欠了东家的租子,今天一早就送了一担谷去,还不够交租,东家发了脾气,当场命人脱了他的破裤,把他按在地上打了一顿,就打成了这个样子。苏东坡这才明白这位农夫为什么不脱裤子就蹚水走,原来是怕冷水刺痛了伤口。正好这一天,苏东坡穿了两条裤子,就脱下一条裤子送给了这位可怜的农夫。当日,苏东坡回到黄州,就将在武昌西山所看到的场景写成了《五禽言五首,并叙·其二》诗:

昨夜南山雨,西溪不可渡。

溪边布谷儿,劝我脱破裤。

不辞脱裤溪水寒,水中照见催租瘢。

如今,重读苏东坡《五禽言五首,并叙·其二》,我们从诗的字里行间,读懂了苏东坡的一颗善良之心和对穷苦人家的怜悯之心。

回首苏东坡贬谪黄州这四年多的历史,一方面,我们为苏东坡在这里写下了《赤壁赋》《后赤壁赋》给后世留下了深远影响感到无比欣慰;另一方面,我们为苏东坡如此眷恋武昌并为武昌山水风物写下了一首首、一篇篇动人文字倍感自豪。

当年,苏东坡在接到迁职汝州的圣旨即将离开黄州时,还特地坐船过江,到武昌西山作长夜之游,其诗《过江夜行武昌山上闻黄州鼓角》就有"清风弄水月衔山,幽人夜度吴王岘"的诗句。

在他离开黄州后的第三年,他回到汴京(今河南开封)翰林院任考试馆职,曾同任武昌令的邓圣求同宿,两人谈起各自在武昌时的旧事,十分默契投缘。邓圣求当年在武昌曾将唐代诗人元结的一首诗刻于郎亭峰石头上，这触发了苏东坡的联想，苏东坡便追忆起在黄州时到武昌游西山的往事，作了一首《武昌西山诗》，请邓圣求同赋，结果，此诗一出，苏辙、黄庭坚、张耒等纷纷次韵酬和，多达30余人，成为当时文坛一段佳话，苏东坡将这些诗作收集后一并寄给了武昌的王文甫，信上写道："《西山》诗一册，当今能文之士多在其间，并拙诗亲写，与邓圣求同纳上。"他建议将这些诗文刻石勒碑，置于西山寒溪之上或山壁之上，可见其对武昌的拳拳之心和良苦用心。

在他离开黄州后的第四年，友人王定国将自己精心收藏的一幅名画《烟江叠嶂图》拿出来，请他观赏并题签，苏东坡触景生情，马上想到武昌西山风光，顿时情不自禁发出"君不见武昌樊口幽绝处，东坡先生留五年"的感叹，还想象出"山中故老应有召我归来篇"，足见对武昌、对西山的怀念和向往之情。

苏东坡与鄂州有缘。在人世间的岁月长河中，苏东坡可歌可泣的一生已经渐行渐远，但他的情怀、良知、才华永驻人间，他留存的诗文意味深长，他留下的"鄂州文脉"将永载鄂州的史册。林语堂先生曾说过这样一番很精辟的话："苏轼已死，他的名字只是一个记忆，但是他留给我们的，是他那心灵的喜悦、思想的快乐，这才是万古不朽的。"是的，苏轼已死，但苏轼在被贬谪黄州后，自号东坡居士，并在游历鄂州期间留下了永不消逝的"东坡故事"。在我们每个人的心中，应该说，都有一个"心灵喜悦、思想快乐"的苏东坡！

 东坡饼

东坡饼，是鄂州西山古灵泉寺接待贵宾游客的传统佳点。东坡饼之名的由来，要从苏轼游西山说起。北宋元丰三年（1080年），我国著名文学家苏轼（苏东坡）谪居黄州，常泛舟南渡游览西山，并与寺僧交往甚密。寺僧用菩萨泉水和面炸饼相待，苏东坡吃后顿觉香甜酥脆，喜曰："尔后复来，仍以此饼饷吾为幸！"自此，寺僧与邑人便以"东坡饼"命

东坡饼

名。雅人佳点，流传至今。清同治三年（1864年），湖广总督官文游西山品茗尝饼，笑问寺僧"此饼何名"？寺僧对曰"东坡饼"。官文即兴书联："门泊战船忆公瑾，吾来茶话续东坡。"

西山古灵泉寺制作东坡饼，有着得天独厚的自然条件。该寺有菩萨泉水，清流味甘，富含人体必需的矿物质，用此泉水和面，制成的饼口感酥脆，不添香料而自有清香，再加上寺僧在制作过程中继承了传统技艺，使东坡饼至今仍保留了苏东坡时代的特色。党和国家领导人董必武、李先念、陈毅等曾先后在西山古灵泉寺品茗尝饼。二十世纪五十年代初，古灵泉寺方丈融广法师请本寺素斋烹调高手融和法师亲制东坡饼一盒，献给毛泽东主席，时中共中央办公厅曾来函致谢。

四、黄庭坚

黄庭坚(1045—1105),字鲁直,乳名绳权,号清风阁、山谷道人、山谷老人、涪翁、涪皤、摩围老人、黔安居士、八桂老人,谥号文节,世称黄山谷、黄太史、黄文节、豫章先生。宋江南西路洪州府分宁(今江西省九江市修水县)人。祖籍浙江省金华市。北宋诗人黄庶之子,南宋中奉大夫黄相之父。北宋大孝子,《二十四孝》中"涤亲溺器"故事的主角。1105年,黄庭坚病逝于宜州南楼,享年61岁。1131年,宋高宗追赠黄庭坚为龙图阁大学士。1265年,宋度宗追赠黄庭坚谥号"文节"。黄庭坚一生为官清正,治学严谨,以文坛宗师、孝廉楷模垂范千古。

黄庭坚是北宋著名文学家、书法家、江西诗派开山之祖,在诗、词、散文、书、画等方面取得了很高成就。黄庭坚与张耒、晁补之、秦观游学于苏轼门下,合称为"苏门四学士"。黄庭坚开创的诗体,被后人称为"山谷体"。黄庭坚的书法独树一帜,自成一家,他和北宋书法家苏轼、米芾和蔡襄齐名,世称为"宋四家"。在文学界,黄庭坚生前与苏轼齐名,时称"苏黄"。作品有《山谷词》《豫章黄先生文集》等。

黄庭坚

1095—1100年,黄庭坚被贬四川,谪巴蜀黔戎,经历了长达六年的四川流放生涯。遇赦放还后,赴太平州(今安徽当涂)任知州,哪知上任仅九天就又一次被罢官,只能被迫流寓鄂州(北宋时期的鄂州包括今武昌、江夏等地)。

在鄂州,黄庭坚夜登南楼(武昌),触景生情,写下《鄂州南楼书事四首》。其一如下:

四顾山光接水光,凭栏十里芰荷香。

清风明月无人管,并作南楼一味凉。

在南楼上,诗人正"凭栏"四顾的时候,晚风送来淡淡的荷花香。诗人的脑海中,马上浮现出这样的图景:在"十里"洋澜湖的湖面上,灼灼红荷,临风挺举;圆圆翠盖,铺满湖面。绿叶红花,交相辉映,这是多么美好的画面!可是,这时候月色朦胧,犹如梦幻一般。莲叶荷花,只是一些依稀的倩影,空气中却弥漫着沁人心脾的荷花香,使人俗虑全消,如痴如醉,诗人不由沉浸在荷香月色的美好境界中。

明月朗照,给人以无比凉爽之感。诗人进而再一想,这徐来的风,这皎洁的月,无拘无束,自由自在,岂不是自己多少年来追求的理想境界?诗人长期置身官场,在绍圣二年(1095年),因修《神宗实录》不实的罪名,被贬官至涪州,后虽一度起用,但终不能见容于权贵,再度被贬。官场的沉浮,为宦的失意,使诗人对仕途产生了强烈的厌倦之情,而眼前的客观之景和诗人的主观之情又是多么的契合啊！在这样幽美的自然氛围中,诗人的心情也就格外凉爽、舒适。

松风阁在湖北省鄂州市之西的西山古灵泉寺附近,西山古称樊山,海拔170米,是当年孙权讲武修文、宴饮祭天的地方。崇宁元年(1102年)九月,黄庭坚与朋友游樊山,途经松林间一座亭阁,在此过夜,听松涛而成韵,就有了七言诗《松风阁》,歌咏了美景,也表达了对苏轼的怀念。

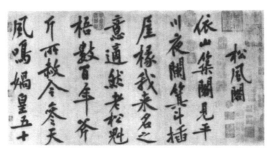

《松风阁诗帖》

《松风阁诗帖》是黄庭坚七言诗作并行书,墨迹纸本,纵32.8厘米,横219.2厘米,全文计29行。书写时,笔画苍劲,风神洒荡,采用颜真卿大字笔意,而将颜体缩短的笔画(往往是一字中主要的横画、竖画或撇画)伸展延长,力趋险绝,再从字的结构与整篇章法中求得平稳,形成独特的风貌。其用笔擒纵自如,笔画凝练,无一轻佻之笔,是"天下十大行书之一"。

 苏黄情义

1079年,苏轼因"乌台诗案"下狱,被用来攻击苏轼的诗文里,便有苏轼与黄庭坚的唱和之作,当时情况尚未明朗,挺苏的有,倒苏的也不少,还有急于撇清关系的。官微言轻的黄庭坚,无法为苏轼做些什么而自己也要接受别人的审问,两人当时还未曾相见,他完全可以说"我跟苏轼不是同党"而免罪,可他偏要说:苏子瞻是最了不起的文人,苏子瞻是忠君爱国的。因此黄庭坚受到被"罚金"的处分。

1086年春,苏轼和黄庭坚这对相知相慕、心神两契的诗星挚友,终于盼到了展晤之期。黄庭坚和苏轼在京师首次见面。苏黄步入了终生最为快意的一段翰墨友谊生活。苏黄在京供职相处三年有余,政暇雅集,讲道论艺,酬唱赠答,切磋诗文,鉴书赏画,大畅平生师友之情。据今传苏黄诗注不完全统计,其间唱和几达百篇之多,全都情调高雅,意味隽永,情趣相似,且主题意外地集中、统一,几乎全是围绕友谊和林泉志趣。黄庭坚和秦观、晁补之、张耒等,雅集苏门,比肩奋进,鸣鹤应和,遵从内心。黄庭坚的诗词和书法焕然一新,又进入了一个崭新境界,时人开始将其与苏轼作比,并称"苏黄"。但黄庭坚依然保持对苏轼最初的仰慕之情,坚持以弟子之礼相待。在苏轼被贬期间,乃至逝世后,黄庭坚不离不弃,始终保持弟子礼仪,演绎了千古师生情谊。苏黄情义,万代流芳。

五、丁鹤年

丁鹤年(1335—1424),字永庚,号友鹤山人,元末明初诗人、养生家,京城老字号"鹤年堂"创始人。有《丁鹤年集》传世。著名孝子,是明初十大孝子之一。以73岁高龄为母守灵达17载,直到90岁去世。《四库全书》中收录的《丁孝子传》和《丁孝子诗》即是记录他的事迹。《丁孝子传》开篇赞曰:"丁鹤年,精诚之心上达九天。丁鹤年,精诚之心下达九泉。"

丁鹤年

丁鹤年本为西域色目人。其父职马禄丁,四十岁始入仕任临川县主簿,后迁武昌县达鲁花赤(元朝官名),性豪迈,有惠政,解官之日百姓为之建"种德堂",并请求留居武昌,遂为武昌人。元末,丁鹤年躲避到浙江四明。方国珍据浙东,最忌色目人。为躲避"反色目人"风潮,丁鹤年浪迹江湖,以教书、卖药为生。明洪武十二年(1379年)才回到武昌。回到武昌后,几经周折,终于寻找到生母冯氏埋葬之所,将其尸骨迁至武昌城西寒溪寺后山父墓旁。晚学浮屠,结庐居父墓。这之后,晚年的丁鹤年主要在杭州和武昌过着平静的生活。

他将自己奔波的经历写进《兵后还武昌二首》。诗中先写诗人在战乱流亡中迟迟难归的心情,继而描述回到家乡后所见的荒凉残破及物是人非的感慨。该诗情感真挚,文字凄美,用典贴切,首尾呼应。

丁鹤年隐居于武昌南湖(今洋澜湖)畔,洁身自好,写下大量诗篇,结成《海巢集》。其中《武昌南湖度夏》一诗生动描绘了夏日南湖之美,诗中写道:

湖山新雨洗炎埃,万朵青莲镜里开。

日暮菱歌动南浦,女郎双桨荡舟来。

诗人晚年归隐武昌时期,常与表兄赛景初交往、唱和,因此作诗《赠表兄赛景初》:

萧条门巷旧王孙,旋写黄庭换绿尊。

富贵倘来还自去,只留清气在乾坤。

诗中"萧条门巷旧王孙,旋写黄庭换绿尊"两句描写赛景初穷困潦倒的状况,也是诗人晚年生活的自我写照。然而,在这种终日为衣食奔波的生活中,赛景初与诗人依然乐观、豁达。"富贵倘来还自去,只留清气在乾坤"两句表明富贵本就是过眼云烟,只有具备高洁品格才是人生的意义所在。

樊口,今湖北省鄂州市鄂城区樊口镇,因位于樊水入长江之口而得名。诗人丁鹤年曾"为武昌李均玉作"《樊口隐居》一诗:

万里云霄敛翼回,挂冠高卧大江隈。

春深门巷先生柳,雪后园林处士梅。
翠拥樊山邀杖屦,绿浮汉水映樽罍。
谁能领取坡仙鹤,月下吹箫共往来。

这首诗描绘了李均玉归隐之地优美静谧的自然环境,赞赏其闲逸自由、自得其乐的归隐生活,表现了历经颠沛流离生涯的作者对这种生活的渴望与向往。诗中大量运用了与鄂州历史文化有关的名人典故,展开想象与联想,文采斐然,内容更加深远丰富。

此外,在鄂州的诸多风景名胜之地,我们都可以一览丁鹤年的文人风采。

苏子遗亭,即九曲亭,原在西山九曲岭道旁,苏轼于废亭基上扩建,故名。原亭后废,后人将亭移至古灵泉寺不远处。此处也留下了丁鹤年的《九曲山房》诗:

九曲园亭结构牢,画图谁为重挥毫。
蛟虬起陆岩峦秀,风雨号空树木高。
五色神光通岳气,三秋明月荐溪毛。
泷冈墓表情何极,手把杯棬泪满袍。

六、张裕钊

张裕钊(1823—1894),字廉卿,号濂亭,湖北鄂州梁子湖畔东沟镇龙塘张村人,晚清官员、散文家、书法家。其书法独辟蹊径,融北碑南帖于一炉,创造了影响晚清书坛百年之久的"张体",被康有为誉为"千年以来无与比",李志敏评价:"张裕钊别开生面,触化北碑为己用。"

张裕钊道光二十六年(1846年)中举,考授内阁中书。后入曾国藩幕府,为"曾门四弟子"之一,被曾国藩推许为可期有成者。

张裕钊在京供职两年,官职不显。目睹官场腐败,但以书文自娱,后弃官南归。1852年,张裕钊受聘主讲于武昌勺庭书院。1854年,曾国藩进兵湖北,闻裕钊在鄂,遂召入戎幕参办文案。此后相从十余年,同僚

张裕钊陵园

各有升达,唯张氏"独以治文为事",并不热心于政治,故始终未得一官半职。最后终于绝意仕途,自言"于人世都无所嗜好,独自幼酷喜文事",转而致力于教育、文学和书法的研究。自1871年起,张氏先后主讲于江宁(今南京)凤池书院、保定莲池书院、武昌江汉书院、襄阳鹿门书院。直到光绪十八年(1892年),张氏已70高龄,始由其子后沆、后浍从襄阳鹿门迎养至西安。1894年正月,于西安寓所逝世。

张裕钊从事教育近四十年(自1852年冬到武昌勺庭书院起至1892年辞去襄阳鹿门书

院为止),显少看到他对自己的教育思想有系统的论述,但从他的诗文中还是能管窥一二。第一,他把兴学育人的认识提高到了治国、强国的高度。张裕钊说:"天下之治在人才,而人才必出于学。"(《重修南宫县学记》)第二,厌恶科举制度,崇尚"经世致用"之学。

张氏一生桃李满天下,从学门徒较负时望者有范当世、张謇、姚雪臣、朱铭盘和日本宫岛咏士等多人。许多门生后来成为学者、诗人、散文家、书法家和实业家,在政界文坛各负盛名,卓有成就。其中日本弟子宫岛咏士追随裕钊先生8年,奉学惟谨,于书法得益犹多。张辞世后,宫岛咏士回国创办善邻书院,传播张氏之学,使张氏书体在日本衍为流派,至今不衰。其弟子姚雪臣在河北省南宫县的历代传人有姚景贤、董毓明、张自旺、张智霖。南宫县张裕钊的传人较多,已多次举办张裕钊流派书法展。

张裕钊书法艺术造诣极深,其书体被称为"张字体",集刚柔俊逸于毫端,创造出一种内圆外方、疏密相间的独特书法,具有劲拔雄奇、气骨兼备的特色。张氏在运笔、转指、用墨、用水等技巧方面,皆有独到而突出的方法:以中锋运笔,饱墨沉光,精气内敛,"笔画以斜为正,结体似圆实方,匆匆落笔的手稿,更无意为方为圆而方圆自得"。故章太炎曾为之赞叹不已:"先生书世传宝,得此真如百斛明珠,尤与他人相绝。"张裕钊有《张廉卿先生论学手札》等墨迹多种行世。

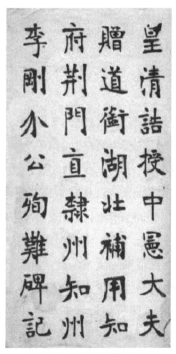

张裕钊书信笔迹　　　　　《李刚介公殉难碑记》

《李刚介公殉难碑记》是今天能见到的最早的张裕钊具有碑帖风格的书迹。当时其书风还没有正式确立下来,方笔较多呈现出凌厉的北碑风貌。特别是在整体的体势上受唐碑影响较大,如"府""授""徵"等字都与欧体十分相近。整幅作品在章法安排上恰到好处,十分雅致,给人一种清虚之气。

张裕钊虽推重桐城派文学,但不以桐城家法为限,主张为文之道,须"雅健"而不失"自然之趣","意""辞""气""法"相统一,而以"意"为主,讲求"因声求气"。其为文长于议论、写景,文笔雅洁而有劲健之气,主要著作有《濂亭文集》8卷、《濂亭遗文》5卷、《濂亭遗诗》2卷。1916年,裕钊后人重刻文集,与遗文、遗诗合为《濂亭集》。有影响的作品有《重修金山江天寺记》《屈子祠堂后碑》《黄孺人墓志铭》《重修南宫县学记》《论学手札》《滕王阁记》《蒯氏墓碑》《赵充国颂》《古诗帖》等。

张裕钊一生长期在外漂泊,因而家乡成为他日思夜想的地方,是他心灵的港湾。

"火云蒸暑宵不眠,兰膏荧荧相烹煎。府中苦热逃无所,却忆江湖思渺然。我家旧住樊水涯,开门十顷清涟漪。招凉水次看箕斗,瑶巧正对苍龙垂。天怜我贫假一笑,玉盘夜落青玻璃。须臾风定金鳞起,菰蒲尽与风离披。此时正可倒醽醁,酒渴停杯呼茗旗。夜来醉倒长松下,世间万事浮云驰。只今栖迟节度府,晚来清梦堕江湄。不及湖中老渔父,三星在罶南风吹。"(《夏夜府中作》)

这首诗作于1853年,此时作者受湖北按察使江忠源的聘请,任武昌勺庭书院主讲。因官舍虚设,处于宾僚应酬之间,因而住在江氏官署。"火云"指夏季炽热的赤云,"兰膏"指泽兰炼成的油,可以点灯,此处指灯光。夏夜本就暑热,而荧荧的灯光更是增加了人心中的烦闷。这样的情况下,张裕钊想到了自己的家乡,自己家住樊水边,开门就能见到水涟依依,夏天的晚上可以坐在湖边看天上的星星,一阵风儿吹过,水里的茭白和香蒲随风颤动。这样的清凉,这样的情致,只有美酒和茗茶才能配得上。然而老渔夫还能在湖中看到罶中的点点星光,作者连他们也比不上。而转念一想,家乡也许也在嘲笑着他,"春风几开落,为客久风尘。故里田园在,羁栖笑此身"。一年又一年,花开了又败,而作者一直客居,他说故乡在嘲笑他,其实也是在说羁旅之苦,是在用另外的方式述说对家乡的思念。"何处春风叫紫鹃,深宵愁剧不成眠。乡心与月同千里,客舍看花又一年。"当愁苦不断、夜不成眠的时候,他对于家乡的思念就如同天上同样能够照到故乡的月亮一样,能够绵延千里,就这样思念着家乡,一年又一年,"漂梗岁年深"。

张裕钊文化园

张裕钊文化园内修建了书法文化广场、文史馆、纪念馆、书法碑廊、民俗馆等人文景观。其中,张裕钊纪念馆内收藏了木匾、石刻、乡试试卷等文物300余份,包括有张裕钊的楹联、扇面、尺牍等书法真迹,自建成以来,吸引了不少游客慕名前来。

张裕钊文化园书法展

思考与探究:

1. 查阅资料,探索一下李白《陪宋中丞武昌夜饮怀古》一诗中蕴含的情感。
2. 读一读苏轼的《武昌西山诗》,说一说西山给苏轼留下了怎样的印象。
3. 对比苏轼及其学生黄庭坚的书法和诗歌创作风格。
4. 你能讲一讲著名孝子丁鹤年的行孝故事吗?
5. 结合张裕钊所处时代,说说他的教育思想的进步意义。

第四章　民俗风情

第一节　水乡泽国的传统习俗

> 春节是我国农历新年的第一天,即农历正月初一,是我国最盛大、最隆重的传统节日。鄂城风俗,吃了腊八粥,即筹备过年活动:吃团年饭、贴春联、放鞭炮、拜年、祭祖、舞龙玩狮、吃"元宵"和"游月半"。
>
> 清明节在公历4月5日前后,它不仅是一个重要的节日,也是二十四节气之一。清明前后,城镇男女结伴出郊踏青,抵墓而归,谓之"踏青节",也是传统的纪念祖先的节日。
>
> 端午节为农历五月初五,吃粽子、赛龙舟等是这个节日的主要风俗,主要是缅怀屈原、祈求平安。
>
> 中秋节为农历八月十五,是我国传统的团圆佳节。中秋夜,人们仰望明月,借此寄托自己对故乡和亲朋好友的思念之情,故中秋节又称为"团圆节"。

一、春节

春节又叫阴历年,欢度春节俗称"过年",它起源于殷商时期年头岁尾的祭祀活动。狭义的春节指的是我国农历新年的第一天,即农历正月初一,广义的春节是从头年小年开始,至次年元宵结束。春节是我国最盛大、最隆重的传统节日。

鄂城风俗,吃了腊八粥,即筹备过年活动。清光绪《武昌县志·风俗》载:腊八日造粥,杂以粳豆枣粟,亦多嫁娶者。二十四日曰"小年",这天要打扫屋舍,晚上要用果饼祭祀灶神,曰"送司命"。除夕日张贴春联,换门神,具酒馔曰"年更饭",盖以更漏未尽即起而食也,除夕镂楮为钱,遍黏户牖曰"封门钱"。满室张灯,通宵不灭;具衣冠而拜曰"辞年",举家聚饮曰"团年",终夕不寐曰"守岁"。

一般在大年三十,全家人都要集中在一起吃团年饭,这是一年中最为重要的时日,是一个家庭过年必不可少的一项主要内容。此前如果家人有在外地的,也要在年三十之前赶回来吃团年饭。当然,因为各家有着不同原因,也有提前吃团年饭的,如在农历二十九,甚至更早些时候吃团年饭。

春节

第四章 民俗风情

贴春联是我们民族的风俗,鄂城也概莫能外。有一些文质兼美的春联,不受时代、地域的限制,放之四海而皆准,比如:"门迎春夏秋冬福,户纳东西南北财""天增岁月人增寿,春满乾坤福满门",道出了人们讨口彩、求吉利的心态,流传是极为久远的。

除夕过后是春节。正月初一凌晨,当旧年的钟声响过十二声,家家户户就争先恐后放鞭炮,霎时,村庄院落处处是噼噼啪啪的鞭炮声,火药浓香,烟雾缭绕。按旧俗,这一天家家户户黎明即起,焚香燃烛,祭祀祖先,然后开门以酒酹地,大放爆竹,并向岁吉拜年,叫作"出天方"。天亮一看,燃放的鞭炮大红纸片铺满地面,与大门的鲜红春联交相辉映,呈现出一片喜庆祥和的气氛。鞭炮,也称爆竹,传说古代人们用爆竹抵御"年"这种猛兽。南朝梁宗懔《荆楚岁时记》中说:"正月一日……鸡鸣而起,先于庭前爆竹,以避山臊恶鬼。"放鞭炮庆祝春节,更是发扬先祖遗风。现在为了安全环保,全国多地已经禁止燃放烟花爆竹。

新春伊始,人们一见面就要恭贺新年。大多数地区初一至初三,年幼者向年长者拜年,晚辈向长辈拜年,亲戚朋友、街坊邻居互拜,见面时互道恭贺,说些"万事如意""恭喜发财"之类的吉祥话。

在乡村,很多地区在初一是本村互拜,初二为外孙拜外祖家,初三为女婿拜岳丈家。新居之家,在大年初二,主人要置办酒席来酬谢春节前来送中堂、对联、挂屏祝贺的亲朋好友,俗称为"对子酒"。居丧之家,大门上要贴上"辞""谢"二字。其亲戚朋友在初一要来"拜大年",喝"大年酒"。

俗话说:大人望种田,小孩望过年。小孩在过年的时候可以得到一笔特有的犒赏——压岁钱。压岁钱一般是吃团年饭时长者发给晚辈,或者是正月初一小孩拜年时,大人给孩童们,并勉励他们好好学习、天天向上。压岁钱,寄托着长辈的殷殷希望!

春节祭祖,是人们必须进行的一项活动。新年将近,各家各户祖宗的牌位早已被掸得干干净净。祭祀时,家中先将香纸蜡烛、牲礼酒浆备齐,供奉于祖宗牌位前,然后上香跪拜,叩头作揖,场面肃穆庄重,充分表现了中国人敬仰祖先的传统美德。

舞龙舞狮也是春节期间必有的一项盛会。龙,是古代传说中的一种神异动物,它是专管雨的,狮子也是

舞龙

中国传统文化中的吉祥物。春节舞龙舞狮,表达了劳动人民祈祷风调雨顺和五谷丰登的愿望。农历正月十五为元宵节,亦称为"上元节",俗呼为"正月半",城乡盛行玩龙灯活动。据光绪《武昌县志》记载:"十三日张灯曰'试灯',至元夕而止。是夕舂糯米为团,曰'元宵'。女郎设香案祀神,口诵俚歌,曰'请紫姑'。上元前后数夕,剡木蒙纸如龙状,篝灯其中,曰'龙灯';其各肖禽兽台阁形者,曰'散灯'。"在元宵节的晚上,处处灯火齐明,彻夜不熄。各类飞禽走兽、奇花异草的花灯都来争奇斗艳。

在龙灯队后面,还有一支民间乐队,笙箫鼓乐悠扬,演奏"丝弦锣鼓"。再后面是"秋千台

阁"。这种台阁是一个不停转动的活栏,悬挂十余名眉眼俊俏、身着戏服的童男童女,装扮"八仙过海""西游记""西厢记""苏子游赤壁"等故事里的人物。

元宵节期间,文娱活动还有舞狮子、渔夫戏蚌精、划采莲船、踩高跷、武术表演等。在石山乡塘角头村,还有一种别致的"活码子"游艺玩具。其状如小型立柜,一人摇动主轴,柜中木人木马均能旋转跳跃,演出生动活泼的"闹天宫"或"武松打虎"。

在元宵节的这一天,本地还有吃"元宵"(汤圆)和"游月半"的习俗。游月半时,洋澜湖畔及西山道上游人如织,摩肩接踵。青年女子多联袂出游。鄂邑文士程稚周曾有《竹枝词》记其盛况:

昨夜邻家姐妹邀,今朝结伴玩元宵。
叮咛灯市须防范,莫让游蜂戏野桃。
翡翠花钿被挤歪,娇嗔踏扁绣金鞋。
低头躲避攀花手,两朵红云晕玉腮。
名山古寺号灵泉,气势巍峨壮大千。
三五上元香火盛,木鱼钟鼓响连天。
大雄宝殿气氤氲,脂粉衣香混合成。
艳女如云参佛座,沙弥笑目也生春。

过完元宵,年基本上也过完了,大家正式地投入工作生活中。春节期间,本地在旧俗中禁忌较多。乡村中,要在耕牛角上贴红纸条。大门要关上,正中贴着"开门大发"。初一至初三,不准"出财",即不准扫地、倒垃圾、倒水等。自家的东西不往外借,也不到别家借东西。宰杀牲畜,叫"伏",如"伏猪""伏鸡"。过年吃藕,应称之为"聪明菜"。叫鸡蛋、鱼圆为"元宝"。老人去世,叫"老了""过了生"。睡觉叫"纳福",熄灯叫"圆灯"。由于禁忌太多,难免触犯,许多人家就在堂屋两侧贴"百无禁忌""不禁童言"之类条幅,以示消抵。

随着时代的发展,很多禁忌已经消失了,但是因为春节在一年的开始,做什么事都要有个好开头,这是大家普遍的心理,因此人们说话做事还是很注意要讨个好彩头。

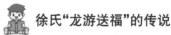 徐氏"龙游送福"的传说

汀祖凤凰山脚下,有一个叫徐国庄的小村落。几百年来,无论世事如何变迁,每年到了春节,村民都会聚在一起,举行"龙游送福"舞龙灯活动,直到近些年这一活动才逐渐淡出了人们的视野。据当地人讲,徐国庄的舞龙灯很有些年头,且与泾河老龙的故事有关。

相传,"游龙送福"的习俗始于唐。唐太宗时期,泾河老龙化身为一年轻书生,在长安城里与袁天罡的叔叔袁守诚斗法。结果,泾河龙王偷改御旨,改了暴雨时间,导致长安城外万亩良田被淹。因此,太宗便命魏徵监斩泾河龙王。

泾河龙王一见事情败露,连忙请袁守诚想办法。经袁守诚指点,泾河龙王连忙回龙宫拿上最好的珠宝向唐太宗求救,唐太宗说道:"这个好办,明天我找魏徵下棋,让他无法分身。"

第二天正午时刻,唐太宗李世民与魏徵君臣二人于宫中对弈,不一会儿,魏徵打了几个哈欠,竟然伏在棋盘上睡着了。唐太宗大喜:"看你睡觉如何能监斩?"正在得意之时,突然空中一声雷响,魏徵惊醒,忙上前向唐太宗交旨道,他已监斩泾河龙王。话刚说完,空中果然落下龙头。

因为没有想到魏徵能梦中斩龙,唐太宗觉得失信于龙王,特颁布圣旨,逢年过节各地举行一些舞龙灯、祭龙王、赛龙舟之类的活动,祈盼风调雨顺、国泰民安、丰衣足食,并让龙王代其在民间巡游,了解百姓疾苦,不再兴风作浪,多给百姓送福,让老百姓平平安安过日子。

大概由于徐偃王河道练兵的典故,为了纪念先祖,不忘根本,徐氏一族也一直保留着春节游龙灯送福的习俗。

》》二、清明节

清明节一般在公历4月5日前后,又叫踏青节,它不仅是我国传统节日,也是二十四节气之一。清明节与春节、端午节和中秋节并称中国四大传统节日。《月令七十二候集解》有曰:"物至此时,皆以洁齐而清明矣。"故名。清明节有扫墓、踏青之俗,凡坟茔皆于此日拜扫。是日,剪除荆草,供上祭品,焚化纸钱。城镇男女结伴出郊踏青,抵墓而归,谓之"踏青节"。

清明节是传统的纪念祖先的节日,其主要形式是祭祖扫墓。这一习俗相沿已久,据史书记载,秦汉时,墓祭就已成为不可或缺的礼俗活动。《汉书·严延年传》载,严氏即使离京千里也要在清明"还归东海扫墓地"。

古人有描写清明扫墓的诗:"南北山头多墓田,清明祭扫各纷然。纸灰飞作白蝴蝶,泪血染成红杜鹃。"唐代杜牧有名句:"清明时节雨纷纷,路上行人欲断魂。"这些诗句都十分真切地反映了当时清明扫墓时的情景和氛围。

人们在祭扫时,会给坟墓铲除杂草,添加新土,供上祭品,燃香奠酒,烧些纸钱,或在树枝上挂些纸条,举行简单的祭祀仪式,以表示对死者的怀念。至于祭扫的日期,各地风俗不同,有的是在清明节的前十天后十天;有的称"前三后三";有的在清明前后逢"单"日举行;有些地方扫墓活动长达一个月。

鄂城地区祭祖活动期为"前三后四",就是清明前三天开始,后四天结束,并有"清明不祭祖,不如养猪狗"的说法。民国时期,鄂城各姓氏祠堂都有公产,清明期间由族长、祠堂经管先生主持操办"春祭",参与的人大多数是绅士老爷及族中知名人士。

清明节除了祭祖扫墓外,还流传有插柳、植树、放风筝等习俗。鄂城地区放风筝,一般在白天。古时,楚人常常把风筝放上蓝天后,便剪断牵线,任凭清明之风把断线的风筝送往天涯海角,让一切烦恼都随风而去。清明期间还有个讲究,不能去捡别人放飞的风筝,以免沾上晦气。

饮食也是清明节重要一环。在我国南方地区主要是一些应时应景的食物,鄂城地区也大致一样,没有什么特别的讲究。

清明当天不"采青"祭祖,扫墓有禁忌。如扫墓时不能够燃放鞭炮,否则会惊动先人休息,是对先人的不敬。因此,在湖北一些地方,人们常常避开清明当天扫墓,选择在清明之前或清明之后祭扫。

清明扫墓时,坟墓上长植物的,必顺清除,万万不可使其长成气候。所谓扫墓,就是清扫不利于墓地的东西,坟头的草木会对家族的成员造成伤害。扫墓完毕后,带着孩子去的,要注意不得嬉笑,更不得非议先人。倘若路过他人的墓地,对逝者品头论足也是亵渎的行为。此外,清明节也是唯一的不能送祝福的节日。

跨入新时期的清明节承载着更加丰富的内涵,敬献鲜花、网上祭奠等渐渐成为主流。除了祭告祖先外,缅怀革命先烈的丰功伟绩、祭扫革命烈士陵园、对人民群众进行革命传统教育也蔚然成风。

 清明祭祖习俗的由来

每到清明节,最隆重的活动当数祭祖。相传,这个习俗和汉高祖刘邦有着解不开的渊源。

传说在秦朝末年,刘邦历经千辛万苦,终于战胜了西楚霸王项羽,登上了皇帝的宝座。虽然得了天下,却有一件事始终耿耿于怀:离乡多年,他已经很久没有去母亲的墓前祭拜了。于是刘邦决定在清明节这天回乡祭拜母亲。没想到,当刘邦率大队人马来到母亲的墓前时,才发现由于连年战火,墓地的墓碑都已经东倒西歪,面目全非了,墓碑上的字更是完全辨认不出来了。

刘邦和大臣一起,找遍了墓地所有的墓碑,希望从中找到母亲的,但一直到太阳落山,都没有找到。刘邦非常难过,坐拥天下,竟无法祭拜自己的母亲,以尽孝心。无奈之下,他从衣袖中拿出一张纸,撕成很多小碎片,然后面对天空许愿:"如果母亲在天有灵,请给孩儿明示。我将这些纸片抛向天空,如果纸片落在一个地方,风吹不走,那这个地方就是母亲的坟墓。"说完,他便将手中的纸片向天空抛去。

这时候,神奇的事情发生了,其中一张纸片真的落在一座坟墓上,无论风如何吹都纹丝不动。刘邦急忙跑过去,将墓碑抱在怀中端详,上面果然隐隐约约有母亲的名字,只是已经很难辨认了。刘邦兴奋不已,马上请人来为母亲修缮坟墓,重立墓碑,以告慰母亲的在天之灵。

此后每到清明节,刘邦都会到母亲的墓前祭拜。看到皇帝如此,百姓也都纷纷效仿,在清明节这天,举家到祖先的坟墓前祭拜,以缅怀先祖,并求祖先庇佑。

三、端午节

端午节又叫端阳节、重午节、蒲节、天中节等。端午节是我国一个重要的民俗节日。宋代孟元老在其《东京梦华录》卷八中记载:"端午节物,百索、艾花、银样鼓儿花、花巧画扇、香糖果子、粽子、白团。紫苏、菖蒲、木瓜,并皆茸切,以香药相和,用梅红匣子盛裹。"自五月一日及端午前一日,家家户户将菖蒲、艾叶悬于门首、窗外,并在室内燃放"雄黄烟"逐疫。亦有人挂瞋目持剑的钟馗像于堂前。儿童颈下多挂香袋、五色小布猴。成人则饮雄黄酒,并涂酒于儿童脸颊,以防虫咬。各地都有吃粽子、汤圆、咸蛋的习俗。重要的是,各地还有赛龙舟的活动。

端午

在中国的传统节日里,"名头"最多的恐怕就是端午节。不同的"名头"包含着不同的文化含义,体现出文化多样性,如女儿节、粽包节、诗人节等。每年农历五月初五,全国绝大多数地区都会过这个节日。

不少人认为这个节日最初应当是纪念楚人伍子胥,在汉代形成一种岁时节令。秦汉以后,屈原的爱国主义精神广为传播,全国大部分地区都认同了源于屈原的传说。赛龙舟则是远古先民独木舟竞渡传统体育活动的延伸,湖南长沙就曾经出土西汉时期竞渡木船的模型,这说明端午节在汉代就成为中国人的时令佳节,至今已有2000多年的历史。

(一) 吃粽子

端午节吃粽子,这是中国人民的另一主要习俗。粽子,又叫作"角黍""筒粽"。其由来已久,花样繁多。端午节的早晨家家吃粽子纪念屈原,一般是前一天把粽子包好,在夜间煮熟,早晨食用。包粽子主要是用河塘边盛产的嫩芦苇叶,某些地区也有用竹叶的,统称粽叶。粽子的传统形式为三角形,一般根据内瓤命名,包糯米的叫米粽,米中掺小豆的叫小豆粽,掺红枣的叫枣粽,统称糯米粽。枣粽谐音为"早中",所以吃枣粽的最多,希望读书的孩子吃了可以早中状元。过去读书人参加科举考试的当天,早晨都要吃枣粽,至今中学、大学入学考试日的早晨,一些家长还要做枣粽给考生吃。

(二) 佩香囊

端午节小孩佩香囊,传说有避邪驱瘟之意,实际是用于襟头点缀装饰。香囊内有朱砂、雄黄、香药,外包以丝布,清香四溢,再以五色丝线弦扣成索,作各种不同形状,结成一串,形形色色,小巧可爱。

(三) 悬挂艾条、菖蒲

民谚说："清明插柳,端午插艾。"在端午节,人们把插艾和菖蒲作为重要内容之一。家家户户都要洒扫庭院,以菖蒲、艾条插于门楣,悬于堂中。并用菖蒲、艾叶、榴花、蒜头、龙船花,制成人形或虎形,称为艾人、艾虎;或制成花环、佩饰,美丽芬芳,妇人争相佩戴,用以驱瘴。端午节也是自古相传的"卫生节",人们在这一天洒扫庭院,挂艾枝,悬菖蒲,洒雄黄水,饮雄黄酒,激浊除腐,杀菌防病。这些活动也反映了中华民族的优良传统。

(四) 挂荷包和拴五色丝线

东汉应劭《风俗通》记载:"五月五日,以五彩丝系臂者,一名长命缕,一名续命缕,一名辟兵缯,一名五色缕,一名朱索,辟兵及鬼,令人不病瘟。"

中国古代崇敬五色,以五色为吉祥色。因而,节日清晨,各家大人起床后第一件大事便是在孩子手腕、脚腕、脖子上拴五色线。系线时,忌儿童开口说话。五色线不可任意折断或丢弃,只能在夏季第一场大雨或第一次洗澡时,抛到河里。据说,戴五色线的儿童可以避免蛇蝎类毒虫的伤害;扔到河里,表示让河水将瘟疫、疾病冲走,儿童由此可以安康。

南宋陈元靓的《岁时广记》引《岁时杂记》时提及"端五以赤白彩造如囊,以彩线贯之,搐使如花形,或带或钉门上,以禳赤口白舌,又谓之搐钱"。以及"蚌粉铃":"端五日以蚌粉纳帛中,缀之以绵,若数珠。令小儿带之以吸汗也。"这些随身携带的袋囊内容物几经变化,从吸汗的蚌粉,驱邪的灵符、铜钱,避虫的雄黄粉,发展成各种香料,香囊的制作也日趋精致,成为端午节特有的民间艺术品。

(五) 饮雄黄酒

雄黄也是一种中药,据说能杀百毒。所以在端午节时,人们会用雄黄泡酒,抹在小孩的耳朵、鼻子、脑门、手腕、脚腕等处,据说,这样做可以使蚊虫、蛇、蝎、蜈蚣、壁虎、蜘蛛等不上身。此种习俗,在长江流域很盛行。

(六) 赛龙舟

民国时期,鄂城县内沿江地区及湖区要在五月初三至五日举行三天龙舟竞赛。竞赛主要在城郊的南湖进行,以纪念古代爱国诗人屈原。龙舟按地区分红、黄、青、白四色,约百只。各船桨手均着龙舟本色服巾。竞赛划船时,南湖四周铳炮齐鸣,各船要把粽子抛到水里祭奠屈原。本地竞赛还设有奖品,获奖物品多置设于彭家山或西山九曲亭处,各船选手弃舟抢岸后还要疾奔一二里,最先到达终点的一方才叫作"夺标"。

鄂州人过端午节,与伍子胥、屈原都有历史渊源,他俩在鄂州留下了不少遗迹和传说,尤其是三闾大夫屈原。他被楚王逐出郢都、流放江南,行吟至鄂(今鄂州)时,所吟咏的"乘鄂渚而反顾兮,欸秋冬之绪风",更是给樊湖边的鄂州人留下了难以忘怀的深刻印记。

为纪念这位伟大的爱国诗人,鄂州还形成了独具一格的浓郁地方特色,如戴栀子花,挂香药包,燃雄黄烟,擦雄黄酒和吃绿豆糕、芝麻糕、咸鸭蛋、新麦粑及用艾叶煎水沐浴等。龙舟竞渡则别出心裁;梁子湖区沼山镇的"穿花龙舟"上,二龙戏珠,形态生动,彰显着屈原"鸾鸟凤凰,日以远兮"的意境与水乡民众的龙凤情结。

泽林镇的"旱龙舟"独辟蹊径、寓祭于乐,一改过去"放茅船"水上祭祀的方式,在大端午(五月十五至十八),以扎制工艺精良的旱龙舟彩妆巡游为主要内容,再加上唱戏演出、吟诗作对、书画展览等形式,缅怀屈原、祈求平安。这些烟火升腾、鞭炮齐鸣、鼓乐震天的群众性文体活动,不仅弘扬了爱国主义精神的主旋律,而且为鄂州增添了知名度、美誉度。

穿花龙舟

"穿花龙舟"曾代表湖北省参加首届中国龙舟艺术节,"旱龙舟"还被列入国家级非物质文化遗产名录,各项赛事与荣誉接踵而至,成为鄂州市一张民俗风情名片和大力发展旅游业的亮丽品牌。

因受时代和地理环境变迁的影响,鄂州地区有些端午节习俗消失了,如喝雄黄酒,当代人知道有毒副作用后,不再饮用了,但有的习俗则保留了下来,沿袭了几千年;在华容一带,出嫁之女,此日要回家探望父母;各地有吃粽子、咸蛋的习俗;临江地区还有用独蒜及艾叶煮蛋吃的风俗;食品店用木模制作并售卖芝麻糕和绿豆糕等食品。

 端午挂艾蒿

传说唐朝末年,黄巢起义军经过武昌(今鄂州)时,难民群中,有一妇女肩背一女孩,手牵一小男孩。黄巢一见大怒说:"这刁妇,为何宠大欺小,其心不良。"即令左右将妇人抓来审问,妇女回答:"启禀大人,背着的是我侄女,因她父母双双去世,丢下她无依无靠怪可怜的,所以我背她,手牵的是我亲生儿子。"黄巢听了惊讶道:"原来如此,大嫂倒是个好心人,差点错怪了你,本大王给你一些银子,回家种田去吧!"妇人道:"多谢大王,可是我不能回家,如今兵荒马乱,我家又住在大路边很不安全。"黄巢想了想说:"这样吧!你回去把艾蒿扎成把插在门上做记号,本王的军队路过时就不会侵扰你。"妇人回乡后,不仅在自家大门上插上艾蒿,还叫乡亲们都在大门上插上艾蒿。后来,黄巢的军队经过时果然秋毫无犯。这一天恰好是端午节,从此门上插艾蒿和菖蒲的习俗传遍大江南北。

这只是一个传说故事。可是,历来端午节前后鄂州民间家家户户门窗上都要插一束鲜艾蒿和菖蒲;有的妇女还把艾叶插在头上或衣襟上,其目的是驱邪除瘴。端午这一天,人们还喜爱用陈年艾与菖蒲一起点燃薰屋,并边薰边唱"端午五月五,天师骑艾虎""一把菖蒲一把艾,我把蚊蝇驱门外"等民谣。不仅艾蒿在端午前后成了家家户户必不可少之物,就连与艾为伍的菖蒲也一时身价倍增。菖蒲,又名剑水草或蒲草,是多年生草本植物,因叶片狭长似钟馗宝剑,故古时道人呼之为"蒲剑",声称悬于门窗之上可驱鬼。现在人们都不迷信这一套了,但作为药物,菖蒲则大有用处:它有芳香开窍之效,适用于痰浊阻窍、神志不清等症。

四、中秋节

农历八月十五日为中秋节,是中国传统的团圆佳节,因这时是秋季的中期,所以被称为中秋。城乡普遍重视这个节日,有的外出的人千里迢迢赶回家团聚,亲戚朋友互相赠送月饼、鱼、肉、酒等食品,叫作"送中秋节"。晚上全家人团聚吃月饼、赏月。旧时砖瓦厂中秋办酒席请职工打牙祭,有"喝了中秋酒,含着饭就走"的说法,实际上是说中秋节一过是制砖瓦最繁忙的日子,必须抢时间抓紧生产。

鄂州莲花山中秋夜景

中秋节有着悠久的历史,早在《周礼》中就有"中秋"一词的记录,至魏晋时,有"谕尚书镇牛渚,中秋夕与左右微服泛江"的记述。直到唐朝初年,中秋节才成为固定的节日。中秋祭月、拜月、赏月、玩月等活动,才终于成为社会大众的风俗。唐代大诗人白居易的传世诗作中,以中秋节为题的诗篇就达7首之多。

中秋团圆

到宋朝,孟元老在《东京梦华录》中记载:中秋之夜到处弦歌不绝、人声鼎沸,一派热闹景象;在明代,中秋吃月饼成为重要内容;进入清代,中秋节的规模、内容更加扩大和丰富,潘荣陛的《帝京岁时纪胜》上说:清初京城人用黄沙土做白玉兔并施彩绘,千姿百态,集聚天街月下易之。中秋节时,云淡星稀,民间除赏月、祭月、吃月饼和水果、祝福团圆外,有的地方还有舞草龙、砌宝塔等活动,别有一番风味。

据《辞海》载:旧时中秋,家人在晚间赏月、祭月。祭月所用供品为各种风味的月饼和苹果、香梨、西瓜与自产土特产,形状皆为圆形,寓意合家团圆。祭拜后,家人团坐院中,以吃中秋月饼、饮桂花酒、赏月为乐。

如今,祭月虽已淡出,但中秋夜品茗、吃月饼、看央视中秋晚会,然后来一顿丰盛的合家团圆宴,已渐成新的民俗。

"露从今夜白,月是故乡明。"鄂州市城乡民间过中秋节的习俗和全国各地大致相似,但也具有鲜明的地方特色和浓郁的水乡情调。

清《武昌县志》载:"中秋做月饼相送,用菱藕瓜果为赏月之宴。或结彩瓜上,鼓吹送人家,置床上,曰送瓜,盖取多子之义。是夕群于瓜圃探之,曰摸秋。"旧时,中秋夜戏园里必演的剧目是"唐明皇游月宫",赏月、祭月必备的水果是石榴、蜜橘,小孩胸前必挂的是月亮糕,中秋晚宴必不可少的菜肴是板栗烧鸡、姜醋蒸螃蟹、泥鳅拱豆腐、荷塘素三鲜。喝的是桂花酒,品的是菊花茶,家家户户包的是冰糖桂花汤圆,到处弥漫着"天开清旷域,酒捧示吴刚。浩宇一轮满,秋天万里香"的祥和氛围。

 "八月十五伏鸭子"习俗

俗话说:"四月一个蛋,秋后一斤鸭。"至今,鄂东南及长江中下游一带,民间还保留着八月十五伏鸭子吃的习惯("伏"是鄂城方言,意为杀)。民间认为鸭子性凉,是清火消暑的佳品,既可缓秋燥,又可"贴秋膘"。据鄂州经济开发区程操塆蔡合民老人生前讲:他祖上相传,"八月十五伏鸭子"习俗是为了纪念他的先祖蔡时举。

据《蔡氏宗谱》记载:蔡时举,字蕈帙,生于元代延祐三年(1316年),祖籍江西南昌,元末迁武昌县(今鄂州)小北门居住,以经商为生。传说蔡时举天资聪慧,膀大腰圆,仗义疏财,有胆有识。元末至正年间,连年灾害,民不聊生。元朝当局为了强化蒙古人的统治,防止汉人闹事,规定"五十家为一社,二十家为一甲",汉人五户共用一把菜刀和一口锅,而且还要供养一名蒙古人。此时的蔡时举常往来于武昌樊湖各地,他同情百姓疾苦,痛恨"鞑子"残暴行径,为了拯救汉民于水火,他毅然成了"反元"的领头人。常以经商为掩护,到处联络反元斗士,决心以暴力推翻元朝血腥统治。

经过多年的秘密联络,他的身边聚集了一批革命斗士,相约在中秋节这一天举行暴动,联络暗语是:"八月十五伏鸭子。"时值1348年的农历八月十五,起义条件成熟。这一天,各地相约在中秋之夜所有的地方一起杀"鞑子",除了太和夏畈一个蒙古族医生外,所有在武昌的蒙古人一个不留。此次暴动使元朝皇帝极为震怒,立即派兵前往武昌弹压。元军所到之处见汉人就杀,见房屋和谱牒就烧,杀得武昌血流成河、一片哀嚎。此时蔡时举本可随一批义士疏散躲避,但见元军滥杀无辜,于心不忍。为了使武昌人民免遭涂炭,他决定挺身而出,承担一切后果,他安排好后事,便毅然走进了县衙,承认杀"鞑子"是他一人所为,与他人无关。就这样,蔡时举被元军残忍地五马分尸于武昌大西门,时年34岁。

为了纪念蔡时举敢为人先的精神和慷慨就义的壮举,各地起义军就将每年的八月十五中秋节作为反元首义的纪念日,将"八月十五伏鸭子"习俗带到江南各地,就这样,此俗一直在民间流传至今。

五、男婚女嫁

清光绪《武昌县志·风俗》载:"婚礼,视门阀高下相侂俪。请期,有'过茶礼',随贫富,备资妆合卺。次日,婿与新妇庙见。今俗有'上头礼',盖'笄礼'也。娶妇之家,具首饰礼物必丰,女家奁具美备,动费千金。乡里小民,从而效之,亦敝俗也。"

现在鄂州婚礼中有相亲、定亲(过门或过路、送节礼)、搬嫁妆、哭嫁、迎亲、拜堂、闹洞房、喝茶、回门等诸多仪式和程序。改革开放后,西方婚礼文化东渐,其恋爱婚姻礼仪为青年人所接受,已形成中西合璧式新型婚俗。

花轿迎新

相亲(提媒、提婚) 过去,男到十八岁,女到十六岁,即可成婚。但成亲的本人,无权选择自己的配偶,全赖"父母之命,媒妁之言"。先由男方父母请媒人到女家提亲,经许诺后再合庚行聘。后来随社会发展而逐步从简,也有女方托人到男家说媒,但极少。乡村也有"摇窠(窝)开亲"之俗,即双方父母在儿女出生后即许定终身大事,儿女长大后不得违抗。还有"指腹为婚"者,即在已受孕尚未出生时,就定下婚约,如生一男一女就结为夫妻。更有纳童养媳者,在农村极为普遍,多为贫困之户,以节省"三茶六礼"之资。

改革开放后,青年男女大多自由恋爱结合,但在农村仍存在以相亲来决定终身大事的现象。近些年来,因种种原因,相亲成为城乡流行的一种寻找伴侣的方式,很多单身的男女都会通过相亲去认识对方,大家在相亲的时候都会竭尽所能展现自己的优点,吸引对方。

定亲 包括行庚、纳吉(过门、过路)、行聘、请期等程序。

行庚 必须先请算命先生推算双方"八字",称"合八字",看属相是否相克来决定能否联姻。再通过媒人互换"庚书"(亦称作"八字",上面记载双方出生年、月、日、时辰),称"行庚",由女方备办酒席,叫作"喝准盅"。

鄂城城区习俗是:通过了"合八字"这道关,就要择吉"行聘",用大红纸折成全书(俗称"龙凤书子"),先将男方的生辰八字写在右边,连定亲礼一并装入拜匣,由媒人送往女家,女家收礼后在全书左边填上待嫁女的生辰八字,退还一份,自执一份,就叫作定亲,也称报日、择吉、过大书等。

纳吉 男家将男女双方生辰八字送给算命先生议看吉凶,再选择好迎娶日子用红纸书写。定亲日,先通过媒人商定日期,请媒人陪同,携带结婚日期红帖,即男到女家首次登门,称为纳吉,俗称"过门"或"过路"。男女双方会面,男方要给女方见面礼。

然后,男方携带一对大鲤鱼、若干斤大块猪肉、若干对芝麻饼子或喜饼(号称"龙凤喜饼"或"黄石港饼")等点心、红包等彩礼,送到女家。女家备出门饭,向亲戚长辈送"吊子",告知婚期。

女方办酒席,名为"定喜酌"。新女婿坐首席,举止要稳重,饮酒不宜过量。要封礼给厨师和上菜人。还要给女家每位成员一点礼物。带去的饼子由女家散发给亲邻。

"过路"后,男方每年"三节"要给女家送礼。节礼除鱼肉外,春节送糕点,端阳送粽子、扇子,中秋送月饼等。如男女双方产生矛盾,则由媒人居中调解。

行聘 又称"送大礼",也称"送大节"。男女双方确定婚期后,男方便要给女方送大礼。

礼物通常是衣料、鱼肉,或其他贵重的东西。

请期 又称为"报日子"。鄂城城关地区多在六月六日,由未婚夫到女家通报结婚日期。俗称"下书子","书子"封面上写"预报佳期",内帖文字多为"谨定于农历×年×月×日吉时,恭迎令媛于归。十全上吉。谨呈大德望尊亲翁×老大人暨亲母×老孺人俯允笑纳,姻愚弟×××率男忝门下子婿××鞠躬。良缘凤定,佳偶天成"之类的吉庆语言。

请期这天,男方要给女家送去大鲤鱼一对,还有猪肉、喜糖和饼子。均用大红纸剪成"囍"字,与柏树叶一起覆盖物面。临江乡一带习俗,这天要给女方送箱子,箱子里放着两个红鸡蛋,四季青枝叶数枝,两个精致的小碗,里面盛有白米,两双筷子,其寓意是结婚后夫妻有饭吃。

迎亲 旧时迎亲习俗,规矩较多。男子在娶亲前一天下午,要办一桌"启媒酒"酬谢媒人。晚上,媒人要在新人床上睡一夜,叫作"压棉床"。有的将花轿放置堂下木凳上,轿内放白米一斗、镜子一面,点燃清油灯,谓之"照轿"。

姑娘在出嫁前夕,平时相处的女友都要来陪玩,给"压袋钱"。出嫁的当天,姑娘要在家"开脸"(又称"扯脸"),脚踏一把新扫帚,由一位妇女用红、绿丝线(也有人用两根纳鞋底的线梭子)拔(绞、扯)去脸上汗毛,名曰"开脸"。扯脸人边扯边念:"扯前扯后,儿孙满路。"扯毕,以熟鸡蛋四枚滚脸,边滚边祝:"前滚全家得福,后滚六合同春,左滚金银财宝,右滚贵子连生。"男方在迎娶前亦要踏着新扫帚理发,理发师亦用鸡蛋滚头颈,边滚边祝:"前滚后滚,红花满顶,五男二女,七子团圆。"姑娘"开脸"后即沐浴换衣,胸前胸后各佩一枚"照妖镜",此镜由婆家送来,男方也佩此镜。姑娘出嫁,还有披"露水衣"(一种或红或青色的披皮)的习俗。

迎亲队伍规模视男方经济情况而定。1949年前多用轿子(本地称为"花轿"),一至四顶不等。有的地方新郎乘绿轿,新娘乘红轿。出发时,不能空轿。新郎入红轿,媒人则坐新郎轿。还有新郎骑马、新娘坐轿者。石山、泽林习俗,迎亲时,同去人有"知宾"(婚礼司仪招待人)一人,"喜娘"(又称为"牵娘")一人;抱鸡、抱鹅(又称"抱雁"),扛"镜盘"(亦作"禁牌")、投帖少年共四名。富裕之家备有乐队,一路唢呐,锣鼓齐鸣,引人瞩目。迎亲人须成"双数",取"好事成双"之意。迎亲队伍上路后,扛镜盘的少年前行导路,抱鸡、抱鹅者随后紧跟。镜盘为圆牌,涂成朱红,画着"八卦",贫户常用米筛代之。

队伍来到新娘家门,如鸡鸣鹅叫,则预示此家姑娘喜欢多嘴。新娘家门紧闭,投帖少年身背红包袱,在外三次呼请:"财门开,喜门开!"主人方开门接纳。民国初年投帖,还有骑马撞者者,门撞不开,新人不上轿。镜盘进门应直立平持,不得倾斜,忌擦女方大门。镜盘进门后,应插于堂下的庠子里或置于春台上,如人拥挤,扛牌人则将镜盘立置在自己脚背上。新女婿进门,听从"知宾"盼咐,在女方"祖人"(家神牌位)面前行三跪九叩之礼,再拜"内三档"(新娘的祖父祖母、父母、兄嫂)、"外三档"(姑娘的舅父舅母、姑父姑母、表兄表姐)。拜毕,新娘之弟捧上一碗"状元面",新郎应将碗上纸花掷于地下用脚踩住,取"采花"之义。新郎要给送面人一个"跑堂礼"。女方有开玩笑者,将食面筷子用线或红铁丝缠住,使新郎无从下箸。

如女婿机智,早有准备,则从容应付,不受危困。

女方办好出嫁酒席,新女婿坐首席。宴后,新女婿来到姑娘房中,恭跪于岳母面前,索取箱柜钥匙并奉上红包。

新娘上轿,地上要铺毡条,不使鞋子(底)落地,以免沾走了家财。母亲要在陪嫁的"钱柜"里面放置一些红萝卜、红枣、花生、红蛋、柳树叶,意为多子多孙。有的在衣箱内放两双碗筷,俗称"衣饭碗";或放两双新鞋,将男鞋套入女鞋,取"同偕到老"之义。花轿上路后,轿夫前呼后应,一路"喝彩"。如遇牛屎,前面轿夫就以隐语暗示后面同伴注意:"平地起乌墩,脚踏两边分。"如走上田埂窄路,则说:"左右两空,脚路当中。"每当上桥时,轿夫停歇不进,迎亲人则付轿夫"过桥礼"。

搬(盘)嫁妆　婚礼当日或前一天清晨,男方家要有八个或十个成双数男青年,前往女方家中搬(盘)嫁妆。盘嫁妆人自带红绳,扁担头要贴上红纸。女方将嫁妆陈列在庭堂中,让人观赏。发妆先后有序。搬嫁妆时为木制澡盆穿绳打索是女方为难男方的技巧活,男方无人会打绳索则要以红包请人帮忙。桌面用红带子束成"棋盘花",将玻璃、瓷器等用品捆在上面,听任倾斜而不掉。男方要先付钥匙钱,女方才放嫁妆出门。

哭嫁　婚期当天,男方郑重、浩荡地前往女家迎娶新娘。在迎亲者三请四求后,才能见到身穿礼服的新娘。

临别时,姑娘的好友女伴来送行,唱"哭嫁歌"。母女亦相对泣别,有"越哭越发,不哭不发"之说。新娘上轿前,父母亲友难过落泪,必有至亲长辈哭嫁,诉说养女不易、哭离别之情、劝女儿善为人媳多保重。新娘哭别亲友后,由兄长或叔、舅("上客""大宾")背上车,换新鞋。

在梁子湖一带,姑娘出嫁前的三个晚上,全湾子的姑娘、大嫂、婶娘们都要去陪嫁。陪嫁除了说笑、嬉闹、吃陪嫁面外,其主要任务是来听哭嫁、学哭嫁。"哭嫁歌"的内容有:"天上星多月不明,爹娘为我费苦心:一怕女儿受饥寒,二怕女儿把病生……"哭嫁是一场比歌喉、比才华、比感情的赛歌会。哭声要洪亮,吐字要清晰,不能高声号啕,以饮泣低诉为宜。很多姑娘就是在赶赴一场场的陪嫁中学会了哭嫁。

迎亲队伍回来时不走原路,沿途要燃放鞭炮。

拜堂(成婚)　花轿抬回男家,鞭炮声大作,举行"回车马"仪式,由一老者口诵《回车马文》;拜堂,又称拜天地、拜堂成亲,是婚礼过程中最重要的大礼。喜轿回到男家时,新娘、新郎由"全可人"(丈夫、儿女、父母、公婆齐全的头婚妇女)搀扶进屋,新郎新娘立于堂前,男左女右。先拜天地,后拜祖宗,然后夫妻对拜。礼毕,同入洞房,饮交杯茶,至此正式结为夫妻。樊口一带还要走"8"字形圈。洞房中床帐枕被早已铺好。铺床人应选择多子多福之妇女。铺床时也要喝彩。新人进房后,要喝"交杯酒",吃"长命线"(一碗面条,内有红枣、鱼丸)。鄂城城内习俗,男左女右同坐床上,名叫"坐帐";另外还要开一桌酒席,由几位少女相陪,夫妻对饮,谓之"暖房酒"。

闹洞房 只要娶媳妇儿,家家户户都要闹洞房,而且本地新婚之夜,有"三天无大小"之说,不分辈分尊卑,齐聚新房内外,祝贺新人,戏闹异常,多无禁忌,有"闹喜闹喜,越闹越喜"之说。其中"撒帐"习俗最为普遍:由一人领头用黄豆、大米、白果、苦楝子等物,一把一把向新人脸上、身上撒去,每撒一把,要喝彩,念"撒帐词"一句,众人则附和道:"喜呀!喜呀!"

喝茶 婚后的第二天清早,新娘向公婆、长辈亲友敬茶以示孝敬,给小叔小姑送衣服,给小辈红包,意求和睦。喝茶者都要给喝茶礼。各亲朋好友,都来祝贺,这时新郎、新娘要向赠礼人双跪拜,收下"拜堂钱"。如有小叔、细姑前来打扫新房,给新娘端洗脸水,新娘也要给赏钱。

回门 婚后第三日,由女方派亲属给新娘送擦(搽)头油,并由新娘兄弟姊妹(或家族同辈人)接新郎新娘回娘家做头遍客,谓之"回门"。娘家摆回门酒宴、封红包,祝愿一对新人"越过越有"。有的人家第六天、第九天还会再各接一次。新人当天必须赶回男家而不能在女家过夜,有"三天回门当天转,九天回门住一晚"之说。新娘回家之时,从娘家带回花生、蚕豆之类食品,以应早生贵子之意。

以上婚嫁习俗,由于贫富悬殊、地域差异,既繁简有别,又共通共融。

六、生儿育女

在中国传统社会伦理中,生育是家庭中一件十分重大的事情,关系传宗接代、延续香火。就是在现代社会中,生儿育女也是十分重要的,一方面是爱情的结晶,另一方面是后代的延续。所以从古到今婴儿的出生受到举家关注,千百年来逐步形成一种社会习俗。

婴儿出生,按旧俗要以红鸡蛋分送亲友报喜,现在依然如此。生下孩子后,乡下垸内或城区左邻右舍都来道贺,无须送礼,生孩子第三天主家下糖面或包水饺给全村人或街坊邻居吃。多数人家做"九朝",少数人家做"满月",办喜酒大宴宾客,这天外婆家送礼,叫作"送粥米"。礼品有摇窝、架椅、站桶、衣、帽、鞋、袜、被子、玩具、自行车、母鸡、面条等。亲友有送钱的,有送衣物的,有送鱼肉的,等等,主人家煮红鸡蛋作加礼。满月酒是邀请亲朋好友庆祝见证的仪式,也有祈祷祝福之意,寄以小孩健康快乐长大的愿望。

婴儿满月剃满月头,由于小孩头皮娇嫩,剃满月头的一般是经验丰富、剃头技术高的老师傅。剃头时剃头师傅一边剃一边说一些吉利话,可以取个好兆头。同时,孩子的亲属也用吉利话哄着小孩,希望孩子不要哭闹。有的婴儿出生时头发稀少、头发不怎么黑,民间认为勤剃头,孩子的头发就会越长越密,越长越黑。如果满月时不剃,也可以在百日时剃。

这是小孩出生后第一次剃头,头发还是从娘肚里带出来的胎发,剃下的胎发捏成一个小圆球,用红布包扎起来,用彩线与桂圆、莲子贯穿起来挂在床楣上,人们认为这样可以给孩子压邪保平安,保佑孩子健康成长。

随着时代的进步、科技的发展,孩子的胎发还可以制成胎毛笔作为留念,也有人用红布包着的胎发球,用彩线和金手镯、金长生果等串在一起,祈福保平安。更有的利用科技手段,把孩子的头像,手印、脚印的印痕做进彩色玻璃的生肖像中作留念。如今,一些旧俗已有所改变,但"满月""百日""周岁"等民间习俗至今尚存,不过,形式和内容也在"与时俱进"。

孩子满1岁时进行"抓周",抓周是庆贺幼儿周岁生日的生育风俗。旧时抓周普遍摆设书画、刀剑、算盘等(现在多准备玩具、书籍等),让小孩自行选择,观察喜好,预卜将来命运。

满十岁时的习俗叫"做十岁",又叫"长尾巴"。亲友都送礼,主家办酒席宴请,开酒前要焚香化纸祭奠祖先。

七、送终治丧

中国有自己独特的丧葬文化。丧葬是灵魂观念的产物。中国灵魂观念的主体趋势,是灵魂永存。人死灵魂不死,视死如生,古人认为,人死了灵魂进入阴间,仍旧与在阳间一样生活,仍能祸福儿、孙、孙之孙……由此产生了中国丧葬的主要特征:厚葬、隆祭、久祀。在灵魂不灭观念的浪潮下,人们才追求墓室的精良、葬品的丰备,才流行殉葬奴隶、合葬夫妻,才出现集数十代于一地的家族墓地,才产生祭祖上溯数十代的习俗……

中国地域文化差别甚大,丧葬习俗发展不一。以汉族来说,商周时期便已转俗为礼、为法。先秦时期形成的"五服"制度,竟成了以后历代法典"准五服以治罪"的依据。丧葬影响社会的深度、广度,亦为世界文化所罕见。

据《鄂王城古迹钩沉》载:当地民间有一传说,楚国在鄂王城建都后,有位国君娶了一位越女为妻,这位越女非常聪明贤惠,纺纱织布更是她的绝活。这一带的百姓有植棉种麻的传统,但不会纺织,这位越女来了以后,积极向当地百姓传授纺织技术。在她的指导和传授下,这一带的妇女们大多学会了纺纱织布,因而这位越女也和当地群众建立了深厚的感情。十里八乡的妇女有机会来这里,便向她请教,并看望她。

后来越女去世了,周围百十里的百姓都赶来悼念她。悼念的人群中,不仅有妇女,而且有男人。妇女每人戴一个用布做的盖头,盖头用一大块麻布缝制而成,直拖背后,前面几乎将头部蒙住,仅留脸部在外,妇女们一边哭泣,一面叙述着这位越女的功德。男人们和小孩则用一长条麻布戴在头上,也拖到身后。因为男人们还要抬灵柩,这样方便些。这种习俗,在当地一直流传,被称为披麻戴孝。

传说归传说,实际上,自六朝起,鄂州就有制作生活瓷器随死者下葬的习俗,如在鄂州出土的青瓷中,常见有香薰、辟雍砚、水盂等文房用具;有鸡、鸭、羊、狗和男女人物俑等模型制品;特别是表现死者生前之物的门楼、青瓷磨、碓、臼、水井、禽圈畜舍、牛马车辆等等。凡是生活之中有的,墓中也一定会出现,这是旧时本地人丧葬的一种基本习俗。

清康熙《武昌县志·风俗》载:"丧礼:民间始死,并七七百日用道释诵经,诸亲或延僧超度。祭礼遇节令,举祭吉凶,告奠如家礼,余皆不经节序。""'祭礼':士庶皆行于寝右,族则合建宗祠,春秋再举。然大小宗法,或置不讲其朔、望、伏、腊,告奠一如'家礼'。"

自清末至民国年间,本地丧葬礼俗多沿旧习,普遍都用棺葬,请和尚、道士诵经资福,或请礼生做堂祭。如死者年过六十且家道殷实,均设置灵堂挽幛。斋期数日,吊丧宾客登门不绝。吹鼓手奏哀乐,鸣炮扬幡。孝子孝孙,皆着素服麻巾,扶柩送葬。一般穷人也请道士开路,但程序简略。二十世纪六七十年代提倡火葬,风气为之一新。近年来,农村有些地方火化后,仍用棺葬,或改用小棺葬之习俗。

老年人死了有"归天""仙逝""走了"等婉辞,有送终、穿寿衣、移榻、停尸、发丧、披麻戴孝、哭丧、入殓、做道场、盖棺、出殡、做亡、守孝、立碑等仪式。花甲以上为"顺途路",花甲以下为"夭亡",还有"横死"习俗。鄂州人为家中正常死亡的老人办丧礼常请道士做法事,热热闹闹送葬,也称为"白喜事"。丧葬则带有浓浓的封建迷信色彩,从送终、报丧、入棺、办"道场"、唱孝歌、招魂到跳丧、发丧、下葬无不体现超度亡魂的民间习俗。

守孝须得三年,第一年不得婚娶。有的在家供起灵位、相框或画像,制作灵堂。等七七四十九天"满七"再举行除灵上堂仪式。届时请和尚来做佛事,或请道士做法事,以超度亡魂。除灵时还要烧去纸扎车马灵屋,有的除灵时花费较多,家贫者则请一道士将灵位烧化即可。

居丧期间,家中男性还要"囚七"(每七天为一"七"),即七七四十九天不得理发,以尽孝道。如死者去世当天,或子孙"守七"的某一个第七天与日历上的七数相同,就叫作"犯七"。其亲生子女将象征性地讨百家饭,谓之"讨七(吃)",以求吉利。

守孝期间,第一年春节贴对联用白纸写,第二年用蓝纸或黄纸写,第三年用水红纸或紫红纸写。三年孝满后才能用红纸写。

有的乡村,凡有新亡故之人,当年家属还要扎一白色纸灯,状如巨笔,自除夕之晚燃照坟头,一连四夜,为死者照明幽路。

本地历来讲究"重殓厚葬"的殡葬习俗。病人弥留期间要搬到进门的堂屋右侧地上,头朝门外,不能在床上断气,不然叫"驼床"。人死后,即烧断气纸钱,死人垫的草送到三岔路口烧掉。死者净身,男性是儿子或女婿洗,女性是姑娘或媳妇洗,洗澡上四下三。寿衣先由孝子试穿一下再给死者穿,穿好寿衣后"上榻",榻前放油灯、烧香、化纸、敬以只鸡斗酒。来奔丧的亲友在其榻前行三叩礼,口里说"恭贺某某大人登仙",这时孝子要赔跪。亲戚朋友到齐后"进材"(入殓)设灵堂。

一般人家请道士做"隔夜"或"开路",富户做"大观灯"或请和尚、道士做"水陆道场"念经数日,书香门第请儒生做"堂祭"或"堂祭大观灯"。长者领孝子上门下大礼请八大脚(抬棺人),出殡前一晚要请八大脚喝酒,出殡日一早又请八大脚喝酒,众人则在道士或礼生带领下"绕棺",绕棺完毕,领头的八大脚喊一声"发",这时哀乐、鞭炮齐鸣,引魂幡开导,孝子走在棺材前,沿途过沟跨坎,孝子下跪请行,有人放鞭送行,孝子一一还礼,家人给以毛巾相送,还有专人丢买路纸钱。下葬时间不晚于中午12时,下葬前用稻草暖井,焚道士开的地契或礼生开具的后土文,然后埋棺材,叫作"下事"。

亲戚将丧者送上山后,即向亡人叩头,然后方可摘掉孝布,回来后到堂前作揖,再赴宴喝酒。三天后举行复山仪式,按死者的年龄每年一个包子或饼子,向四面八方撒去。如果死者不犯七,则儿媳们要去讨七。给死者叫饭,根据情况,有的叫作"满七",即四十九天,有的叫"百日",有的叫周年。每个七都要在死者坟上烧纸钱,叫作"烧七"。

 鄂城地区早期的火葬习俗

火葬习俗,在《宋史·礼志》中就已有记载。

二十世纪六十年代,鄂城地区还保留着旧时火葬习俗,那时,人们把处理逝者的专用化尸炉称为"往生塔"。

这样的"往生塔"一般都建在大型寺庙的附近。当年小西门城外西山古灵泉寺下面就建有两座,一座在现在广宴楼下面的山腰处,一座建在九曲亭下面东南侧的山腰处;另外两座建在东门城外凤凰台古凤鸣寺外。

"往生塔"的建筑风格酷似砖窑,塔身用青砖砌成,外形像一个直立在塔座上的松果,塔门宽敞如城门状,内空两米有余,塔底平整如台,塔顶上方留有一个不大的天窗。塔都是面东而建,特别是西山上两座都选在山洼处,与美丽的山景浑然一体。

火葬燃料用的都是就地取材的松木,或梧桐树劈成长一尺五寸左右的片柴,成"井"字形码放在"往生塔"内,待火化的遗体盘腿坐式安放在松柴堆上,封塔到一定的高度时,向内浇上"洋油"(煤油),待塔门所封(在适当的位置留一个小的观察孔)砖缝全部抹上了泥浆才算完工。祭祀完毕,吉时点火,塔顶天窗烟毕定时取灰,就结束了火葬的全过程。

 思考与探究:

1. 除了四大传统节日之外,你还知道哪些中国传统节日?
2. 说说你所知道的关于节令习俗的一些传说。
3. 结合春节的风俗习惯,想想你家乡的春节有什么独特的地方?
4. 清明节是唯一一个表达团圆但不是以欢乐为主题的沉重节日,请思考清明节有什么重要意义?
5. 关于这些节令习俗,你认为它们都应该继承下来吗?为什么?

第二节 精彩纷呈的游艺盛会

> 嵩山百节龙,首创于明天启二年(1622年),是嵩山村严家畈湾在春节期间举行的传统特大型龙灯祭游民俗活动,是与岁时节令、民俗信仰和传统体育竞技相关的文化项目。2006年入选鄂州市首批市级非物质文化遗产项目名录;2008年成功申报吉尼斯世界纪录;2009年入选第二批省级非物质文化遗产项目名录;2020年成为国家级非遗项目。
>
> 泽林旱龙舟,湖北省鄂州市传统民俗,在端午节,泽林人纪念屈原以旱龙舟为主要载体。2014年11月,泽林旱龙舟经国务院批准被列入第四批国家级非物质文化遗产代表性项目名录。
>
> 葛店虾灯,自明初形成以来,至今已有500多年的历史,是鄂州市第一批市级非物质文化遗产代表性项目,属传统舞蹈范畴。

一、嵩山百节龙

鄂州市燕矶镇历来有玩龙灯风俗,嵩山百节龙首创于明天启二年,是嵩山村严家畈湾在春节期间举行的传统特大型龙灯祭游民俗活动,是与岁时节令、民俗信仰和传统体育竞技相关的文化项目。至清康熙初年,嵩山百节龙春节游祭活动逐渐传袭下来,并于2006年入选鄂州市首批市级非物质文化遗产项目名录;2008年成功申报吉尼斯世界纪录;2009年入选第二批省级非物质文化遗产项目名录;2020年成为国家级非遗项目。

嵩山百节龙

相传宋朝末年,燕矶镇嵩山村严家畈湾先祖从江西迁至燕矶,被黄家招为次婿。当时江河泛滥,连年水患不断,有一黄龙长百余丈,从天而降潜入该地黄湖(现叫"龙塘"),是为吉祥。严家先祖率众祭拜,并立下承诺,他年若风调雨顺、五谷丰登、人丁兴旺,必扎百节龙灯祭谢神龙。果然,此后连年丰多欠少,严家逐渐兴旺发达。为完成对龙王的许诺,康熙初年,在京城翰林院为官的严族五十二世祖严子玉,率先倡导并出资扎制百节龙,祭谢神龙,游遍四乡,并以村内世代师传形式持续至今。玩灯期间,必唱会戏,一直唱到正月十八或二月花朝化灯。

嵩山百节龙为101节,总长425.58米;每节长3.98米;龙头高6.38米,重198斤,保持龙头直立需80人轮班高擎;每届龙灯会,需组成500人的玩灯队伍,有青狮、白象、魏徵神像和銮驾、万岁牌伴游,还有孝子花灯二十四盏。祭游活动原则是5年、10年之内举行一届,一届为一年次;下次玩灯年份,在本次化灯时按签决定,但也有灵活性,遇上龙年或国家大事大庆,可提前举行。嵩山百节龙制作工艺复杂、精细,质量要求极高,如今健在艺人无几,且年事已高,无法独立完成制作,百节龙活动逐渐消失。因此,抢救、保护迫在眉睫。

龙灯出游,前有牌灯一盏,志以地界。紧接着是两人抬着的大鼓一面,一壮汉边走边擂。随后是大锣两面、龙珠一对、锣鼓一套。数十人手持竹响板和火把,另有数人甩动炭笼火球,如流星疾窜。沿途灯火通明,街市观者如堵。

沿途如遇到鸣鞭炮或设香案接龙的群众,龙灯领队人则手挽龙须致辞喝彩,将龙灯舞动一番以示答谢。嵩山百节龙,全长数百米,当龙头蜿蜒直上西山时,龙尾还在寒溪塘边摆动。跳龙尾者往往装扮成白鼻梁小丑,手摇破蒲扇沿途逗乐。

在龙灯队后面,还有一支民间乐队,笙箫鼓乐悠扬,演奏"丝弦锣鼓"。再后面是"秋千台阁"。这种台阁是一个不停转动的活栏,悬挂十余名眉眼俊俏、身着戏服的童男童女,装扮成"八仙过海""西游记""西厢记""苏子游赤壁"等故事里的人物。

嵩山百节龙,历经400余年,至今已办二十四届,每届都受到村民的积极拥护。

为了让更多的人知道并了解嵩山百节龙,将百节龙的文化进一步传播出去,鄂州市建成嵩山百节龙博物馆,建筑面积达300多平方米,这是湖北省首座市级龙文化博物馆。

孝子花灯方阵

二、泽林旱龙舟

泽林旱龙舟,湖北省鄂州市传统民俗,在端午节,泽林人纪念屈原以旱龙舟为主要载体。

该项目已被列入湖北省省级非物质文化遗产名录,是国家级非物质文化遗产之一。

泽林旱龙舟

泽林以前依水而居,随着地理环境的变迁,渐渐远离水域,也就没有了赛龙舟的条件。于是,泽林人因地制宜,采用了扎制旱龙舟巡游的方式取代水舟纪念屈原的传统,巡游包括打醮、朝舟、唱会戏、巡游、诗联会直至"化舟"。

关于鄂城泽林的端午旱龙舟巡游的民俗,就有这样一个传说:楚大夫屈原被贬流放,来到鄂渚(今梁子湖),时正值湖区泽林一带瘟疫流行,血吸虫危害百姓健康,民不聊生。屈原多次探望该地百姓,安慰并鼓励他们抗天灾,同时传授避瘟祛病良方。泽林百姓照此做后,果真见效,更由衷感激这位肱骨忠臣。泽林人民对这位忧国忧民的忠直贤臣和爱国诗人深含敬意,每次见面都是难舍难分,遂与屈原结下了不解之缘。屈原离开鄂州前,特到泽林与群众告别,乡亲们到村头河边抹泪相送。

后来屈原在汨罗投江以身殉国,噩耗传至泽林时,已是农历五月十五日,泽林人悲痛不已,纷纷到与屈原分别的泽林咀河边,扎制茅船,意为漂流到汨罗江去救屈原,并向河里洒黄酒,抛饭菜,祈求鱼、虫别伤屈原身躯,遂将五月十五至十八日定为纪念日。时至今日,泽林的端午旱龙舟巡游不在五月初五,就是此缘由。

每年农历五月十五至十八日泽林旱龙舟庙会活动期间,要举行多种驱瘟祈愿仪式和活动。由当地工艺师从农历二月开始扎制旱龙舟,其制作有着严格的制式规格。龙舟全长5.33米,宽1.4米,高4.17米,为三层梯形结构,分舟头、舟身、舟尾三部分,舟身又分前、中、后三舱。舟上72神栩栩如生,各司其职。

鄂州泽林"旱龙舟"巡游

泽林旱龙舟庙会活动期间,大约300到600名乡亲走上泽林街头,按照传统的习俗,游旱龙舟、举彩旗、敲锣打鼓,浩浩荡荡地前进。一时间,泽林街烟火升腾连天接地,鞭炮鼓乐震天动地,家家户户将花酒、茶叶洒向龙舟舱祭送屈原,整个出游时间约两个小时。

千百年来,虽然时代变迁,但是泽林纪念屈原的日期定在农历五月十五至五月十八日从未改变。随着生活的改善,泽林人不断增加新的纪念内容,直至发展到每年扎制旱龙舟替代茅船"祭游"以寄托哀思。

1993年,泽林这种纪念屈原并对群众进行爱国主义教育的民俗活动得到了各级政府和文化部门的肯定与支持,泽林人遂恢复和发展了游旱龙舟、唱会戏、赋诗作文、办书画展等多种纪念形式,一是怀念屈原,二是祈福。

毛泽东主席《送瘟神》诗云:"借问瘟君欲何往,纸船明烛照天烧。"泽林旱龙舟是典型的、代表性的、民间活态传承的"送瘟神"习俗,它从一种祭送瘟神的远古仪式到一种凝聚人心的端午文化,承载着当地民众的生活智慧、生活情趣以及祈福求祥的善良愿望,具有重大的历史学、民俗学、民间艺术学、节日文化研究价值。

2014年11月,泽林旱龙舟经国务院批准被列入第四批国家级非物质文化遗产代表性项目名录。鲜为人知的是,其申报要求非常之高:要同时满足民俗类项目传承年份不能低于100年、传承人的谱系5代以上、为具有典型性代表性的民俗活动、能促进地方区域性社会和谐等条件。令鄂州人骄傲的是,经过鄂州市非遗团队5年的艰辛努力,泽林旱龙舟终于榜上有名!

2018年6月,首届旱龙舟文化旅游节在泽林举行。这场由旱龙舟领衔,雕花剪纸、红色展演、钓虾品虾、特产展销等轮番上阵的"好戏",以丰富多彩的传统民俗文化吸引了众多当地群众和周边游客。泽林以文化音符奏响了乡村振兴乐章。

如今,泽林旱龙舟已成为鄂州的一大文化品牌。泽林每年"大端午"即农历五月十五至十八举办文化旅游节,致力打造依托非物质文化遗产的鄂州旅游新品牌。

三、葛店虾灯

葛店虾灯,是鄂州市第一批市级非物质文化遗产代表性项目,属传统舞蹈范畴。

葛店虾灯又名葛店虾舞:竹制布缀,约两米长,彩虾数个,鲶鱼一条,由男女手持虾、鲶组成表演群体,并随着打击乐器的节奏翩翩起舞。情节有水面游动、水中游动、水底游动以及跳跃、穿花等,通过舞蹈动作,艺术地表现了虾子、鲶鱼的水上生活。基本动作有"枯树盘兜""雪花盖顶""左右插花""前后跳跃""对绞麻花""鹞子翻身"等,异彩纷呈,艺术地再现了鄂州多姿多彩的水乡渔文化。

葛店虾灯

明朝万历年间,葛店万年台修建落成,庆典活动热闹非凡,虾灯参与其中,十分引人注目。修建万年台的雕匠齐某在葛店学会了扎虾灯的技艺,带回原籍安徽芜湖,并传授给当地乡邻,其祖父看见后说:"几十年前,我在湖北葛店做生意时就看过这种虾灯。"

由此可见,虾灯在葛店的起源很早。一种说法是,在北靠长江、南依鸭儿湖的葛店地区,水域开阔,盛产鱼虾,渔业繁盛,明朝初年,这里就有了虾灯;另一种说法是,虾灯由江浙传入。

据传,清朝年间,葛店船商涂家湾人涂德志驾船至芜湖,在朋友处学会制作"五虾闹鲶"花灯。回葛店后,他将这一技艺教给女婿王花子(小名,葛店徐家湾人)。王花子又将虾灯技艺传给内侄涂克明(第三代传人,葛店涂家湾人)。当年,涂克明15岁就学会了扎制和把玩虾灯。

葛店虾灯曾为宣传抗日经立下功劳。抗战时期,樊湖地区是敌后抗日根据地,王花子引领涂克明、涂传元、涂炎林等人,以玩虾灯的形式进行抗日宣传活动。

1943年,国难当头,涂克明带着伙伴制作"五虾闹鲶"花灯,上街游玩。据介绍,他们赋予"五虾闹鲶"花灯特殊历史含义:将鲶鱼灯比作日寇,5只虾灯比作抗日群众团结斗敌。

表演中,鲶鱼瞪着小眼睛,张着大嘴巴,冲向小虾,妄想将小虾一口吞进腹中;小虾们机警灵活,避开鲶鱼攻击,跳跃到鲶鱼侧翼和身后,运用触角和颚足,攻击鲶鱼身体,待鲶鱼转过身时,小虾早已逃之夭夭……

"五虾闹鲶"表达了群众对日本侵略者的痛恨及抗战必胜的信念。当他们来到葛店街张兴泰店铺前表演时,张老板劝他们别闹,如今是日本人的天下,小心惹出祸来。他们则高喊:"日本鬼子是兔子的尾巴长不了,把日本鬼子赶出中国!"后来,此事被抗日群众广为宣传。

此后,凡有重大历史事件发生或民间传统节日,都有虾灯欢腾在镇上和乡村。现在,经过葛店开发区文化艺术团团长熊裕炯的不断创新改进,葛店虾灯的精气神更足了。竹篾骨架改用钢丝,既牢实又富有弹性,以红绸、彩条包装,玩起来时,彩带飘逸,虾身鲜活而富有神韵,表演效果有很大提高。

近年来,在新节目中又增添了群虾竞舞、虾鲶对舞等许多新动作。表演时,还增添了两个新成员——笨拙的蚌灯和溜滑的鳊鱼灯,这就形成了"九虾闹年(鲶)"。

虾灯舞的伴奏分吹奏乐和打击乐两大类。吹奏类主要是高音唢呐和中音唢呐,打击类主要是大堂锣、京锣、马锣、小锣、铙钹等。这些传统乐器的伴奏,极大地增强了舞蹈效果,烘托了演出气氛。

2006年,葛店的龙灯、凤灯和虾灯被列入市级非物质文化遗产名录。2006年至2011年,虾灯参加武汉市洪山区舞灯比赛,连获6个金奖。

葛店虾灯自明初形成以来,至今已有500多年的历史。经过多年的发展,葛店虾灯形成了鲜明的地域色彩,一直活跃在群众中间,具有很强的群众凝聚力。

思考与探究:

1. 嵩山百节龙习俗活动有什么样的流程,传递出什么样的民族心理?
2. 泽林旱龙舟呈现出什么样的地方特色?
3. 这些民俗与你们家乡的风俗有什么异同?这说明什么问题?
4. 谈谈保护传统文化的意义。

第三节 匠心独具的民间工艺

> 鄂州雕花剪纸亦称"花样",是一种集实用性、装饰性、艺术性为一体的装饰艺术形式。2006年,鄂州雕花剪纸入选鄂州市首批市级非物质文化遗产代表性项目名录。2007年,鄂州雕花剪纸被列入湖北省省级非物质文化遗产代表性项目名录。2008年,鄂州雕花剪纸荣膺国家级非物质文化遗产保护项目。2009年,鄂州雕花剪纸入选联合国教科文组织非物质文化遗产代表性项目名录。
>
> 鄂州铜镜复制技艺,是以鄂州出土的战国至唐代铜镜为模本,经制模、泥范、透光等十八道工序,制作照面饰容铜镜的青铜器技艺。2015年被评定为鄂州市第三批市级非物质文化遗产代表性项目,2016年入选湖北省第五批省级非物质文化遗产代表性项目名录。
>
> 鄂州华容土布制作,是鄂州市华容区当地民众世代传承的一种传统手工织布技艺,具有约750年的悠久历史。华容土布的制作技艺十分繁杂,主要分择花、纺线、织布三大流程,二十道工序。2010年被评定为鄂州市第二批市级非物质文化遗产代表性项目,2013年入选湖北省第四批省级非物质文化遗产代表性项目名录。

一、雕花剪纸

鄂州雕花剪纸亦称"花样",是一种集实用性、装饰性、艺术性为一体的装饰艺术形式。因生存发展的特殊地理位置,其融合了南北剪纸艺术的精髓而自成一体,具有独特的地域特征和艺术价值。不仅是鄂州地方民俗的重要载体,而且是湖北雕花剪纸乃至中国南方剪纸的优秀代表。

鄂州雕花剪纸的起源,与鄂州的民俗文化直接相关。鄂州是楚文化的发源地之一,雕花剪纸艺术在古代的鄂州具有广阔的市场。逢年过节,鄂州当地百姓总要选购一些剪纸艺术品,张挂于门首、院墙、窗格、家具等上,表达喜庆祝福之意。清末,民间刺绣艺术迅猛发展,刺绣艺人迫切

戏曲脸谱剪纸

需要一种经济、便捷、适应民间审美情趣的设计图样。于是,鄂州民间剪纸艺人便巧妙地将

剪纸艺术应用于刺绣花样设计,经过不断改进制作工艺,终于成功地创造出雕花剪纸样式。

早在南北朝时期,鄂州就开始流行剪纸艺术。清末、民国时,鄂州成为民间花样剪纸的发源地之一,至今已有100多年的历史。

鄂州雕花剪纸主要分布在鄂州城区周边和沿江乡镇,以樊口、长港为中心,东至燕矶,西到段店、华容、葛店,中心地带为临江、月河、得胜、石山及其他村落。民间剪纸工匠的经营模式是小本经营,自产自销。通常晚上雕剪花样,白天出售。一般身背花箱(花篓)或肩挑花担,手摇小鼓(锣),走村串巷,唱着歌谣叫卖。有的地方一人从艺带动全家亲友,还有的通过拜师收徒带动一大串,形成"卖花样世家"和"卖花样村落"。

20世纪90年代,鄂州民俗专家和雕花剪纸艺人开始意识到雕花剪纸艺术日渐式微濒临消亡的情况,便自发收集雕花剪纸花样,拜访雕花剪纸老艺人,试图将这一民间艺术挽救于困境之中。全市保存的雕花剪纸作品有30 000多张,花样品种达6000多种,使人们对鄂州雕花剪纸有了崭新的认识,并为鄂州雕花剪纸的研究和传承提供了宝贵的资料。

进入21世纪,鄂州雕花剪纸越来越受到重视。2005年,10件鄂州雕花剪纸作品参加在北京中国国家博物馆举办的中国非物质文化遗产保护成果展,引起国内专家的高度重视。2006年,鄂州雕花剪纸入选鄂州市首批市级非物质文化遗产代表性项目名录。2007年,鄂州雕花剪纸被列入湖北省省级非物质文化遗产代表性项目名录。2008年,鄂州雕花剪纸荣膺国家级非物质文化遗产保护项目。2009年,鄂州雕花剪纸入选联合国教科文组织非物质文化遗产代表性项目名录。鄂州雕花剪纸以其独特的艺术价值和审美价值,成为中华民族文化的"视觉密码",成为世界非物质文化宝库里的"活化石"。

鄂州雕花剪纸的工具主要有剪刀、刻刀、纸张、蜡盘、磨墨、磨石、针锥、煤油灯、镊子等。在雕刻技艺上,以刀代剪,以刻为主,讲究刀功,有着"运刀胜笔"的力量,雕刻中镂空与留实遥相呼应。雕花剪纸作品的特点是造型简洁夸张,做工细致柔和,流畅工整,阴阳线条断连互衬,有着连而不连、断而不断的艺术效果。鄂州雕花剪纸在色彩上,大体可分为三种颜色:白、红、黑。而剪纸的技法基本分为三类:剪(刀)、刻(刀)、(手)撕。剪纸最开始是剪影,后来延伸出镂空。

鄂州雕花剪纸主要用作绣花底样,包括帽花、鞋花、拖鞋花、袜底花、扣带花、背心花、兜花、巾头花、披风花、抹腰花、围涎花、枕头花、帐檐花等品种,每个品种又有许多不同的款式。

家在龙脉上

因为剪纸艺人大多来自农村,所以他们的作品题材大部分取材于自己的现实生活,如喂鸡、养猪、放牛、牧羊、走娘家、抱娃娃、参加田间劳动等;有的直接表现自己饲养的家禽、家畜,如鸡、鸭、鹅、牛、马、羊、狗、猫等;有的表现生活中常见的植物,如梅、兰、竹、菊、牡丹、荷花、水仙等以及各种瓜果、蔬菜等。因为这些题材都来源于现实生活，所以雕花剪纸作品表现的生活气息十分浓厚。

还有的采用谐音、谐形、象征等寓意手法来表达作者的纳吉祝福、祛邪除恶、劝勉警戒等愿望；有的是远古图腾崇拜在民俗文化中传承、复合、变异的形象符号，在雕花剪纸中留下鲜明的时代印记，构成民俗文化的形象载体。如鄂州燕矶的民间花样剪纸《嫁鞋花·双鱼戏莲》就是用的谐音法，刻上莲花和鲤鱼，寓意"连年有余"；鄂州樊口的民间花样剪纸作品《鞋头花·柿喜图》，刻上柿子和喜鹊，寓意"四喜"。

过大年系列之双鱼戏莲

鄂州民间传说故事十分丰富，通过评书、戏曲等形式在各地广泛传诵，剪纸艺人会用雕花剪纸这一形式来表达自己对这些故事中人物的爱与憎。如楚剧《葛麻》、黄梅戏《天仙配》《梁山伯与祝英台》、民间传说《老鼠嫁女》《二十四孝》、神话故事《西游记》，以及被神化了的历史人物关羽、秦琼、尉迟恭等，都是鄂州雕花剪纸普遍采用的题材。

作为楚文化的民间美术代表形态之一，鄂州雕花剪纸的神态和造型充满了意象性，以圆满、均衡、美好等形式呈现出来，体现着楚文化特有的造型风格和审美情趣。鄂州雕花剪纸在"有图必有意，有意必吉祥"的意象性图示中，用借物传情、借物言志的意象方式反映了民间的风俗文化，将民间艺术的浪漫主义创作思想表现得淋漓尽致，体现了原生态的朴实性特征，具有很强的地域文化特色。如《鸳鸯采莲》《鲤鱼闹莲》《鹭

牛郎织女

鸶戏荷》《富贵白头》等作品，都是借用生动的形象来表现人们的思想感情，寓意夫妻恩爱、永不分离。其中的《富贵白头》以一对白头翁来比喻夫妻，用牡丹花来象征富贵，表达了人们对夫妻恩爱的良好祈愿。

鄂州雕花剪纸还根据图案的形式美规律，作对称、均齐、平衡、连续等处理，把不同空间的天上飞鸟、水底游鱼与地面上的建筑物、人物、花草等放置在同一画面上。如《鲤鱼闹莲》花样，将水上荷花、荷叶、莲蓬，水中鲤鱼，泥下莲藕同时组合在一个完整的画面上；有的方枕花样把回头鹿、仙鹤按平视体组合在一起，称之为"鹿鹤同春"；有的花样中的四季花果会打破真实的时空限制，同时争艳于枝头，令人产生满园春色闹枝头的想象。鄂州雕花剪纸运用这种超越时间与空间的组合手法，把客观物象经过人的主观思维组合，创作出能更好表达人们心愿的新形象，传达剪纸艺人们渴望美好生活的心愿。

鄂州雕花剪纸不仅有祈福祛灾（如吉祥如意、吉星高照、金玉满堂、龙凤呈祥、丹凤朝阳、万象更新）、家族繁衍（如连生贵子、金瓜葡萄、麒麟送子）、爱情婚姻（如喜鹊登梅、孔雀戏牡丹、鸳鸯戏水、鲤鱼闹莲、凤求凰、蝶恋花、并蒂莲）等民俗文化题材，还有反映时代生活（如辛

亥革命、抗日救国、全国解放、抗美援朝、土地改革、社会主义建设等)的主题,及时记录了中国近现代革命的历史进程,是珍贵的中国近现代革命史料,同时充分显示了鄂州雕花剪纸与时俱进、灵活多变的艺术风格。

鄂州雕花剪纸作为传统的艺术工艺,有深刻的哲学内涵,值得我们深入地学习、钻研。近年来,鄂州雕花剪纸艺人年事已高,健在者寥寥无几。雕花剪纸这朵古老的民间艺术之花日渐凋零,几近失传,需要得到更好的有效发展与传承。

祖国万岁

二、铜镜复制

铜镜又称青铜镜,是古代用来照映形象的铜制镜子。其形制多为圆形,正面光洁而微凸,背面装饰花纹或镌刻铭文,讲求艺术美。它与古人的日常生活密切相关,是不可或缺的生活用具。鄂州铜镜修复及复制技艺,是以鄂州出土的战国至唐代铜镜为模本,经制模、泥范、透光等十八道工序,制作照面饰容铜镜的青铜器技艺。2015年被评定为鄂州市第三批市级非物质文化遗产代表性项目,2016年入选湖北省第五批省级非物质文化遗产代表性项目名录。

新中国成立以来,随着经济建设的快速发展和城市规模的不断扩大,在鄂州境内发掘的1000余座古墓中出土古铜镜3000多面,大部分产自两汉三国时期。据考证,三国时期的鄂州曾为吴王故都,经济文化发达,凭借辖区内铜绿山的丰富铜矿资源,与洛阳、会稽、徐州一起成为全国四大产铜铸镜中心。鄂州出土的神兽镜,比浙江、江苏、安徽、湖南、江西、广东、广西、河南、陕西、四川等10省出土的总和还多。因此,鄂州以铜镜数量多、本地生产的产品多、墓葬发掘出土多和倍受科技界关注的"黑漆古"铜镜在出土铜镜中所占比例大,而在全国占有重要地位,被誉为"古铜镜之乡"。

鄂州——古铜镜之乡

1995年,为了传承和弘扬鄂州独特的青铜镜文化,在国家、省、市有关组织和科研部门的支持下,鄂州市博物馆组建成立了鄂州市博物馆文物复原复制研究所,开展古代青铜镜及青铜罍、鼎、尊等青铜器范铸工艺的研究。聘请青铜镜铸造专家董亚巍为所长,以战国至唐朝的出土器物为模板,根据古籍文献记载进行研究和试验。

经过多年的研究摸索,董亚巍与徒弟仙有生将古代青铜镜范铸工艺与现代科技结合,进行一比一还原古法工艺和原料配比实验,逐渐掌握了青铜器范铸技艺的制模、泥范造型、泥范焙烧、合金配制、合金熔炼、浇铸、铸后加工、透光等18道工序,复原复制出20多个品种的古铜镜。董亚巍揭开失传多年的古铜镜制作奥秘,引起我国文物研究界的极大关注。由中国历史博物馆原馆长俞伟超、国家文物鉴定委员会原副主任史树青等14名教授、研究员组成的古镜复制技术鉴定委员会在鉴定书中评价道:"董亚巍的古镜复制技术基本上达到了古镜的最佳技术状态,使人们看到了古镜的原貌。这对于继承和发扬我国古代优秀的文化技术遗产,弘扬民族文化,具有重要意义。"中国历史博物馆原馆长俞伟超得知董亚巍恢复铜镜工艺,特定制2枚隋代铜镜,作为国礼赠送萨马兰奇先生,并将铜镜范铸工艺引荐给湖北省文物局。

2000年,鄂州市博物馆文物复原复制研究所在工商部门正式注册,成为全国唯一的青铜镜范铸基地,至今已先后复原复制出600多个品种的古铜镜。鄂州铜镜复制产品作为湖北省政府定点生产的礼品,享誉国内外。鄂州也因此成为全国古铜镜研究、修复、生产中心,有力地推动了铜镜文化的传承和发展。

鄂州铜镜的复原与复制是在研究掌握古代青铜镜范铸法基础上,将古代工艺和现代科技结合。其工艺流程相当烦琐,主要是以鄂州出土的战国至唐代铜镜为模本,经镜模制作、泥范造型、泥范焙烧、合金配制、青铜熔炼、铜镜浇铸、铸后加工等18道工序铸造而成。这些工序可以分为镜模制作、铜镜浇铸、铸后加工等三大流程。

清扫镜范

镜模制作就是用具有可塑性的材料制作出铜镜的模子,将铜镜的样子及镜背的钮、钮座、纹饰或铭文一并雕好,正面尽可能雕琢光滑,以保证铜镜镜面光亮可鉴。

镜模分为阴模和阳模两种,阴模是用来翻制阳模的,阳模则用来制范、生产铜镜。阳模投入生产后,应当妥善保存阴模;如果阳模被损坏,则再用阴模来翻制阳模。铜镜铭文的制作是一项较为复杂的工序。首先需要在阴模上雕刻铭文,但铭文必须是反字,在翻制阳模时就可以得到正字,通过阳模制成泥范后,铭文上的正字又复制成反字。因此,在浇铸泥范制作成铜镜后,铭文上的反字再一次成为正字。

泥料是制作泥范的材料。其制作方法是将土料夯打成一块块土坯后装进窑中焙干,取出后打碎磨成粉,加入适量细砂搅拌均匀。为保障泥范的制作质量,须在土料中加入占总量20%的草木灰,以增加泥范的热稳定性,保证在浇铸铜液时不至于炸裂。

准备好泥料后,就可以制作泥范了。其方法是将木框套在镜模上,先覆盖一层较细的面料,再填满背料,然后用木杵夯实。泥范的制作分为制作背板、制作面板、阴干等3道工序。背板是指铜镜的背面,包括纹饰与铭文;面板是指铜镜的正面,是铜镜照面饰容的部分。阴干是让泥范中的水分蒸发,具体时间需要根据当地的空气湿度进行调整。由于鄂州夏季雨水充沛,因此制作铜镜的季节以冬季为佳。

铜镜浇铸

用鼓风倒焰窑将阴干的泥范烘焙成陶质范,然后将烧制好的背板和面板合在一起,组成铜镜铸造的陶范。烘焙温度一般为850 ℃。烧制好的陶范冷却后需要立刻浇铸青铜液,才能确保铜镜背面纹理清晰。经过大量实验统计,质量合格的陶范需要在光洁度、外观完整度、湿强度、热稳定性四个方面达到标准。

制作铜镜的青铜,必须具有可塑、耐磨、可抛光、耐腐蚀等特性,因此鄂州铜镜都是采用铜(Cu)-锡(Sn)-铅(Pb)合金。据多年试验得知,加锡的铜镜映照效果会更好,当锡含量为24%时,铜镜可达到现代玻璃镜的映照效果;但超过这个数值后铜镜会变脆,无法进行铸后加工,也就无法制作成完整的铜镜。鄂州市博物馆文物复原复制研究所对战国至唐代各类铜镜进行化学成分分析发现,青铜合金的比例一般为铜66%~78%、锡20%~27%,铅1%~8%。

熔炼青铜的主要设备为坩埚。在正常生产过程中,一般会产生大量的回炉料,在选择熔炼青铜的配料时,要注意新料、旧料必须各占一半,以缩短熔炼时间,降低合金被氧化的概率。熔炼青铜合金时应大火快炼,开始熔炼时会有一些浑浊的气体冒出,随着炉温不断升高,气体颜色会越来越浅,当有白色的气体从炉中不停冒出时,即可停风待铸。

青铜合金熔炼完成后,等到表面的覆盖剂变硬时,在坩埚边缘戳一个小洞,进行浇铸。浇铸前,要用水泥将合在一起的陶范边缘缝隙封好,防止渗漏;浇铸完成后,要等铜液凝固才能打开陶范。

打开陶范后,取出镜坯进行清理。质量好的铜镜,一般都会粘破大部分范面——范面的土料会紧紧地粘在铸坯的表面,这是因为浇铸过程中发生收缩形成了负压。由于浇铸时铜液会与氧气产生反应,所以镜坯的部分位置会呈现灰白色,没有被氧化的银白色部分才是铜镜的真实样貌。

由于镜坯与陶范有粘连现象,所以要对镜坯进行切割,还原铜镜的形状。

铜液浇铸时会产生氧化反应,因此要对镜坯进行打磨。先要磨去镜面的铸态毛坯层,检查有无铸造缺陷;再用粗砂布将镜面磨平,要求磨出的表面粗糙度误差不超过0.1毫米;然后用较细的砂布将粗砂布留下的痕迹打磨掉,再用更细的砂布将前一道砂布留下的痕迹打磨掉。

铜镜的磨制和抛光是技术性很强的工艺。对铜镜打磨6~8次后,还要对镜背、镜面进行布轮抛光。经过以上工序一面仿古青铜镜才算制作完成。鄂州铜镜复制中有一种特殊的制作工艺,就是"透光镜"制作。究其原因,"透光"效果

透光铜镜

主要是对镜面进行打磨抛光产生的。只要将镜面厚度打磨到不超过1毫米,便会形成"透光"效果,将镜背上纹饰的图案显现出来。

三、华容土布制作

鄂州华容土布,又名民间老土布、老粗布,是鄂州市华容区当地民众世代传承的一种传统手工织布技艺。自古以来,男耕女织就是华容当地农村家庭主要的生产生活方式,几乎家家备有织布机,母传女,婆传媳,纺织土布成为大多数妇女必会的女红。作为中国农耕文明的重要内容,华容土布制作具有约750年的悠久历史,有着浓厚的乡土文化特色。2010年被评定为鄂州市第二批市级非物质文化遗产代表性项目,2013年入选湖北省第四批省级非物质文化遗产代表性项目名录。

目前,华容土布最主要的传承人是倪珍云。为了满足人们对高品质土布的要求,在地方政府的支持下,倪珍云不断对传统土布工艺进行革新。在传统的红、白两色基础上,她根据现代人对美的色彩追求,对土布棉线进行调色,发展出赤、橙、黄、绿、青、蓝、紫七种颜色,在七色基础上又作了深浅之分,使土布色调多姿多彩。在传统单一的绣品图案基础上,倪珍云还自行设计花样绣品100多种,尤其擅长土布技艺中的芦席篾、三炷香等复杂图案。倪珍云所纺织的土布,或色彩绚丽、如霞似锦,或典雅大方、粗朴厚重,既蕴含着古老的人文气息,又织入了现代的流行色彩,给人一种既返璞归真又舒适自然的感觉,成为当地年轻人

土布花样

结婚,小孩做九朝、满月、周岁等的定购产品,并销往北京、上海、广东等地。

作为传统棉纺织技艺的一种,华容土布的制作技艺十分繁杂,主要分择花、纺线、织布三大流程。从棉花的采摘纺线到上机织布,要经过摘棉花、晒棉花、轧棉花、弹棉花、搓棉条,纺线、扒线、染线、浆线、倒筒、捻篦、牵线、挽坨,收布、插筘、调篦、上机、理线、穿综、起机等大大小小20道工序。这些都是纯手工工艺,体现着当地劳动人民的艰辛劳动和生活智慧。

纺线流程包括纺线、扒线、染线、浆线、倒筒、捻篦、牵线、挽坨等8道工序。这一部分流程历时最长,而且线的质量直接影响到成品布的质量。

纺线是把搓成的棉条用纺线机纺成细线,主要是对采摘的棉花进行去籽处理后,通过纺车工具将棉纤维纺制成线的过程。扒线是用耙子将锭子上纺好的细线绕成松散的线圈,使线的上浆均匀且不会错乱。扒线的工具由耙子和锭子组成。染线是将水烧至一定的温度,根据需要放入适量染料和盐,将扒好的线圈放入水中,染成各种颜色然后晾干。主要分为植

物染和化学染,由于植物染的色彩有所限制,所以需要利用化学染来保证其色彩的多样性。浆线是把染好的棉线放入用面粉打浆的温水中浸泡后晾干,以增强棉线的韧性,使其在织布过程中受到摩擦和张力的反复作用时经纱不易断头,也使土布的缩水率得到降低。上浆的纱线全部用作经线。倒筒是把染好的各色棉线用倒线机分别缠绕到线筒上,为捻篙和牵线做前期准备。倒筒工具由纺车和风具墩组成。捻篙是把牵好的线用手工分成上下两层,将倒筒之后的纱线进行排列组合,包括搭配色彩和把控纹样造型变化。这是形成土布纹样风格最为关键的一步。牵线是根据图案穿插不同颜色的棉线筒以配出花色,将排好的线头依次用牵筒来回拉动挂在地桩上,整合为一大股。股线缠绕完成之后将其从铁棍上取下,挽成类似花状的造型,俗称打花。挽坨是将棉线挽成坨状,以备织布之用。

牵线

织布流程包括收布、插筘、调篙、上机、理线、穿综、起机等7道工序。

收布是将打花完成后的线坨穿过筘片使其平整地卷在扬篙上的过程,然后再将扬篙嵌入织机出布口的另一端。在收布的过程中要用专门工具将纱线平整地收齐。插筘是将捻好的线头一根根插入筘中,固定好每根经纱,通过从筘齿中穿过的经纱数量来控制经纱的疏密。调篙是将插在筘中的棉线分成上下两层,使其排列有序,然后通过脚踩踏板控制两层经纱之间的距离,通过杠杆原理使其产生间距,从而进行打筘引纬。上机是把收布的扬篙和综片及筘子安装在织机的相应位置,通过织机的经轴来固定一端经线,而将另一端经线固定于织机织轴的位置。这是起机前的准备工作。理线是将线头系在卷布辊上,用吊钩挂住,以理清

起机

线头。穿综是将综线通过马口篙分别缠绕在综篙和综条上,脚踩踏板使单线和双线分离,形成打纬的梭口。穿综的综片由竹篙制成的上综竿、下综竿、综眼和综绳组成。起机是两脚踩动踏板控制上层的线,双手不停地在线中投梭,并根据花型更换不同颜色的线。土布的制作过程中,通过棉线的重复、平行、间隔、对比等多种变化,形成特有的节奏和韵律,极富艺术魅力。

华容土布的织机是木制构造的脚踏织机,与互动式双综双蹑织机原理相同。操作织机时,织布者坐在织机的坐板上,双脚放在织机下的踏板上;踩踏织机下方其中一个踏板提起

一根综竿，手拿飞梭从左往右来回穿梭投纬线；穿投完一根纬线后停止踩踏板，两层经纱的间距会缩小到最小范围，再次打筘将纬纱线收紧。在织布过程中要做到手脚协调，保持纬线纹样变化，匀速反复操作即可织造出华容土布。

近年来，在很多时装秀场上都可以看到用土布面料制作的时尚服饰，这足以证明土布在服装行业具有一定的发展潜力。2013年，华容土布入选湖北省第四批省级非物质文化遗产名录。作为传统棉麻纺织布料，华容土布具有独特的质感和丰富的造型变化，完全可以满足现代人群的审美需求。因此，借助服装设计对华容土布的文化和工艺进行大力宣传、推广，开发出符合当下人们审美需求的产品，创造出相关的文化价值和经济价值，可以为传统棉麻纺织技艺的保护和传承提供更多的发展道路，进而使这门技艺能被一代一代地传承下去。

 思考与探究：

1. 鄂州雕花剪纸技法有几类？题材有哪些？试举例说明。
2. 全国四大产铜铸镜之乡是哪里？铜镜复制有多少道工序？
3. 华容土布制作有多少工序？主要传承人是谁？有何贡献？

第五章　乡音乡韵

第一节　鄂州方言

湖北方言的流变,源于九省通衢的地理位置与交通条件,在其长久的发展进程中,不断兼容多元的文化特色。在不同的历史时期,这里始终处在南北方移民运动的前沿,历史上多次大规模移民与对外交流的影响,形成了湖北相对独立的语言文化。

鄂州方言的特色形成与其所处地理位置也有关。鄂州地处长江中游南岸,西接湖北省会城市武汉的洪山区,北与古城黄州隔江相望,东与黄石市接壤,南与黄石大冶市相连。鄂州位于江淮官话、西南官话和赣方言的交汇处,因此鄂州方言形成了自己独特的语言价值。

鄂州方言的语音属于北方方言语系,与普通话语音系统相比较,鄂州方言声母有19个,典型特点是没有翘舌音、鼻音,且保留了典型的入声字声母;韵母有37个,有单元音、复韵母和鼻韵母,典型特点是没有后鼻韵;声调有6个,典型特点是保留了入声调值。

鄂州方言的词汇与普通话大部分是接近的,而且其体系非常丰富复杂。我们将选取部分典型的鄂州方言词汇作为示例,从语义表达和语法功能等方面来体现其特点。

鄂州俗语包括谚语、歇后语、惯用语等,为群众所创造,并在群众口语中流传,使人们的交流更加方便且具有趣味性,具有地方特色。

一、方言流变

湖北省三面环山,武陵山、巫山、武当山、桐柏山、大别山与幕阜山由西南逆时针环绕排列直至东南,仅向南敞开通向洞庭湖盆地,江汉两大河流纵贯其间。在河流的滋养下,面积不大但颇为肥沃的江汉平原,拥有湖北"鱼米之乡"的美誉。

从大环境来看,湖北省多山区丘陵的地理条件在一定程度上阻碍了省内的文化交流,也因此形成了相对独立的语言文化。同时,尽管湖北地形相对封闭,但由于与周边区域仍然有水陆通道密切相连,再加上其九省通衢的地理方位的加持,所以湖北方言也具有多样性。

湖北处在长江中游,其自身的地形与交通条件使得这里始终处在南北方移民运动的前沿。

湖北是楚国的发源地与繁荣地,然而秦将白起"拔郢"之后,湖北大部沦为秦国国土。依据湖北当地出土秦简来看,秦国在当时迅速完成了对"楚地"的文化征服,作为楚国本土语言的古代楚语基本全部"南下湖南",成为今天湘方言的前身。

在之后的岁月中,湖北大部分地区长期作为承接北方人口迁徙的主要地带。从黄巾起义到永嘉之乱,再到安史之乱,汉唐之间的多次战争导致大量中原地区的士民沿着南阳盆地一线进入荆楚之地,逐渐在当地形成了具有北方特色的语言体系。

宋代靖康之变后,又有大规模来自陕西、河南、河北等地的移民流入,持续上千年的南迁基本完全中和了当地的方言。

在元朝的征服过程中,湖北是南宋对抗蒙古军的主战场,自然也成为元朝北方"汉儿"屯兵的主要场所。

明朝初年,政府又通过颁布移民令从江西大规模移民至湖广,史称"江西填湖广",大量江西移民进入了鄂东南的咸宁、大冶、赤壁与鄂州在内的八县市,从而使这一区域在语言上江西化,成为后来赣方言的独立分支大通片。

今天的湖北从方言区域划分上看,有三大方言系统与多个片区,语言的内部差异十分明显。这种特殊情况,既是受湖北内部地形特点与对外交流影响的结果,更是历史上多次大规模移民的直接产物。九省通衢的湖北在居于"天下之中"的发展过程中,形成了兼收并蓄、多元丰富的文化底色。

》 二、方言区域划分

鄂州市地处长江中游南岸,西接湖北省会城市武汉市的洪山区,北与古城黄州隔江相望,东与黄石市接壤,南与赣方言区的大冶市(黄石市代管)相连。全市总面积1596平方公里。鄂州市现有鄂城、华容、梁子湖三个县级行政区和国家级葛店经济技术开发区、省级临空经济区两个功能区。其中,鄂城区行政区划为6个镇(长港镇、杜山镇、泽林镇、碧石渡镇、汀祖镇、花湖镇),1个省级开发区(花湖经济开发区),4个街道(凤凰街道、古楼街道、西山街道、樊口街道);华容区行政区域划分为3个镇(华容镇、段店镇、庙岭镇),2个乡(蒲团乡、临江乡);梁子湖区行政区域划分为5个镇(太和镇、沼山镇、东沟镇、涂家垴镇、梁子镇),1个新区(梧桐湖新区);葛店经济技术开发区下辖葛店镇;临空经济区行政区域划分为3个镇(燕矶镇、新庙镇、杨叶镇),1个乡(沙窝乡)。全市有汉、蒙古、回、苗、藏、壮、朝鲜、满、侗、瑶、白、土家、高山、水、纳西、锡伯、傈僳等20多个民族。至2021年9月,全市总人口107.94万人。

湖北省鄂州市方言分布图

鄂州位于江淮官话、西南官话和赣方言的交会处。在20世纪30—40年代汉语方言地区性调查研究的代表性著作《湖北方言调查报告》中，湖北省方言被划分为西南官话、楚语、赣语、湖南方言四个区，鄂州市被划属为楚语区。

李荣先生在《官话方言的区分》一文中指出："江淮官话的特征是古入声今读入声，与其他六区官话（西南官话、中原官话、兰银官话、北京官话、胶辽官话、北方官话）分开，这六区的共性是古全浊入声今阳平。"袁家骅先生在《汉语方言概要》中谈到赣方言语音特点时指出："赣方言有一个较为突出的语音特点，就是中古浊塞音和塞擦音（并定群从澄崇船）一律变送气清音。""西南官话一个最重要的特点是：入声归阳平。"如果以以上几位的观点作为划分鄂州方言的标准的话，那么，我们认为，鄂州方言可划分为三大片。

第一，东部、西部属江淮官话区。它包括凤凰、古楼、樊口、西山等四个街道，临空经济区一个功能区和华容、蒲团、段店、临江、杜山、长港等六个乡镇。这一区域方言最突出的特点是古代入声仍读入声。

第二，西北部比邻武汉，属西南官话区。它包括华容区的葛店和庙岭两个乡镇，以及鄂城钢铁厂和程潮铁矿两个方言岛。这一区域最突出的特点是古代入声归读阳平。

第三，东南和西南部地区属赣方言区。它包括汀祖、泽林、碧石渡、东沟、沼山、太和、涂家垴、梁子等八个乡镇。这一区域最明显的特点是中古浊音不论平仄声大部分念送气清音（个别的地方例外）。

因为鄂州方言中使用人数约占 3/4 的江淮官话和西南官话均属于北方方言语系，而普通话是以北京语音为标准音，以北方话为基础方言，所以以下如未特别标注，行文中所说的"鄂州方言"均指鄂州方言中的江淮官话片和西南官话片。

三、语音特点

经过对现有资料的阅读以及对鄂州方言的自我剖析，我们将通过与现代汉语普通话的对比，从声母、韵母、声调三个方面进行分析，找到鄂州方言较为典型的语音特点。

（一）声母的特点

普通话语音系统中声母是 21 个，且都由辅音音素充当，22 个辅音音素中只有[ŋ]不能充当声母。鄂州方言语音系统声母共有 19 个，也都是由辅音音素充当，但是与普通话相比较，辅音音素[ŋ]是可以充当声母的，同时还增加了一个特殊的声母[n̠]（中古鼻音浊音），但是没有舌尖后辅音声母[tʂ、tʂ'、ʂ、ʐ]。如下图所示。

b 八不布别	p 怕盘破跑	m 马麻米秘	f 风分付服
d 都动定独	t 提同头他	[n̠] 女严年娘	l 来楼怒连
z 找之走总	c 从常粗充	s 是所三生	
j 主今节交	q 秋全出去	x 修选书水	
g 贵跟个高	k 卡可开困	h 好回后黄	
[ŋ] 爱热肉惹	[n̠] 严义疑研		

鄂州方言声母表例字

注：鄂州方言中声母与普通话声母相同的，声母符号也与普通话声母用一样的字母标注；鄂州方言中声母与普通话声母不同的，声母符号则用国际音标标注。

与普通话的声母系统进行对比，我们可以大致归纳出鄂州方言声母发音方面的特点。

① 不分 ts、ts'、s 和 tʂ、tʂ'、ʂ。

鄂州方言不分 s 和 ʂ，这与普通话不同。普通话发舌尖后音的[tʂ、tʂ'、ʂ]组的字，在鄂州方言里都读作舌尖前音[ts、ts'、s]等。例如：

再＝债[tsai]　才＝柴[ts'ai]　草＝吵[ts'au]　苏＝梳[seu]

② 不分 n、l。

鄂州方言里只有边音[l]而无鼻音[n]。例如：

兰＝男[lan]　腊＝那[la]　龙＝农[lon]

普通话里发[l]声母的字,鄂州方言也读[l];普通话里读[n]声母的字,在鄂州方言里分别读作[n̻]和[l]。其规律是:

与开口呼和合口呼相拼的字,在鄂州方言里读[l]。例如:

那、拿、南、能、怒、农

与齐齿呼和撮口呼相拼的字,在鄂州方言里读[n̻]。例如:

泥、女、年、娘、鸟、牛、扭

③ 关于[ŋ]。

舌根音[ŋ],在鄂州方言里既可以做声母,也可以做韵尾。这一特点与普通话不同,普通话里[ŋ]只能做韵尾而不能做声母。

[ŋ]做声母的情况:

普通话里开口呼、齐齿呼的零声母字,在鄂州方言里都读[ŋ],例如:

爱艾碍[ŋai],压押鸭[ŋa]

饶[ŋau]、[ŋen]、热[ŋai]、让[ŋaŋ]

我[ŋo]、熬[ŋau]、偶[ŋeu]、鄂[ŋo]

爱[ŋai]、哀[ŋai]、安[ŋan]、恩[ŋen]

[ŋ]做韵尾的情况:

普通话里[ŋ]可以附着在元音[a、u、ə、y、i]的后面做韵尾,而鄂州方言里[ŋ]只能附着在元音[a、o]后面做韵尾,不能附着在元音[ə、i]后面做韵尾。

④ 舌尖后声母[tʂ、tʂ'、ʂ]后跟撮口呼韵母,在鄂州方言里都读作[tɕ、tɕ'、ɕ]。例如:

猪[tɕy]、传[tɕ'yan]

双爽[ɕyan]

⑤ 鄂州方言里没有声母[ʐ]。普通话中读[ʐ]声母的字,在鄂州方言里读为声母[ŋ]或零声母。例如:

"饶肉忍"等字,鄂州方言读为入声"饶[ŋau]、肉[ŋeu]、忍[ŋen]";而"然[yan]、如[y]、闰[yən]、绒[ioŋ]、日[ɯ]"则读为零声母。

⑥ "皆阶介界疥届戒街"等字,在普通话里声母都读作舌面音[tɕ],而在鄂州方言里,声母读为舌根音[k];"械鞋解蟹"等字在普通话里读作舌面音[ɕ]和[tɕ],而在鄂州方言里则读作舌根音[k]和[x]。

⑦ 在普通话里声母念作舌面音[tɕ]、[tɕ']等的字,在鄂州方言里读作舌根音[k]、[k']等,例如:

敲[k'au]、搅[kau]、窖[kau]、觉[kau](睡觉)

⑧ 普通话[ts、ts'、s]三声母与韵母[uei]相拼的字,在鄂州方言里读为[tɕ、tɕ'、ɕ],同时韵母由[uei]变为[i]。例如:

嘴醉罪[tɕi];摧脆翠[如 tɕ'i];岁碎随虽[ɕi]

⑨ 普通话里读零声母的字,如"疑仪严业验"等,在鄂州方言里声母都读为[n]。

(二) 韵母的特点

鄂州方言的韵母也可以分为单韵母、复韵母、鼻韵母,共有37个,如下图所示。

a 八怕马发查腊	o 和个破课作所	i 批地几美类对
u 虎不古五付胡	ü 主区猪玉出书	ia 家下讶夏霞芽
ua 瓜瓦花话夸袜	[yɑ] 抓刷刷	[io] 略觉却学脚药
uo 窝卧喔	ie 别灭铁也夜叶	[ɯ] 儿而二耳尔饵
[ɿ] 自子次词迟是	ai 白北隔黑才择	uai 外国怀乖快槐
[yaɪ] 决缺帅月说摔	ei 舍杯者车非扯	uei 贵规亏会为回
[yeɪ] 靴追谁吹水锤	ao 报包套逃少找	ou 都斗愁读手州图
iou 刘丢牛秋修酒	iao 调交笑吊桥条	an 岸班山暖短团伞
ian 边天连见先言	uan 万环宽关	üan 劝传原穿串闩
en 跟更真正生省	in 林灵今静定平影	
uen 文混滚困横稳	ün 晕云群军春训	
ang 当桑方狼唱上长	iang 凉讲江羊想酿	uang 往狂黄网
ong 朋洪动翁木梦	iong 凶用容戎窘穷	[yaŋ] 窗壮装闯撞霜

鄂州方言韵母表例字

注:鄂州方言中韵母与普通话声母相同的,韵母符号也与普通话韵母用一样的字母标注;鄂州方言中韵母与普通话韵母不同的,韵母符号则用国际音标标注。

普通话语音系统韵母是39个,与之对比,我们可以大致归纳出鄂州方言语音中韵母的特点:

① 鄂州方言里"儿而二耳尔饵"等字韵母读为[ɯ],与普通话卷舌元音韵母[er]不同。

② en、eng 韵不分。

少数字读作[oŋ](如"朋蒙梦"[-oŋ])外,其余的收[n]尾,如:争=臻[tsən]、生=深申[sən]、跟=耕[kən]。

与普通话比较,鄂州方言里没有后鼻韵母[əŋ、iŋ]。普通话里读为[əŋ]韵母的字,鄂州方言里分别读为[ən](如"崩等灯整")和[oŋ](如"捧风孟");普通话里读为[iŋ]韵母的字,鄂州方言都读为[in],如"听并惊影宁"等字。

③ 普通话韵母[uei]、[ei],在鄂州方言里一律读[i]。如"推对堆腿退兑最岁脆嘴醉虽随翠雷内累垒类泪"等字,鄂州方言读为[i]。

④ 普通话韵母[y],在鄂州方言里读为[-i](个别字除外),如"徐序绪絮趋需须取聚趣"等字。

⑤ 普通话里韵母[u]与声母[tʂ、tʂh、ʂ]相拼的字,在鄂州方言里读为[y],如:诸=居[tɕy]、煮=举[tɕy]、书=虚[ɕy]、暑=许[ɕy]。

⑥ 在普通话里韵母读[iau]的字,如"敲咬窖觉(睡~)"等字,在鄂州方言里则失去韵头,

读作[au],由齐齿呼变成开口呼。

⑦ 在普通话里韵母读为[ia]的字,在鄂州方言里则失去韵头,读作[a],如"家哑下牙"等部分齐齿呼韵母的字。

⑧ 在普通话里韵母读为[ie]的字,如"皆介界街解"等字,在鄂州方言里韵母读作[ai]。

⑨ 普通话韵母读[u]的字,如"木目穆牧"等字,在鄂州方言里韵母读[on]。

⑩ 普通话韵母[u]与声母[t、t'、n、l、tʂ、tʂ'、z、tsʾ、ts'、s]相拼的字,在鄂州方言里都读为[eu],如"读土路努竹初毒粗数组"等字。

⑪ 普通话[uan、uən]两韵母与声母[t、t'、n、l、tsʾ、ts'、s]相拼的字,在鄂州方言里都丢掉韵头[u],读成开口呼[an、ən],如"段短乱卵酸团"鄂州方言读为[-an],"吨顿吞村尊孙损"鄂州方言读为[-ən]。

⑫ 普通话以[ɣ]为韵母的字,在鄂州方言里读为[ai],如"革得特色策则"等字;与声母[k、k'、x]相拼的字,在鄂州方言里读为[o],如"乐个各可合河"等字;非古入声且与声母[tʂ、tʂ'、s]相拼的字,在鄂州方言里读为[ei],如"车扯射者社"等字。

(三)声调的特点

鄂州方言声调有6个,比普通话多2个,且保留了入声。具体示例如下:

阴平 44　高猪专尊低边安开抽初粗天偏婚伤三飞
阳平 21　穷陈床才唐平寒神徐扶鹅娘人龙难麻文云
上声 42　古展纸走短比碗口丑楚草体普好手死粉五女七老暖买网有
阴去 35　盖帐正醉对变爱抗唱菜怕汉世送放共阵助贱大病害树谢饭
阳去 24　近柱是坐淡抱厚社似父岸让漏怒帽望用
入声 13　急竹积笔一曲秃匹说发月六黑福桌搭百缺尺切麦袜局宅合

① 鄂州方言的阴平通常是由"中"升至"半高",调值应描写为"34"。但宽式读音则一律作为半高平调,调值描写为"44"。

② 阳平是低降调,由"半低"降至"低"的微降调,调值描写为"21"。

③ 上声是中降调,由"中"降至"半低",调值描写为"42"。

④ 阴去是高升调,由"中"升至"高",调值描写为"35"。

⑤ 阳去是中升调,由"半低"升至"半高",调值描写为"24"。

⑥ 入声是低升调,由"低"升至"中",调值描写为"13"。

 思考与探究:

1. 你认为在现代社会,了解鄂州方言及其特点有必要吗?为什么?

2. 你能从语音的特点方面,分辨出鄂州人说话的典型特点吗?请你略举3~5个典型鄂州方言字词,并尝试用国际音标标注出鄂州方言的读音。

3. 你知道下面这几句话用地道的鄂州方言怎么说吗?你会说几句呢?

(1) 你这真是拿热肉包子打狗——有去无回。

(2) 小时候的日子就这样过去了,不知道发生了多少笑得肚子疼的事情。

4. 请扫一扫以下二维码,欣赏一段鄂州方言说唱视频。看看其中的方言歌词,你能听懂几句。

四、词汇特色

邢福义先生在1991年出版的《现代汉语》一书中提出一个观点:广义的方言词汇指方言中所用的词语,它既包括与共同语不同的特殊词语,也包括与共同语相同的词语;狭义的方言词汇则专指不同于共同语的特殊词语。鄂州方言词汇属于北方方言词汇,有很多词汇与普通话接近。我们将选取部分较为典型的鄂州方言词汇,来尽可能体现鄂州方言词汇的特点。

(一) 典型的名词后缀"～子"

在鄂州方言中,最常用的后缀是"子",多附着在名词性质的语素后面。一方面,和普通话及部分方言中的"子"后缀一样,附着在单音节的名词性语素后,如"猫子、狗子、鸡子、桌子、椅子"等;另一方面,鄂州方言中的"子"后缀还可以附着在双音节甚至多音节的名词性语素后,如"衣架子""茗样子""告花子""袖笼子""窗帘子""眼睛珠子(眼睛)""煤气炉子"等,这是普通话和其他方言中很少见的一类现象。

另外,鄂州方言的后缀"子"还可以附着在非名词的语素后面,起改变词性的作用。例如"矮子""胖子""厨子""瞎子""聋子""高个子"。就一般情况而言,在后缀词后是不可能再组合搭配其他成分的,但鄂州方言中有几个特例:夹生子茗(没煮熟的、半生不熟的茗,比喻人很偏执愚笨、不懂变通)、绷子床(用麻绳编的床)、麻怂子雨(像麻点一样的雨,形容雨小)。它们都是带"子"的后缀的词,作为一个定语成分来修饰中心语,非常具有独特性。

(二) 典型的程度副词

1. 充当状语的单音节程度副词

(1) 才

相当于普通话词汇的"挺",可以修饰形容词、动词以及动词短语,组合成"才+形容词或动词短语"结构。其中,动词也是以心理动词、能愿动词为主。例如:

才醒事 才聊撇 才拐(坏) 才乖

才过细(细心) 才啰嗦 才讲礼性(礼数周全)

① 他那个时候在单位才红哦(可能现在确实是不怎么样了)。

② 她妈妈性格才好强呢。

(2) 紧

"紧"主要用来修饰谓语中心词,后面一般接动词或动词性短语,相当于普通话词汇"总是、一味",说明情况持续、不停歇。例如:

① 这么简单的题都要紧想!

② 就这一件破衣服你还紧洗!

③ 叫他去做作业,他就在这紧看电视。

在鄂州方言中,"紧+动词"的结构能够叠用,生成"紧V紧V"的格式,例如:

④ 他是搞么名堂啊? 还没完没了,紧搞紧搞的! 几大个事啊?

在这个结构中,"紧V紧V"可由别的语气副词修饰,与此同时,句子末尾经常带有语气助词"的",动词V只能是单音节动词,不能是双音节以及多音节动词,比如可以说"紧说紧说的",但不能表达成"紧说话紧说话的"。

⑤ 不要紧抽烟,对身体不好!

这个程度词的语用功能,多半有提醒、怪责或抱怨之情。

(3) 蛮

同现代汉语里的其他程度副词一样,可以用来直接修饰形容词、动词或动词性短语,而且它可修饰的动词一般是以心理动词和能愿动词为主,往往不可修饰行为动词、趋向动词。例如:"蛮"+形容词(或短语)、动词(或短语)。例如:

蛮可怜　蛮苕　蛮精　蛮结根(不好说话)　蛮裹筋(爱扯皮)

蛮岔(说话太直没分寸)　蛮痛人(可爱)

有时候还能带名词,例如:

蛮前头　蛮里头

(4) 好

"好"是鄂州方言中与"蛮"的语义程度接近甚至略高的副词。例如:

① 这伢好不听话,我拿他冇得整。

② 你这话说得好怄人。

鄂州方言里,"好"主要修饰双音节的形容词和动词。

③ 他好不是那个事啊(做人很差劲)!

好背时(倒霉)　好恶躁(凶)　好聊撒(爽快)

好作恶(做坏事、使坏、令人恶心)　好醒事(懂事)

好讨嫌　好冒火(生气)

否定主要是对双音节形容词和名词进行否定,分别通过在"好"后加"不"和"冇得"来构成。例如:

④ 哎哟,真是好冇得整(没有办法),我从冇说过这个话。

⑤ 看来他还好不简单呢。

(5) 瞎

这个词在鄂州方言中作程度副词时,一般相当于普通话词汇中的"使劲地""拼命地""狠狠地"等。它大多数情况下只能修饰动词,不能修饰形容词、名词。例如:

① 你再不听话,我就瞎吼了。

② 他不晓得哪里来的力气,捉到这个小偷就是一顿瞎打。

③ 你么(即普通话"怎么"之意)早些不说,害我瞎高兴。

"瞎说""瞎搞"这两个方言词,则是表示"不要乱说""不要乱动"的意思,表达的是说话人否定和阻止听话方。

(6) 鬼

这个程度词相当于普通话词汇中的"胡说",常表达否定、贬损的意思,和"瞎"语义相近。例如:

鬼扯　鬼嚼　鬼搞　鬼闹

常用在表达贬斥、批评、遗憾、谴责等负面情绪的语句中。

(7) 几

一般可以作程度副词,其语义相当于普通话词汇中的"这么""多么"。例如:

① 我对你几好啊!

② 他学习几认真哦!

③ 他儿子考上了清华,在学校里、小区里、单位里,他几有面子哦!

④ 你这个人做事情几冇得经验哦!

"几"一般和句尾语气词"哦"一起使用,加强感叹意味。

(8) 乜

语义相当于另一个方言词"蛮",后面可以接动词或动词短语、形容词或形容词短语,表达的感情色彩可以褒义肯定,也可以贬义否定。例如:

① 这个洗衣机洗羽绒服乜方便。

② 爷爷家里种的甘蔗乜甜。

③ 这个伢乜不懂事。

④ 这下搞得大家伙乜不高兴。

(9) 苕

常用来修饰动词,后接动词或动词短语,表达的是"一直不停地做",但是一般不带贬损意味。例如:

① 大刚太老实,每次做农活都是一个人在田里苕做。

② 你莫一个人在那里苕笑。

(10) 介

"介"是鄂州方言中使用最频繁的表程度的代词。"介+形容词"表较高的程度义,意思相当于普通话词语"这么、那么"。用来修饰形容词,可以表达正面、积极或消极、否定以及中性色彩的意思。例如:

① 你都介大人了,要晓得事啊。

② 好不容易出来买次菜,哪里晓得今天菜场人介多。

③ 你走得介快,我跟不上哦。

"介+动词"表示动作的程度加强。这一结构存在否定式,通常用否定词"不"否定,格式为"介+不+动词"。

④ 你做人介不讲道理,我有得办法跟你说话。

2. 充当状语的多音节程度副词

(1) 有丁尕

相当于普通话的"有丁点儿"。可修饰形容词和动词,构成"有丁尕+形容词短语或动词短语",其后所接的动词往往是表示心理或感觉的动词。例如:

① 她还是有丁尕高兴。

② 这个姑娘伢看起来是有丁尕面熟。

多带有一定消极、否定或负面的意味。例如:

有丁尕丑　有丁尕伤心　有丁尕不乐意　有丁尕不相信

(2) 好生

相当于普通话里的"好好儿",和古汉语中的词语语义一样,如"诸葛亮好生奇怪"。例如:

① 你好生听话。

② 她好生地在那里看书,你不要惹她。

(3) 总个/格外

相当于普通话的"特别",语用功能上可以表达正面积极或负面消极的感情色彩。例如:

① 你总个/格外不小心一些。

② 这孩子学习不认真,总个/格外好玩。

③ 你总个/格外与别个不同一些,不好说话。

(4) 闷倒、卯倒(卯起来)、恶赊地

相当于普通话的"一直、不停地",其中"闷倒""卯倒(卯起来)"表达的语用色彩可以是正面的也可以是负面的,还可以是中性的,而"恶赊地"则多半表达否定、消极、贬损义。例如:

① 小胖墩捧着肯德基"全家桶",闷倒吃,哪个都不理。

② 他实在是太渴了,端起一杯水,就一气卯起来喝。

③ 皮皮的玩具被拿走了,就趴在沙发上恶赊地哭。

(5) 活唲地

相当于普通话词语"完全"的意思,强调程度已经到达了极高点、不能再加深的地步。一般表达负面、贬义、消极的情感色彩。例如：

① 你活哏地是个苕。

② 整个一节课活哏地不听讲。

③ 他觉得自己这次活哏地死要面子活受罪。

3. 形补结构的程度副词

一些表颜色、快慢、软硬等形状的形容词,后面再接一个表程度义的单音节词,所表达的语义比其前的形容词义程度加深一些。比如：

（1）白卡了的

例如：

这个菜做的时候应该放点酱油,看着白卡了的,好像不怎么好吃。

（2）红通了的

例如：

家里好暖和,炭盆里的炭烧得红通了的。

（3）绿汪了的

例如：

刚刚这场雨真好,路边的树叶子被洗得干干净净,绿汪了的。

（4）黄绷了的

例如：

你是不是病了,脸色看上去黄绷了的。

（5）黑抹的

例如：

我才不出去,外面黑抹的。

（6）油光(读四声)了的

例如：

刚刚下了雨,树叶子都洗干净了,看上去油光了的。

（7）慢腾了的

例如：

你走得慢腾了的,这样走回去天都黑了。

（8）快煞了的

例如：

他今天看起来精神好多了,走路快煞了的。

（9）瘦丫了的

例如：

这伢不好好吃饭,这样下去肯定长得瘦丫了的。

(10) 硬帮了的

例如：

他不喜欢这双鞋子,踩在地上硬帮了的,走路不舒服。

4. 述补短语中的程度副词

(1) ～精光

例如：

① 这次准备的小礼品太受欢迎了,被大家伙儿抢了个精光。

② 可能是真的饿了,小家伙把奶奶端过来的饺子吃了个精光。

(2) ～要命/要死/死

用在形容词或动词后面,表达消极或积极的色彩都可以,程度义是极高的。其中的形容词只能是表性质形容词和表心理感受的动词,且同样多为单音节词。例如：

① 这一次他感觉再也忍不住了,心里后悔得要命/要死。

② 俊俊是奶奶唯一的孙子,老人家爱孙子爱得要命。

③ 他妈一听说儿子这回要带媳妇回来,喜得要死。

④ 自从智齿发炎后,他每回吃东西就会感觉痛死。

⑤ 她家每天都做很多好吃的饭菜,闻到她屋里厨房里飘出来的香味,就把人欠死。

(3) ～不过

"不"和"过"黏合在一起作补语,一般用来表达说话人的心理感受,其前多以单音节为主,双音节搭配的要少一些。比如：高兴不过、伤心不过,其中"高兴""伤心"是新派方言,这两个词表达的意思老派方言用的是单音节词语"兴不过""怄(入声字)不过"。例如：

① 想想还真是有一些丑不过,毕竟是当着介多人的面。

② 哎哟,我真是怕不过。

在鄂州方言中,这个程度词语主要是表达一种倾向于消极、负面、贬损的情绪。极少数情况可以表达正面、积极的情绪,例如"喜不过了"。

(4) ～得痛

例如：

① 每次想起这个来,她还是忍不住怄得痛。

② 这个伢,真是拐得痛。

(5) ～伤了心

例如：

① 这次她是怄伤了心,再也不想理他了。

② 做这个生意,他们家算是亏伤了心哦。

(6) ～不得了

例如：

① 这个电影,他老早就想看,一直没有机会,真是欠得不得了。
② 我已经半天没有吃东西了,现在已经饿得不得了。

(7) ~巴煞、~流的

例如:

① 你这个人就是个老实巴煞、好欺负的相!
② 这伢哭得哟,可怜巴煞的!
③ 你莫显得造孽流的。
④ 你看你妈一个人带大你,伤心流的,你放乖点呀!

(三) 其他典型短语类

1. 给/跟我

例如:

(1) 你给我站倒。
(2) 你跟我等倒!
(3) 你给我倒杯水来。

鄂州方言中"给我"或"跟我"放在动宾结构前,虽可看作是介宾结构作状语,但实际上不表示任何实在意义,只加强祈使、命令语气。

2. 总不是~、我怕~

鄂州方言中,在"总不是、我怕"短语之后陈述事实,表述说话人的猜测,相当于普通话中的"很可能是、多半是",或给某种行为找借口,后带有较明显的讽刺或批判意味。和普通话中的"总不是"对照来看,鄂州方言相当于是用了反语手法,"我怕"也可看作是普通话中"我恐怕"的简缩形式。例如:

(1) 总不是(多半是)他做了错事不承认。
(2) 总不是(很可能是)他太忙了,结果搞忘记了呗。
(3) 我怕(我估计多半是)你先惹她的吧!
(4) 我怕(很可能)这回这件事要搞砸吧!

鄂州方言中"总不是"和"我怕"在大多数情况下可以互通互换,但两者所搭配的感情色彩有细微差别,实际运用时需仔细区分。"总不是"后接一般性猜测,"我怕"后接说话人预测到的最坏结果,即多为不好的猜测。

例如,我们常说"我怕这回凶多吉少啊",却不会说"总不是这回凶多吉少啊"。

3. ~的窍

在鄂州方言中,人们总喜欢用"……的窍"来表达事情缘故,相当于普通话中"……的原因"。这种表达方式为鄂州人喜闻乐见,反映了鄂州人心直口快的性格特点。例如:

(1) 我怕(我猜)你是有饿倒的窍,介样糟蹋(浪费)粮食。

(2) 你是欠打的窍吧,居然敢把屋里搞得乱七八糟。

4. V 个 O

普通话中诸如"劝架、吃饭、做事、睡觉、梳头、请假、签字"等都是常见的动宾结构,而在鄂州方言中多习惯性地表述为"做个事、睡个觉、梳个头、请个假、签个字"。很明显,"V 个 O"结构是在谓词性成分和体词性成分之间插入了一个量词"个",取代了"次""顿""件""回"等特指性量词,从而更加符合语言表达中的经济原则:简单、方便、明了。

五、地方俗语

(一) 谚语

1. 气象谚语

(1) 季节

三月三、九月九,无事莫从江边走。

正月打雷三场雪,二月打雷雨不歇,三月打雷插干田,四月打雷秧起节。

一九二九不出手;三九四九冰上走;五九六九沿河看柳;七九河冻开;八九燕子来;九九加一九,耕牛遍地走。

正月二十晴,树上挂油瓶;二月二十晴,树木两次青;三月二十晴,谷籽下两行(xíng);四月二十晴,冻死插秧人;五月二十晴,鱼儿上篙林;六月二十晴,脾寒打死人。

(2) 风、雨、雪

东风息,戴斗笠。

东衬日头,西衬雨。

早看东南,晚看西北。

彩虹在东,有雨月不中;彩虹在西,大雨成堆。

有雨四方亮,无雨头顶光。

北风脚,冻得嗦。

雨夹雪,半个月。

鱼鳞天,下雨也疯癫。

日落胭脂红,无雨便是风。

天热人又闷,有雨不用问。

天上起了鲤鱼斑,湖里晒死硬头鲹。

雨前雨丝(思)雨,雨后雨丝(思)晴。

蚂蚁搬家蛇过道,水缸穿裙雨要到。

云跑东,雨不凶;云跑西,雨成堆;云跑南,雨沉船;云跑北,雨有得。

云遮中秋月,雨洒元宵灯。

2. 农事谚语

春雨贵如油。

春争日,夏争时。

清明前后,栽瓜种豆。

今冬大雪飘,明年收成好。

头伏萝卜二伏菜,三伏有雨种荞麦。

桃三、杏四、李五年,枣树当年就赚钱。

3. 生活谚语

人过留名,雁过留声。

人要忠心,火要空心。

坐船如钉钉。

行船冻死懒汉。

狗不怨家穷,儿不嫌娘丑。

细伢见了娘,无事哭三场。

出门看天色,进门看脸色。

不看盆里粥,只看脸上肉。

一顿省一口,一年省几斗。

晴带雨伞,饱带饥粮。

船过官舱,月过半。

宁走十里弯,不走一里滩。

4. 哲理谚语

船到桥头自然直。

挨船下篙。

常在河边走,哪有不湿鞋。

跑了的鱼是大的。

鱼有鱼路,虾有虾路。

鱼过千层网,网网都有鱼。

水不急,鱼不跳。

三天打鱼,两天晒网。

满罐子不荡,半罐子荡。

响水不开,开水不响。

(二)歇后语

辣子戴斗笠——善磨

矮子荡船——扒不够

竹篮打许(水)——一场空

竹竿打许(水)——满湖愤

王八吃秤砣——铁了心

叫花子起五更——穷忙

虾子夹了头——慌了

茶壶里煮饺子——肚里有货倒不出

顺风湾住三天船——不忙

(三) 惯用语

1. 为人处世

身正不怕影子歪。

人有脸,树有皮。

人怕伤心,树怕剥皮。

生得不亲住得亲。

礼多人不怪。

空手进门,狗子不闻。

大人走路,细伢吃亏。

冇求到官有秀才在。

猴子不上树,多打几遍锣。

养的父母大于天,生的父母在一边。

家鸡打得团团转,野鸡打得满天飞。

船头不会船尾会。

你做得初一,我做得十五。

躲得过初一,躲不过十五。

一只手捉不住两条鱼。

三斤的鳊鱼窄着看。

2. 不良个性

东边打雷,西边掣霍。

有理三扁担,无理扁担三。

疏懒死好吃。

猪窠里顿不住萝卜。

好吃懒做一路走。

清早九百九,下昼甩空手。

外头摆阔,屋里刮钵。
鸭子死了嘴巴硬。
鸭子背上泼瓢水。
四六充五六。
八刀剁不进。
倚疯带洋邪。
抓着门伙狠。
三日不了,四日不休。
大脚穿细鞋,两头扯不来。
白天咚咚锵,夜晚熬月亮。
吞了怕是骨头,吐了怕是肉。
狗子坐轿不受人抬举。
得了便宜还卖乖。
猴子不吃人,生相看不得。

3. 其他

细伢说实话。
细伢不冷,酒缸不赁。
蛤蟆无颈,细伢无腰。
外甥中举,外婆家风水。
破窑出好瓦。
爱好看,冻得颤。
弯弯扁担不断。
扁担无纳,两头失塌。
竹篮打水一场空。
河里无鱼虾也贵。
砌匠冇得瞄匠高。
新三年,旧三年,缝缝补补又三年。
新老大,旧老二,补老三,破老四。
瞌困有个瞌困虫,瞌困来了要进笼。
生苕甜,熟苕粉,夹生苕,冇得整。

语言是文化的载体,一个地域人民的生存历程与文化精神,都可以通过语言来体现。鄂州方言是反映吴都文化的窗口,方言与鄂州的地域文化密切相关。鄂州,这座古老的吴王古都,风俗民情众多,这些历史文化信息都需要由鄂州方言来承载,在鄂州作为国际化空港城建设的重要时期,记录并保护鄂州方言,也是呈现和保护吴都文化的多样性的重要途径。

文化鄂州
Wen Hua E Zhou

自 20 世纪 80 年代以来,鄂州经历了城镇化建设,未来也将开启国际化蜕变,我们惊喜于鄂州经济的蓬勃发展的同时,也应该意识到,我们的方言,已经渐渐只回响在我们的记忆中了。因此,我们需要让人们认识到方言独特的文化属性以及不可再生性,激起人们对方言传承紧迫性的重视,并引导当代鄂州人发现方言的美好和生命力。

 阅读资料

资料1

湖北省鄂州市的方言骨骼刚劲,话调铿锵,十分有趣,而且很有几分"拐"劲。如看到小偷行窃,失主发现后就会大喝一声:"强头,站倒!"小偷竟真的吓得立住了,比起普通话的"小偷,站住",鄂州方言多了一份震慑的功效。

鄂州方言中的"喜头"是指鲫鱼。"打赤抱"是指光膀子。"困了"就是说睡觉了。"紫板"就是说很听话。"冒招倒"表示不是故意的。"真倒"指的是今天。"门倒"是说明天。"说拐话"就是说不好听的。"旧了系"表明无可奈何的意思。"黑一射"就是吓一跳的意思。"困倒"就是躺着的意思。"翻敲"就是蛮挑衅的意思。"下拍"就是很努力的意思。"发抛"就是说大话的意思。"拐子"就是哥和老大的意思。"劳慰"就是多谢的意思。

资料2

我一向诧异于中国方言的形成机制,字同形、书同文,偏偏不能语同音。全国有官话方言、吴方言、湘方言、赣方言、粤方言、客家方言和闽方言七大方言区,仅官话方言又有江淮官话、西南官话等诸多分支,枝枝蔓蔓,蔚为大观(其实不只是中国,方言现象外国亦然。真正的内行一耳便能分辨出这个美国佬是洛杉矶的还是曼哈顿的)。我们湖北传统上又可分为四个方言区,鄂东偏北属江淮官话区;鄂西北的方言接近河南中原的口音,单独成一区;鄂东南和鄂正南的方言属赣方言和湘方言的混合,且不能互通;鄂西南则属西南官话区。因此,鄂州方言当属江淮官话(武汉是个异数,身在鄂东,却属于鄂西南的西南官话区)。

鄂州方言骨骼刚劲,话调铿锵,发的是"五音"中的"齿音"(五音:音韵学中依据发音部位的不同分为唇音、齿音、舌音、牙音、喉音,"五音不全"即指此),吐纳间有股咬牙切齿的味道,任你再温润的人物,再纤秀的女子,开口吐出一串鄂州方言,也兀自有了一份凛然厉色,用鄂州方言讲就是很有几分"拐"劲。尝闻一外地小偷来鄂州行窃,失主发现后大喝一声"强头,站倒",小偷竟真的吓得立住了,比起普通话的"小偷,站住",鄂州方言多了一份震慑的功效。

鄂州方言不像一江之隔的黄冈话那么温吞,个个字都卷着舌头,黏糊糊的,就算是吵架,詈言恚语的边缘也覆着圆形的弧,规避了许多的锋芒和棱角,这也是坊间评说黄冈人比鄂州人显得敦厚的原因吧。鄂州方言又不似近邻武汉话那么尖拔,武汉人发的是"牙音",声音从牙齿缝里一马平川、无关无隘地脱闸而出,又喜用尾音作后缀,"你搞么事沙?"透着一丝焦灼与愠色,有点"冲",好像满肚子的块垒都指望着靠说话来排释。所以,武汉人的"拐"名比鄂州人更甚。有意思的是,面积仅1596平方公里、弹丸之地的鄂州竟也有不同的方言分区,比如梁子湖区的涂镇和太和,走的就是赣方言的路线。"嗯恰咪?(你吃什么)"好端端一句话要揉上几百个褶,以至面目全非,莫说外埠人,就是道地的鄂州土著听来也是佶屈聱牙,非得"训诂"一番才能领会其意。

记得我在武汉上大学时,曾经仿英语四级考试,出过一组鄂州方言四级测试题来考我那些来自五湖四海的同学:

1. "针么炸还上该"是何意?

a. 你借我的针该还我了吧? b. 这个时候还上街? c. 街上有针卖吗?

2. 鄂州方言中的"克马""喜头"是指哪两种动物?

a. 河马、牛;b. 河马、鲫鱼;c. 青蛙、鲫鱼。

3. 鄂州方言中的"打赤抱"是何意?

a. 摔跤;b. 光膀子;c. 农村打场子

……

结果能及格的为数寥寥,及格的那几位也跑不出湖北、湖南的地界。其实,鄂州方言比普通话更接近汉语的本源,古汉语原本有九种声调,即阴平、阳平、阴上、阳上、阴去、阳去、阴入、阳入和轻声。后来北方少数民族入侵,深感汉语语调的复杂,便逐渐减少调值变化,使之日趋简化,及至清朝,北方汉语方言已减少到四个声调,即普通话中的1声(阴平)、2声(阳平)、3声(上声)、4声(去声)。但这种嬗变由北至南逐渐弱化,现如今鄂州方言仍存6个声调,即阴平、阳平、上声、阴去、阳去、入声,这个"入声"就是典型的古汉语发音。比如吃(qi)、解(gai)、下(ha)、咬(ao)这些常引人发哂,带着"土气"的语音,底子里却是中国汉语的根脉,是对华夏音韵的传承。是故,鄂州人学习仍存7～9个声调的粤方言和闽南方言比学习四个声调的普通话更得心应手,鄂州KTV里粤语歌唱得不输原音的大有人在,而电视台主持人倒十之七八都是外地人。

以前少年孟浪,总觉得操一口乡言俚语有失偶傥,又有感于武汉方言的强势,便屁颠屁颠地去学汉腔。及至年岁稍长,终于悟出了自己的矫情,倒是觉得鄂州方言愈来愈中听,虽稍嫌鲁直,却直抒胸臆、快意恩仇,自有一种淋漓舒泰之乐;又因比普通话和武汉话多两个声调(西南官话也仅有四声),更平添一层繁复跌宕之美。细细想来,一方水土育一方人,成一方言,又哪里有什么妍媸之别呢? 自此,一生笃定只讲鄂州方言了。

(来源:http://bbs.cnhubei.com/thread-1895043-1-1.html)

考考你:

你知道以下鄂州方言词语表达的意思吗?

1. 流习的——快点

2. 际倒——站着

3. 紫板——听话、乖

4. 恰啊——刚刚
5. 以疯带洋邪——瞎跟着起哄
6. 冒招倒——不是故意的
7. 真倒——今天
8. 门倒——明天
9. 闷倒——不停地
10. 茗起来——不停地,但带有情绪
11. 说拐话——批评,说不好听的
12. 朗一哈——把杯子冲一下
13. 服子——毛巾
14. 旧了系的——无可奈何的,顺其自然的
15. 水荡子——水坑
16. 一哈子——很快
17. 茗——傻子
18. 冒麦倒——没想到
19. 困醒——睡觉
20. 细日子——很小的时候
21. 灶门口——厨房
22. 拐话——坏话
23. 哈是——都,全部
24. 扯马一哈——突然地
25. 郎噶——老人家
26. 卯起来——一个劲地
27. 乜——蛮,很
28. 劳慰你了——麻烦你了,谢谢你了
29. 黑一射——吓一跳
30. 长得真独人痛——长得真可爱

第二节　曲艺风华

> 《越人歌》是目前有史料记载的流传于鄂州一带的最早的民歌。其艺术水平极高，和楚国的其他民间诗歌一起成为《楚辞》的艺术源头。它是中国最早的翻译作品（将古越语翻译成楚语），体现了不同民族人民和谐共处的生活情状，表达了对跨越阶级的爱情的向往。

一、民歌渊源

（一）创作背景

《越人歌》歌词源于西汉刘向《说苑》（又称《新苑》）的第十一卷《善说》，这部先秦诗歌作为中国第一首翻译作品，与楚地流行的其他民间歌曲共同构成《楚辞》的来源。

根据原文的记载，《越人歌》是越国的船夫唱给公子晳的一首歌曲。公子晳的封地包括当时的鄂地，鄂就是今天湖北的鄂州。

据史料记载，越族是一个居住在中国南方的古老民族，也可以被称为百越或百粤。先秦时期，南方的蛮族被称为"越"，北方的蛮族被称为"胡"。越人长久以来形成了自己的生活习惯、文化和语言，所以我们现在所了解的《越人歌》并不是越人的原语歌曲，实际上它是由当时懂越语的楚人翻译而来。

（二）歌曲解读

《越人歌》有几个故事版本，如"情歌""同性恋歌""颂歌"，其中最受欢迎的版本当属刘向的《说苑》中记载的故事。原文大意如下：公子晳在封地鄂时，他曾泛舟于湖上，听闻湖畔鼓声齐鸣。为他渡船的是当地的越人，越人十分仰慕公子晳，所以对着他拥楫而歌。歌词是"滥兮，抃草滥予，昌枑泽予，昌州州，鍖。州焉乎，秦胥胥，缦予乎，昭澶秦逾渗，惿随河湖。"因为这首歌是越歌，公子晳无法听懂越语，于是他就让随行的翻译人员对这首歌进行解释。经翻译后的版本就是我们现在看到的《越人歌》，公子晳听了翻译后，并没有因为泛舟越人向自己坦白爱意而感到愤怒，反而被他歌曲中所透露的款款深情打动了。

这首歌的白话翻译是："今晚是怎样的晚上啊河中漫游，今天是什么日子啊与王子同舟。深蒙错爱啊不以我鄙陋为耻，心绪纷乱不止啊能结识王子。山上有树木啊树木有丫枝，心中喜欢你啊你却不知此事。"由此可见，这首歌曲是一首由普通越人向楚国的封君表达爱慕之情的跨阶级情歌,船夫对王子的爱慕,也可以理解为子民对贤明君主单纯的崇敬。

(三)歌词分析

《越人歌》是楚辞音乐的来源之一,楚辞是指流行于楚国一带的歌辞,又称为楚词,是战国时期的爱国诗人屈原在楚国本地民歌基础上创作的一种新的文学体裁。

首先,不同于《诗经》,楚辞除了使用杂言体进行创作,还多用一种语气词"兮"。在屈原的作品中就有很多"兮"字的使用,同样,在《越人歌》中也不乏"兮"字的运用。歌词中的"兮"字都可翻译成现代白话中的"啊",虽然并无实际含义,却构成楚辞这类诗歌当中最为鲜明的艺术特征。从歌词中可以发现"兮"都是运用于句与句之间,从而呈示出别样的风格,行文上的安排使其富有了语言音韵上的美。

其次,"兮"作为重要的语气词,其使用加强了语气,使得泛舟越人对公子皙的真挚情感被表现得一览无余,如果不使用该字或换用他字,则会让人觉得句词略显生硬。歌曲的末句"山有木兮木有枝,心说君兮君不知",其中的"木、枝"可以视作是"慕、知"的通假字。这样的谐音使用十分恰当,浓厚的爱慕之意尽显。这种文学上的双关用法使得主题表达更加深刻。此处更是一种比兴手法的运用,在此处提及山上啊有树木,树上啊有枝叶,以树木枝叶来引出自己更深层次的含义表达。好像是泛舟越人在抱怨:为什么我对公子皙的爱慕不能够像这些自然现象一般合理存在呢?此外,这句当中"君"字的两次使用,则显示出他和公子皙在情感交流上的互动与心灵的拉近,前文出于普通百姓对于君王的尊重之情,使用"王子"来表达越人内心的敬重和爱戴。而这里"君"字的使用则显示出越人与公子皙心灵距离上的相互靠近。

歌词在字数安排上的不一致,进一步表达出内心情感的波澜起伏。歌词的第三句"蒙羞被好兮,不訾诟耻",和首句的字词结构一致,但第四句与第二句的结构却有明显差异,形成了七言加四言的组合形式,巧妙地表达泛舟越人内心的惶恐与复杂,而音乐的情绪也在字词的转换间被完美地释放出来,悲伤与喜悦紧密交织在一起。

(四)音乐结构分析

《越人歌》是我国古代诗歌的典型代表,当代两位著名的作曲家谭盾、刘青根据自己独特的创作理念对《越人歌》进行了谱曲,两个版本同用《越人歌》歌词文本,却塑造出异样的风情。谭盾版《越人歌》是特地为电影《夜宴》创作编配的音乐,其服务的主体是电影《夜宴》,《越人歌》的使用增加了电影剧情的表现力,并起到了很好的场景烘托效果。刘青版《越人歌》以原诗歌故事情感为写照,经宋祖英动人演唱而广受称赞。在此我们以刘青版《越人歌》为例进行音乐分析。

《越人歌》曲谱

　　全曲采用 G 宫民族五声调式创作而成，为典型的并列单二部曲式结构。此曲由简单的五个音进行旋律的表达，因而富有民族风韵。这首歌的节拍是四四拍，较多使用了八分音符、四分音符、二分音符，频繁地使用了二八、大附点这类节奏型。观察乐句可知，每一句的结尾都结束在长音上，这样的节奏规律使人仿佛被包裹在音乐之中。节奏在歌曲中犹如一个人的骨架，由此可以确定这首歌曲的旋律风格应该是温婉细腻、抒情而自由的。

　　观察全曲可知，此曲共有两个乐段组成。前四句上的旋律起伏不大，使用二度音程或三度音程来组织音乐，虽有少数的跳进，但音程距离并不大，因而更有叙事性的风格，显示出情绪的平稳。在第二句"今日何日兮"使用二度音程形成旋律上行的表达，显示出越人内心逐渐难以抑制的激动,他无法相信竟然能够和公子皙一同泛舟于湖上,这是多么大的荣幸啊。

歌词的末句简单的一句话却被重复了四次之多,形成了歌曲的情感高峰。这一部分旋律的跳动较大,音域也较高。"山"作为始音,也是整首歌曲的最高音,此处的高八度的旋律下行,与第一部分平缓的情绪表达形成鲜明的对比,此刻越人再也不能克制内心的冲动,将心中对于公子皙的爱慕呐喊了出来。随后在末句旋律趋于平缓,内心的所有情绪在释放后也逐渐平静。

(五) 演唱分析

声乐演唱必须把握好情感。旋律、音色、节奏等音乐要素都是为情感服务的,如果脱离了情感,那么音乐文本就会变成一潭死水。演唱《越人歌》时必须把握好情感,处理好人物与情感之间的关联,通过气息、咬字行腔等演唱技术手段将情感完美地呈现出来,这才是演唱的最终目的。

作为一首古诗词作品,《越人歌》充满了古典意境,其中所包含的情感必须与作品的意境相吻合。由于这首作品表达的是泛舟越人对爱情的无奈、遗憾,所以演唱时就必须表达出一种委婉的意味,如果用过于明亮、清脆的声音的话,与主题意境不符。演唱时要将声音的处理与歌词意境融合在一起。如演唱"今夕何夕兮,搴舟中流"时,要想象自己置身于潺潺流水的溪流上,营造出一幅美好的画面。演唱这句时情感要悠扬细腻,充满自然优美的心境、无忧无虑的情绪。当唱到"今日何日兮,得与王子同舟"时,情绪要进行转变,因为此时情景发生了变化,遇到了王子,心情自然会产生波动,所以声音的处理上不能有悠扬的感觉,要表现出害羞、紧张的情态。当唱到"蒙羞被好兮""心几烦"时,情绪要更加害羞,但是又多了一些彷徨、焦虑,因为担心王子不喜欢自己。当唱到"山有木兮木有枝,心悦君兮君不知"时,全曲达到高潮,随着旋律下行的八度大跳,情感得到释放,无奈之情油然而生,演唱时要控制好气息,不能过于松弛也不能紧张,要将遗憾、无奈、伤感之情唱出来,做到声断气不断。

》》二、民歌

> 劳动号子:劳动号子是产生并应用于劳动的民间歌曲,具有协调与指挥劳动的实际功用。鄂州素称百湖之市,数百年来屡遭水患,历史上堤防工程、湖区治理、防汛抗旱、筑堤建闸都必须人工抬硪固基。硪歌是民工打石硪筑堤固基时即兴唱(喊)出的歌号。樊湖硪歌内容涉及面很广,多是见人唱人、见物唱物的一种即兴编唱形式,词曲简洁有力、高亢朴实,节奏强烈鲜明,已被列入鄂州市第一批非物质文化遗产名录。
>
> 田歌:田歌是劳动人民在田间劳作时,如插秧等时唱的民歌,在鄂州的沼山、太和、汀祖、沙窝等乡镇广为流传。

> 灯歌：又称花灯调民歌，是鄂城逢年过节玩灯时唱的一种民歌。其流行范围较广，与民间的"打狮子""踩高跷""扇子花""抛绣球""采莲船""虾灯""车灯"等民间艺术形式结合在一起，丰富多彩，相得益彰，是当地百姓精神生活的综合反映。
>
> 小调：小调又称"小曲""俚曲""时调"等，是人们在劳动之余，日常生活当中以及婚丧节庆时用以抒发情怀、娱乐消遣的民歌。
>
> 风俗歌：风俗歌的演唱与传承具有特定的民俗文化背景，鄂州的民间风俗歌曲多用于婚嫁、生子、祝寿、送葬、造房、祭祀等场合。太和镇一带流行有《哭嫁歌》《祝寿歌》，汀祖镇、碧石渡镇一带流行有《撒帐歌》《盖房歌》《敬酒歌》。

先秦以来，鄂州曾是历史上的区域政治中心和重镇，吴楚文化在此激荡交融，同时，在以水运为主要交通方式的时代，这里人来舟往，民歌口口相传，融合特征明显。所以，鄂州无论是地理上，还是民歌文化分区上，都处在赣民歌支区、江汉平原民歌支区和湘民歌支区的交点上，这使得鄂州民歌异彩纷呈。

乡村乐队

（一）劳动号子

硪歌，就是一种劳动号子。曾流行于鄂州的樊湖硪歌有其独特魅力。樊湖硪歌至今已有350多年历史，经过多年的发展，形成如下特征：

第一，鄂州系百湖之市，数百年来屡遭水患，筑堤垒坝，打硪固基，硪歌应运而生，具有鲜明的地域特征。

第二，硪歌乡土气息浓，土而不俗，曲调高亢，优美动听，真切感人，具有独特的艺术风格。

樊湖硪歌是在特殊历史背景和地理环境下产生的一种民间曲种。鄂州素称百湖之市，数百年来屡遭水患,民众为了生计,经常与洪水搏斗,修堤筑坝,打硪固基。同时,也创作了无数打硪号子,硪歌应运而生。

据清光绪《武昌县志》载,道光十五年(1835年)前,樊口耙铺大堤就存在。据推断,耙铺大堤肇基于明代中叶(距今约500年),竣工于明末清初,从那时起打硪盛行,硪歌便流传于世。现在,樊湖硪歌已被列入鄂州市第一批非物质文化遗产名录。

樊湖硪大体有三种形式:第一种是石磙硪。农家在稻场上碾谷子用的石磙,绑上4根木棍,由8人提打。第二种是片硪,又称方石硪或飞硪。将一块重100公斤的大方石,四角凿圆孔系绳,由8人持绳抛打,时高时低,起落如飞,场面壮观。第三种是木硪。一种圆柱形的木桩,只需要1个人或2个人提打。

片硪

作为一种民间艺术,樊湖硪歌的内容通俗易懂,涉及面较广,歌词多为即兴创作,见人唱人,见物咏物,也有唱历史故事的。曲调常吸取鄂州民间小调,演唱形式为一唱众合。领唱者有唱词,合唱者起衬托作用,没有实际内容,只唱一些感叹词,如"哟、嗬、嗨"等。樊湖硪歌的音程跳动不大,音域多在十度左右。硪歌节奏强烈鲜明,领唱者又都是喊号子的高手,声音高亢有力,使听到的人如雷贯耳,往往能激发打硪者的干劲,衬托出热火朝天的劳动场景。

硪歌取材十分广泛,有的取材于历史故事、民间传说,也有的来自通俗唱词,更多的来自鄂州当地楚戏唱本,如《劝姑》《吵嫁》《白扇记》等。还有一种更考验领唱者的水平,完全是即兴创作,随唱随编,看到什么就唱什么,想到哪就唱到哪,语言朴实搞笑,生活气息浓郁。

硪歌曲调有多种,最普遍的是"四平调"。

笔者本是一石头来自山上,笔者姓石叫石磙家住稻场。

多亏了巧石匠将笔者凿上,一头大一头小又圆又光。

农友们收割时把笔者用上,架磙盘用牛拖帮忙碾米。

忙完了季节活把笔者闲放,还说笔者不如磨愚蠢非常。

昨夜晚睡稻场耳听人讲,说政府防水灾要笔者出山。

又说是片硪轻难保质量,赶不上笔者石磙身强力壮。

次日里硪工们绑上轿杠,八个人抬起笔者像抬新娘。

抬到了工地上开口就唱,他一唱笔者一蹦不慌不忙。

论深度打到了八寸以上,把堤坝筑成了铜墙铁壁。

哪怕它洪水大能够抵挡,修好堤筑好坝增收棉粮。

……

这便是一段有趣的石磙硪唱词。随着时代进步,如今修堤筑坝都用机械代替了,优美动听的硪歌随之远去。然而,樊湖硪歌作为一项珍贵的非物质文化遗产,将永远储藏在鄂州民间艺术宝库中。

(二) 田歌

鄂州的沼山、太和、汀祖、沙窝等乡镇流传着大量的田歌。

插田锣鼓又叫插秧歌、栽秧歌。鄂州一带在春季插田的时候,有开秧门的风俗,开秧门是老百姓非常看重的一件事。

很多家庭要请人来帮忙,一部分人扯秧,一部分人插秧。歌手站在田埂上唱歌,面前挂着小鼓,下面吊着锣,边打边唱。唱者即兴而作,有忆苦思甜、歌颂政策、赞美新人新事等内容。歌词简洁,曲调悠扬,主要起着活跃气氛,鼓足干劲的作用,深受当地百姓喜爱。

栽 田 歌

1=C 2/4　　　　　　　　　　　涂 镇

3 6　6 | 2 1 6 6 | 3 2 1 6 6 1 | 2 1 2 3 | 3 — |
左一下,　右一下,　那婆娘栽秧　嘴就个　　扁。
一下一把,一下一把,那女伢栽田　不晓得几　　快。

雷就个轰,| 电就个闪,| 你吓不吓不 | 过? 0 | 不吓不 过哟。|
风就个吹,| 雨就个下,| 你吓不吓不 | 过? 0 | 那么　吓不过。|

郝如法 唱　张靖鸣　刘江峰 记

《栽田歌》曲谱

(三) 灯歌

灯歌又称花灯调民歌。其表演形式多种多样,主要有采莲船、麻四姐骑黄牯、双推车、板凳龙、踩高跷等,风格特点是载歌载舞,表演内容多为欢庆节日、庆祝丰收、歌颂爱情等。

其中采莲船又是每年花灯表演中必不可少的一种艺术形式。采莲船的领唱者是渔夫,他必须有较好的口才,善于随机应唱,歌词越吉利越好,且要幽默,让人喜欢。坐在船上的多是由男性扮演的女旦,但最好还是由女性扮演,越漂亮越好。船后有一个艄婆子,手拿芭蕉扇,边舞边摇,要滑稽幽默,用扇子扇走一年的霉气、秽气、穷气,让来年少病少灾、添福添寿、招财进宝。表演者边唱边舞,艄婆子不时做出一些滑稽的动作。高潮的时候,歌声、喝彩声、鞭炮声、锣鼓声震耳欲聋,充分表现出湖区百姓节日欢乐的热闹场面。

采莲船

渔夫唱的民歌《采莲船》,就是鄂城最具有代表性的民间歌曲,是该地区乃至湖北省流传最广的原生态歌曲,几乎妇孺皆知、老少会唱。其歌词为七言句式,朗朗上口,多为四二拍节奏,强弱变化鲜明,旋律音程不超过八度,起伏平缓,易于记忆。

采 莲 船 （花灯调）

梁子湖民歌

1=G

6 6 1　5 6 | 2 2　| 1 6 5　6 1 6 | 5.6　1 |
（领）小小的船　哟 哟　（领）两头（合）尖哎 呀嚙嗨

5 2 1　2 6 | 6 2 6　1 6. | 1 6 1　5 6 | 5.6　5 ‖
（领）来到 贵府（合）呀喂了 哟（领）贺 新 年 来（合）划 划 着

张靖鸣　记谱

《采莲船》曲谱

又如沼山镇桐油村港背湾的民歌《双推车》，为五声音阶，徵、羽交替调式，歌词简单明了，每一句后面都加有衬词，使得音乐篇幅稍有扩展，尤其是第三句，衬词长达四小节。衬词中间有一小节是四分音符的节奏型，这是两拍锣鼓间奏，让歌曲听起来情绪振奋，场景热烈。《双推车》的歌词简洁、凝练、质朴，朗朗上口，具有口语化的特征，这首民歌充分表现了梁子湖区老百姓欢度节日的喜悦心情。

双 推 车

梁子湖东岸（沼山）一带民歌

1=B

1 2　5 1 | 1 2　3　2.1　1 6. | 6 1　1 6 | 5 6　1 |
锣鼓 闹沉 沉 哎　哟 嗨　惊动 一满 门 哎

6 1 5　6 | 6 6 2 6 | 1 6 | 1 6　5 | 1.　6 |
咿 呀 嗨　今日 到此 来　恭喜 大发　财 哎

6 3　5 | 6 1 5　6 | × × | 5 1　6 | 1 6 1 6 |
咿呀嗨 咿呀嗨　　　　呀嚙嗨　恭喜 大发

5 1　6 | 6 3　5 ‖
财 哎　咿呀嗨

《双推车》曲谱

梁子湖花灯调民歌的衬词极多，如单字衬词"呀、哎、喂、哪、呐、哇、嘞"，双字衬词"溜溜、哎嘿、哟嚙、哦吆"等，多字衬词有"合四合、呀嚙嗨、划划着、咿儿呀哟、希马哪的个"等。其中，最具代表性的衬词有"哟、哎、咿呀嗨、呀嚙嗨、登登"等。

这些衬词与梁子湖区的方言中使用频率最高的一些口语虚词、语气助词有着密切的关系。如衬词"哟"字，在梁子湖周边的鄂城、大冶一带的方言中就用得很多。人们见面时经常说"哟，好久不见了"，表示惊讶的语气；"哟，这件衣服好漂亮"，表示赞叹。"咿呀嗨"这句衬词就出自群众口中常说的"咿呀"这个词，"咿呀，你还有两下子"，表示惊诧、赞美的意思；"呀嚙"的意思和"咿呀"差不多；"咿呀嗨"和"呀嚙嗨"这两句衬词均来源于"咿"和"呀"这两个口语音节，没有实际的意义，但它们出自梁子湖一带的老百姓日常生活的口头语，能显现强烈的梁子湖区独特的语言色彩和浓厚的地域生活气息。

另外，这些口语化的衬词还具有一种"煽情"功效，诚如一位民歌衬词研究者所言："衬词是一种虚词，从发生学角度来说，它是原始人类在语言产生之后迸发于胸的各种感情外显的历史遗迹，在语言和文学之后产生，它作为不定性的语言（语音），由于蕴含着人类丰富的情感密码，始终是音乐作品中的煽情元素。"衬词就是梁子湖花灯调作品中的煽情元素，每当民间歌手演唱的时候，乡音土语的口语化衬词，能够激起老百姓内心世界的共鸣，老百姓随口跟着哼唱，一呼百应，群情激荡，令人振奋，这就是梁子湖民歌衬词口语化的特点。

梁子湖花灯调民歌属于季节性风俗歌，如在春节举行的民俗活动中定时演唱的一类风俗歌曲。歌曲情调大多数欢快泼辣诙谐、个性鲜明、情感浓烈，"艺术品是将情感呈现出来供人观赏，是由情感转化成的可见可听的形式"。在这种让老百姓觉得亲切朴实、感情真挚的艺术表现形式中，衬词的确起了不可忽视的作用，它与正词和谐相处、相辅相成，以独特的方言和特定的词汇形式展示出一个个鲜活的劳动生产画面和生活场景。

梁子湖西北岸一带有一首民歌《挑花篮》："今天天气（登登），晴得好（呀嗬嘿呀嗬嘿），男男（哎）、女女（呀），情郎我的哥，秦兰英（哪合四合）。……"这首《挑花篮》也是春节期间与《采莲船》《双推车》一起表演的歌舞节目，内容反映的是在一个百花齐放的春天，夫妻二人在田野一边劳动一边对唱，在对唱中，他们唱出四季生产的程序和许多花朵的特点。这里运用的衬词较多，像"登登、哪合四合、一马郎当、一得呀儿哟"等，非常通俗浅显，节奏明快，旋律明朗流畅，具有渲染环境、活跃气氛的功效，使整首乐曲洋溢着春天朝气蓬勃的气息。当然，这些衬词不仅有风趣幽默的意蕴，而且包含了浓厚的梁子湖畔独特的生活气息和乡土韵味。更重要的是，这些衬词是老百姓内心世界的真情流露，它所蕴含的深刻意义就在于充分表现了梁子湖区的人民不畏艰难困苦，对美好生活无限向往的乐观主义精神。

《挑花篮》和《采莲船》《双推车》等民间歌舞节目是梁子湖人民群众生产劳动画面的一个个真实写照。"凡音之起，由人心生也，人心之动，物使之然，感物而动，故形于声"，而衬词艺术就是梁子湖人民群众在劳动生产中的心灵感悟，也是他们乐观积极的心灵世界的真实反映。不论是古代，还是近代，不论百姓的日子多么艰难，花灯调民歌年年传唱，代代传唱，民间艺人们不辞辛苦，走村串社，用最质朴的语言，切切实实地表达了老百姓最朴素的愿望，给人民群众带来了欢乐和美好的憧憬，这是梁子湖花灯调民歌经久不衰的一个重要原因。

(四) 小调

鄂州民间流传的关于爱情、婚姻的小调情歌较多，像十爱、十恨、十绣、十想、十劝、十把扇子、十二月花、十二时辰等民歌，或柔美哀怨，或活泼婉转，艺术感染力强。这些小调民歌唱出了老百姓的真情实感，唱出了人们对爱情和幸福的向往，同时折射出这个地区在一定历史条件下的社会风貌与婚姻状况。

《十送情郎》在鄂州乃至湖北中部地区流传很广，其曲调婉柔细腻，歌词内容直白率真，表露了乡村女性的炽热情怀。有些段落采用了借景抒情、寓情于景的写作方法，通过景物、季节、天气、地点的描写,刻画出一位女性爱恋与牵挂情人的内心世界。这首民歌在湖北这一调式色彩过渡与交融区有一定代表性。

十送情郎

长岭

《十送情郎》曲谱

(五) 风俗歌

风俗民歌的演唱与传承具有特定的民俗文化背景,其歌曲本身蕴含深邃的民俗文化内涵。鄂州的民间风俗歌曲多用于婚嫁、生子、祝寿、送葬、造房、祭祀等场合。太和镇一带流行有《哭嫁歌》《祝寿歌》,汀祖镇、碧石镇一带流行有《撒帐歌》《盖房歌》《敬酒歌》。

鄂州的婚嫁歌具有悠久的历史,浓郁的地域民俗风情。婚嫁歌分为男方娶亲歌和女方出嫁歌两种,鄂州男方娶亲歌主要包括《撒帐歌》和《插花文》等。

《哭嫁歌(二)》曲谱

《哭嫁歌》的内容、形式、程序则表现出丰厚的民俗意蕴,能够比较全面地反映这一地区的婚姻形态性质和婚姻习俗。《哭嫁歌》是用哭声来演绎出嫁场景,其过程像一组声乐套曲,有独唱、对唱等形式。太和《哭嫁歌》大致分为六场次,有序幕、中场、高潮,还有尾声,内容与形式高度和谐统一。其中有凄哀真切的"哭爹娘",有酣畅淋漓的"骂媒人",也有婉转情深的"哭兄妹"等。前几场音乐腔调大致一致,最后一场"哭百花"的音调最有特色。《哭嫁歌》不仅是一个地区婚嫁习俗的表现形式,还能显现当地的婚姻理念、婚姻道德规范,更能从中折射出家庭经济状况、人际关系和社会背景。

在鄂州市的沼山、葛店一带还流传有祭祀歌曲,沼山镇张氏敦义堂家族"太公祭"祭祀活动,每年分春秋二祭,旨在祭祀祖先,教育来者,祈求后人吉祥富贵。其祭祀程序复杂烦琐,参与仪式成员有歌童若干人、礼生若干人等。歌童从本家族读书的少年中选出。其祭祀歌曲有 64 首,包括《求神诗》《迎神诗》《参神诗》《初献诗》等,俨然是一套大型声乐组歌。

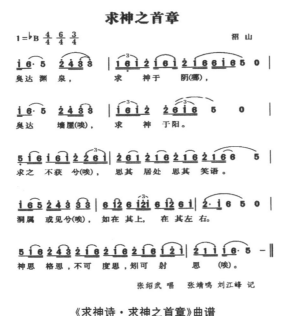

《求神诗·求神之首章》曲谱

从拜祭仪式、民歌演唱中可以探寻吴楚祭祀文化的踪迹。民歌中有该家族文人所创作的四言诗,古朴严谨,庄严肃穆。祭祀仪式和民歌内容既体现了近古宗法思想,也融合了儒释道文化精神,展现出传统文化特质。

鄂州民歌是一根深植于民间音乐土壤中的藤蔓,是从历史沧桑中流淌出的一泓清流,在飞速运转的现代时空中传递着原生文化的氤氲,为地域精神文明建设投入一束恒远的光泽。

》 三、民间吹打乐

> 牌子锣:一种自由连缀的民间吹打乐,由吹管乐和打击乐两部分组成。吹管乐主要有唢呐、笛子、三节号、小管等,打击乐有大筛锣、京锣、小锣、马锣、大铙、小钹及鼓板等。一般由13人组成演奏队伍,遇到重要庆典活动,则增加4吹、4锣、2笛,共23人。已被列为第三批国家级非物质文化遗产项目。
>
> 玉连环:新时期得以新生并确立的曲艺品种,是鄂州市独有的文艺品牌,故称"鄂州玉连环"。原是一种古老的民间道教打击乐演奏形式,根植于乡土,世代相传。明清时期,鄂州"伙居道人"将此用于斋醮祈祷活动。鄂州玉连环曲调节奏明快,气氛热烈,在音乐上除加入"对偶调""闹花堂"等民间小调外,还吸收了"纺棉纱""湖北小曲"等民间音乐素材。在表现形式上既可一人演唱,也可群体表演,融唱、舞、快板为一体。同时,玉连环具有敲击乐的特色,再加上鄂州太和地区方言,形式独特、表演风趣诙谐、曲调热烈活泼的特点更加突出。
>
> 丝弦锣鼓:本地民间吹打乐之一,由牌子锣即喇叭锣演变而来,已有三百多年的历史。丝弦锣鼓由拉弦乐、弹拨乐、吹管乐、打击乐四部分组成,乐队较为庞大,经历了从农村湖滨地区向沿江一带城镇发展的过程,由小型的娱乐形式发展成为在传统节日、大型集会、庙会中表演的大型娱乐活动。

鄂州民间器乐主要是吹打乐,其种类有牌子锣、玉连环、丝弦锣鼓等,历史久远,曲目繁多。鄂城有句俗语,叫作"湖畈有吹打(牌子锣),城区闹丝弦(丝弦锣鼓)"。这两种不尽相同的民间吹打乐,是鄂州民间文化艺术中的佼佼者。以梁子湖区为代表的牌子锣、玉连环,流行于滨湖地区的沼山、太和、东沟和涂镇一带,覆盖面占全区83个村的51%;以古老的鄂城老城区为代表的丝弦锣鼓,东起杨叶、燕矶,北至华容、葛店,流布沿江近10个乡镇。还有活跃在城乡的数以百计的班社组织,与散落在其他地区的乐种,如西山寺的庙堂音乐和道观经乐等,组成鄂城一个庞大的"民器家族"。

(一) 牌子锣

牌子锣,少数地方也叫喇叭锣。《鄂城县简志》载:明崇祯十六年(1643年),农民军首领张献忠进攻武昌府,在经过鄂城葛店时,广大农民夹道欢迎。当时葛店姚湖附近的杨姓、罗姓及其他村民纷纷以吹喇叭、敲锣鼓的方式欢迎农民军。后来,杨姓以"杨喇叭湾"定村名,而罗姓则因谐音"锣",便取了个"上屋罗"的村名。这段佳话后被载入地方志,三百多年来,牌子锣扎根乡土与民同乐,伴随着生产生活、民风民俗延存至今。

牌子锣演奏活动可以分为三大类:一是民间的"红白喜事";二是迎神赛会;三是传统节

日和一般民俗活动。主要的演奏方式有野外行走演奏、室内定位吹打等。

牌子锣的锣分高、中、低、老等音色;它与高低不同音色的唢呐灵活和谐地合奏变奏,加上当地民间丝弦乐和轻吹细打的清美小乐(叮、当、哐)的掺和显现,使得乐曲表现力宽广,释放出悦耳动听、节奏鲜明、甜美的旋律。牌子锣的音乐旋律时而级进(二度、三度)、时而大跳(六度、七度、八度),其调式大多以传统五声音阶调式为基础,少数曲牌加入"fa、xi"二音而成为七声音阶,这些特点共同构成了牌子锣独特的艺术魅力。这种本地民乐的乡风气息极为浓烈,足能体现出水乡人的果敢情怀和高朗的气概,让听众流连忘返。

牌子锣乐队

太和镇陈新凤老艺人出身于牌子锣世家,他保留的手抄本《牌子锣曲牌集》是其父亲陈盛甫用毛笔抄写的牌子锣的"工尺谱",目录页的第一行,醒目地写着"民国丙辰二月十二陈盛甫亲笔抄"的字样,其中记有曲牌 114 个,是极其珍贵的民间音乐资料。

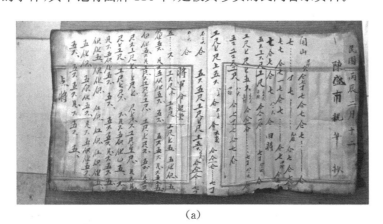

(a)

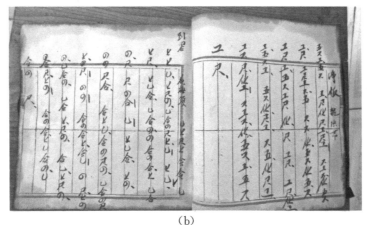

(b)

牌子锣工尺谱

牌子锣乐声洪亮,节奏鲜明,气氛热烈,其曲牌是在民间戏曲音乐的基础上发展演变而来的,具有独特的地方特色。演奏牌子锣的乐器由吹管乐和打击乐两部分组成。多种吹管乐、打击乐和弦乐合在一起演奏,具有悠扬流畅、活泼舒展的音乐效果。演奏根据环境、气氛、时间长短即兴发挥、自由连缀,各种节奏多变、音色丰富的乐器一起奏成"田园交响曲"。

牌子锣曲目有红喜事套曲:《大开门》《小开门》《甘州歌》《拜新年》《虞美人》《千秋岁》《探妹》《朝阳歌》《金榜》(包括变体曲目)共二十五首。白喜事套曲:《风入松》《一江风》《补缸》《打牙牌》《大开门》《小开门》《散吊金榜》(包括变体曲目)共十三首。

"吹打乐"堪称湖北民间器乐的主体,其覆盖面从西至东几乎横跨整个湖北的长江两岸。作为主要乐种之一的鄂州牌子锣,历史久远。牌子锣的曲牌至今保存有百余种,一般可分为宴乐曲、舞乐曲、娱神曲、征战曲、民间小调等。宴乐曲有《金榜》《画眉序》《寿筵开》《甘州歌》《玉芙蓉》《朝阳歌》等;舞乐曲有《沽美酒》《二犯江儿水》《泣颜回》《八板》等;娱神曲有《朝天子》《八仙园林好》《清江引》等;征战曲有《将军令》《得胜令》《五马》《大开门》《龙门阵》等;民间小调有《拜新年》《双探妹》《撒芥菜》《补缸》《醉美人》等。

不管哪种类型曲牌,其主调风格都十分鲜明,吹打结构严谨,旋律简明轻捷,含义明确,富于生活情趣,充分表现了山野湖区人民安逸和睦的生活情景,以及人们对于幸福生活的向往与追求。

(二) 玉连环

玉连环原是本地一种古老的民间道教打击乐演奏形式,是流行在鄂城、大冶农村的民间婚丧喜庆礼仪中为施礼伴奏服务的民间吹打小奏。乐器由竹笛二支("两管"),以小钟铃、铛锣、马锣依次用线串连成的"三星"和打击乐组成。打击乐器有大锣、小锣、跋、小鼓等。演奏时,用筷子或木棒敲打三星,发出三种不同音色的"叮当哐、叮当哐"的悦耳节奏声,使乐曲洋溢着轻快、活泼、喜庆气氛。

玉连环表演

民间艺人在传承过程中,将几种乐器固定成如意形状,故取名为玉连环,并且与鄂州牌子锣曲牌中的一个曲牌同名。据老艺人介绍,玉连环早期演奏活动中,有笙、箫、胡琴、九头鸟（一种古乐器）等乐器,参与演奏者多达上千人。明清时期,鄂城"伙居道人"将此用于斋醮祈祷活动,如婚丧、节庆、大型庙会等等。

玉连环曲牌少而短,以宫调为主要调式,音列为 5 6 7 1 2 3 4 5 6 7 1 2,类似牌子锣的单曲体结构。主调音乐首尾相应,复调回旋、递进,多重复。在吹打交替中,与主调音乐形成鲜明对比。

玉连环曲调节奏明快,气氛热烈,在音乐上除加入"对偶调""闹花堂"等民间小调外,还吸收了"纺棉纱""湖北小曲"等民间音乐素材,其调式以徵式为主,间奏皆以"连环扣"发展。在表现形式上既可一人演唱,也可群体表演,融唱、舞、快板为一体。同时,玉连环具有敲击乐的特色,再加上鄂城太和地区方言,形式独特、表演风趣诙谐、曲调热烈活泼的特点更加突出。此后其乐器有了进一步的改革,拼造成能手握、在舞台上表演的美观道具,在唢呐和胡琴等乐器伴奏下进行说唱表演,从此该曲艺形式更加完善、丰富。

玉连环的演奏一般在民间红白喜事、迎神赛会及传统节日中,与牌子锣的演奏相配合,演奏人员有七八人。在民间的婚丧嫁娶的小规模演奏中,小型、室内、轻吹细打是其显著特点。

（三）丝弦锣鼓

与梁子湖牌子锣相媲美的,是以婉转幽雅见长的丝弦锣鼓。它活跃在沿江一带的10多个乡镇,传说有300多年的历史。

民国初年,鄂城城关的民间戏曲活动、民间器乐活动十分活跃。当时群众性的娱乐班社有"汉剧科班""串堂班""丝弦锣鼓班"。以易龙鑫为首的一班演奏丝弦锣鼓的艺人,既不登台,又不坐唱,而是把汉剧、花鼓戏吹打音乐中的精华部分,采取"边挖边联"的办法,组编成一套一套的丝弦锣鼓。他们在乐器中加进了拉弦乐如二胡、中胡、四胡,弹拨乐如三弦、月琴,吹奏乐如竹笛等,使乐曲显得更加活泼优美而富有表现力。经过长时间的流传和不断的丰富发展,逐步形成自己的独特风格,成为城区和市郊人民所喜爱的新乐种。

丝弦锣鼓由拉弦乐、弹拨乐、吹管乐、打击乐等四部分组成。拉弦乐有京胡、二胡、中胡、四胡;弹拨乐有三弦、月琴;吹管乐有小唢呐、三节号、竹笛;打击乐有大鼓（又名震天鼓）、小鼓、边鼓、云板、大锣、小锣、马锣、小手锣、大铙、小钹等。演奏时,乐队旁有数十根"法码"（约1米长,3厘米宽的竹片）摇动,发生"啪啪"的声响以增强演奏气势。

丝弦锣鼓乐队较为庞大,一人一样乐器,大型庙会增加4面"抬锣",以渲染气氛。

长期以来,丝弦锣鼓沿用了牌子锣的曲牌,但后来受城市文化的影响,揉入了戏曲吹打音乐中的某些特点,更显得风姿迥异,如《万年欢》《百鸟出林》《思春》《陀尼》《梳妆台》《夜深沉》《风吹荷叶》《卷珠帘》《八板》等曲牌,使乐曲内容和演奏形式得到丰富和发展。

鄂州丝弦锣鼓经历了由鄂州农村滨湖地区向沿江一带城镇发展的过程,由小型的娱乐形式发展成为在传统节日、集会、庙会、交流会中演奏的大型娱乐活动。1956年,城关镇胜利街业余剧团老艺人宋兰阶等首次将丝弦锣鼓搬上舞台,创作的歌舞《十二月花神》显示了民间音乐古老而又富有青春活力的艺术魅力。

鄂州民间吹打乐富有浓郁的地方特色,在鄂东独树一帜,它的形成与发展,与历代民间艺人创造性的劳动密不可分。也正是由于他们的手口相授,民间吹打乐才得以代代相传。

 思考与探究:

1. 你知道樊湖硪歌是如何产生的吗?
2. 你能试着唱一唱花灯调民歌《采莲船》和《双推车》吗?
3. 了解了鄂州的小调民歌,会让你想起其他地方的小调民歌吗?
4. 唱完风俗歌曲《哭嫁歌》,谈谈你的感受。
5. 牌子锣的风格特点是什么?请你谈谈民间文化传承与保护。
6. 鄂州玉连环是民俗文化发展为高雅艺术的成功范例,你知道它是如何继承、发展与创新的吗?

第六章　舌尖文化

第一节 香味醇厚的美食文化

> "和八铏"是连同宴飨器具形制一同纳入菜名的菜肴,为鄂州菜系所独有,系宫廷菜,后演变成方言,具有"了不得"的意思。
>
> 武昌鱼得名于三国时期。正宗的武昌鱼是团头鲂,喜欢生活在回流之中,以"鳞白而腹内无黑膜者真"。其肉质鲜嫩可口,脂肪肥厚。
>
> 梁湖大闸蟹具有"大、肥、腥、鲜、甜"五大独特风味,金秋十月是品尝梁子湖螃蟹的最佳时间。
>
> 太和千张以"薄、软、香"著称,白如银,薄如纸,坚如布,可凉拌,可清炒,可煮食,是鄂东南地区的风味食品,堪称"湖北一绝"。
>
> 黄颡鱼羹讲究的是鲜香味美,用梁子湖的水煮出来的粥羹散发着黄颡鱼羹和杉木混合香气,风味独特。

一、方言"和八铏"与鄂州菜的渊源[①]

"和八铏(xíng,古代盛羹的小鼎)",这是包括鄂州在内的鄂东南方言中一个很常见的词,意思是"了不得、很牛"。这个方言与鄂州菜可是有渊源的。

"味在四川,鲜在湖北。"鄂菜,为中国十大菜系之一,包括鄂州、荆南、襄郧和汉沔四大流派。以鱼馔为主、蒸煨烧炒、香鲜微辣,具有滚、烂、鲜、醇、香、嫩、足七美。

鄂州菜是鄂菜的本底。鄂州菜以"四无不成席"与"和八铏"为特征。

"四无不成席",即"无鱼不成席,无圆不成席,无全不成席,无糕不成席"。无鱼不成席,要上蒸鱼、炸鱼、看鱼三道菜,寓意年年有余;无圆不成席,要上鱼圆、肉圆、绿豆圆三道菜,寓意"连中三元";无全不成席,要上全鸡、全鸭、全膀三道菜,寓意十全十美;无糕不成席,要上鱼糕、肉糕、发糕三道菜,寓意步步高升。

"和八铏"亦称"八铏",这种连同宴飨器具形制一同纳入菜名的菜肴为鄂州菜系所独有,系宫廷菜无疑。铏,《礼记·礼运》释文:"盛和羹器,形如小鼎。"和羹是什么?《圣门礼志》作

[①] 东翔.方言"和八铏"与鄂州菜的渊源[N].鄂州日报,2016-8-31.

了如下解释:"和鬠,以豕脊臑肉切薄片,煮牛淡汤焯过滤起,然后用盐、酱油、醋、芹、韭丝调匀,又切猪腰如荔形盖面,临时用淡牛肉煮汁浇蒲,勺之铡内。"这真是一道烹饪精致、调料齐全、令人垂涎的美味佳肴。"八铡"就是8道类似这样的菜肴。

随着时代的发展和社会的进步,"八铡"从宫廷菜变成民间菜,"和羹"与时俱进变成了"无汤不成席"和"时令珍稀特产"两大部分。同时,人们越来越注重养生,也不再用铡来盛菜了。

鄂州传统大席既有宫廷菜的脉络,也有百姓菜的情怀,20道主菜中"四无不成席"12道菜,千百年来没有什么变化;"八铡"8道菜,食材多是时令珍稀特产,各地各家可有不同。妙处在于,一桌宴席,"四无"可能只上全"一无""两无",其他单独上一两道菜,这是允许的。但是,一旦上"八铡"就是8道菜要全上,一道菜也不能少。

老鄂城上菜顺序非常讲究,毫不紊乱,章法有序。

先上4道或8道凉菜,4道称"开胃",8道称"镇桌";接着放一大串鞭炮,执宾叫席,第一席和第二席的嘉宾入座后,就可上主菜了;先上"八铡"中的合菜,称"开席",然后是"四无"和"八铡"交替上桌,即"三鱼"和"三圆"之间、"三圆"和"三全"之间、"三全"和"三糕"之间,各上"八铡"中的2道菜;"三糕"上席之后上"八铡"中的最后一道菜——大肉(红烧肉或坛香肉),称为"压席";上大肉时必须放鞭炮烟花,然后执宾礼谢,代东家说上一番客气话,至此,菜肴上桌完毕。

"和八铡",这个词最早就是从老鄂城传统菜宴席中演变而来的。比如某某到亲戚家赴宴回来,乡邻会问:今天赴什么宴啦? 赴宴的回答:"三元席。"大家就知道是上了"三鱼""三圆"。如果赴宴的回答:"和八铡。"那就是说"四无"和"八铡"合在一起上桌了,20道主菜,这是宴席最高规格,也是做客的最高礼遇。

于是,"和八铡"一词含义不断扩大,渐渐成为今天最具鄂东南方言特色的词汇。

》 二、武昌鱼[①]

鄂东一带至今还有这样的民谣:"过江名士开笑口,樊口的鳊鱼武昌酒,黄州的豆腐巴河藕"。这"樊口的鳊鱼",指的就是鄂州的特产武昌鱼。

武昌鱼得名于三国时期。东吴甘露元年(265年),末帝孙皓欲从建业(今南京)迁都武昌(今鄂州)。左丞相陆凯上疏劝阻,疏中引用了"宁饮建业水,不食武昌鱼"这两句"童谣"。于是武昌鱼便始有其名。不

武昌鱼

[①] 谈丽娟:《武昌鱼》,载鄂州市旅游局编《山水乡愁——导游鄂州》,第376-377页。

过当时所说的武昌鱼,可能不是专指樊口鳊鱼,但在武昌所产的鱼中以樊口鳊鱼为上,故后来就将武昌鱼的美名归于其。历代名流学者都有赞赏武昌鱼的诗文,它的名声也因此越来越显著。如:"还思建邺水,终忆武昌鱼。"(南北朝庾信《奉和永丰殿下言志》)"秋来倍忆武昌鱼,梦魂只在巴陵道。"(唐岑参《送费子归武昌》)"长江绕郭知鱼美,好竹连山觉笋香。"(宋苏轼《初到黄州》)"却笑鲈乡垂钓手,武昌鱼好便淹留。"(宋范成大《鄂州南楼》)此外,明代汪玄锡还将其诗句题刻于壁间:"莫道武昌鱼好食,乾坤难了此生愁"。清代梁鼎芬因喜食武昌鱼,曾将其书房命名为"食鱼斋"。

毛主席的"才饮长沙水,又食武昌鱼"的佳句一出,鄂州的武昌鱼更是声名大噪,但凡有外地朋友来鄂州玩,总是点名说一定要吃吃伟人都赞不绝口的武昌鱼。

过去大家都认为鳊鱼就是武昌鱼,其实不然。1965年,华中农业大学水产系教授易伯鲁先生经过反复调查考证,认定鳊鱼有三姐妹:长春鳊、三角鳊、团头鲂,只有团头鲂才是正宗的武昌鱼。

据清光绪《武昌县志》载:"鲂,即鳊鱼,又称缩项鳊,产樊口者甲天下。是处水势回旋,深潭无底,渔人置罾捕得之,止此一罾味肥美,余亦较胜别地。"

鄂州市西南有个水域面积约四十二万亩的湖泊,名梁子湖。梁子湖草丰鱼美,它的通江处为樊口。这里水势回旋,并有大小回流之分。"在樊口者曰大回,在钓台下者曰小回。"(清光绪《武昌县志》)唐代的元结有歌曰:"樊水欲东流,大江又北来。樊山当其南,此中为大回。回中鱼好游,回中多钓舟。漫欲作渔人,终焉无所求。"歌中所说的"回中鱼",即是武昌鱼。由此可知,武昌鱼喜欢生活在回流之中。

梁子湖是武昌鱼的母亲湖。在每年的重阳节后,武昌鱼随外泄的湖水,从梁子湖出发,游过百里樊川,绕过百道湾,穿过百层网,来到樊川入江之口樊口过冬产卵,第二年春天再携儿带女回到梁子湖。

2006年,国家工商总局认定鄂州为武昌鱼的原产地。今天,武昌鱼不仅游进每个中国家庭的餐桌,而且作为鄂州市的"形象代言人",远渡重洋,先后到美国、日本、斯里兰卡、刚果共和国(刚果布)及中国香港、台湾等国家和地区繁衍后代。

认识正宗的武昌鱼有三个技巧:一是普通的鳊鱼脊骨上的排刺有13根,而武昌鱼有13根半,那半根就在腮的下面,又粗又短。二是"鳞白而腹内无黑膜者真"。三是普通的鳊鱼是上嘴唇包住下嘴唇,而武昌鱼是下嘴唇包住上嘴唇,就是大家所说的"地包天",用鄂州的方言就是"反告"。

武昌鱼最大的特点就是肉质鲜嫩可口,脂肪肥厚。鱼肉的口感本来就以软烂居多,而武昌鱼的脂肪量在鱼类中较为突出,这就造就了武昌鱼嫩滑的口感和鲜美的味道。在湖北省,有许许多多以武昌鱼为食材制

开屏武昌鱼

成的菜肴,如常见的清蒸武昌鱼、红烧武昌鱼和较为复杂的开屏武昌鱼等,受到人们的喜爱。

如果您来到了武昌鱼的故乡鄂州,千万不要错过品尝武昌鱼的美味,因为"不吃武昌鱼,不算鄂州客"!

 武昌鱼和神仙汤

武昌樊口附近,相传是三国吴王造船的地方。有一天,为了庆贺新修的大船下水,孙权命人在船上摆酒设宴。樊口附近的百姓也纷纷送来各色各样的鲜鱼,特别是樊口的鳊鱼,更是酒席上的上等菜。孙权和大臣们吃得正起劲,席上又添了一盘喷香的清蒸鳊鱼,这鱼头小颈短,脊背又宽又平。孙权很感兴趣,用筷子夹了一口丢到口里,觉得味道与别的鱼不同,特别鲜嫩,便叫人一连上了三盘,都吃得干干净净,酒也多饮了三大碗。孙权用筷子指着盘里的鱼刺问:"这鱼出自哪里?"一大臣回答说:"是樊口的百姓为了感谢大王的恩德特意送来的。"孙权听了非常高兴,让人叫来一位老渔翁,赏他一碗酒,要他说出这鱼的出处。

老渔翁开始不敢接酒,后来看孙权并无恶意,才大着胆子一口喝干了酒说:"这鱼出自百里梁湖。每当涨水季节,经过九十里路,绕过九十九道弯,穿过九十九层网,来到长港的出水处,也就是我们樊口附近。这里一边是港水清得照见人,一边是江水浑得像黄泥巴汤。鳊鱼喝一口浑水,吐一口清水,喝一口清水,吐一口浑水。经过七天七夜脱鳞换肚肠,原来身上的黑鳞变成了银色的白鳞,所以吃起来格外有味。"孙权听入了神,高兴地站起来说:"讲得好,讲得好。来,再赏他一碗!"那老翁也不客气,接过第二碗酒又一口干了。他又说:"这种鱼,油也多,鱼刺丢到水里可以冒三个油花。"孙权哪能相信,他亲自试了试,果然别的鱼刺只有一个油花,独有这种鱼的鱼刺翻了三个油花。孙权一时兴起,端起一碗酒走到渔翁跟前说:"你老很识鱼性,酒量也不错。来,我敬你三碗。"那渔翁说:"大王这样看得起我,小民就是醉死也要领情。不过不要紧,有这种鱼的刺冲汤喝可以解酒。"

孙权听后一把抓住老渔翁的手说:"你说的也太玄了吧。如果真的能解酒,就罚我三大碗。"说完,他拉着老渔翁上席,叫人用开水将鱼刺冲成汤喝了一口,果然提神醒目,各大臣喝了个个拍手叫好。孙权高兴至极,端起碗来对众大臣说:"想不到我东吴出这样好的武昌鱼,来,罚我三大碗。"说完放开酒量痛饮了起来,一气喝了九大碗,还嚷着叫人添酒加菜。大臣们怕他喝伤了身体就劝他不要再喝。孙权听了哈哈大笑:"怕什么?有这样好的神仙汤解酒,我还要喝他十大碗!"

从此,武昌鱼和神仙汤就出名了。直到如今,武昌一带的老百姓在酒宴之后,都喜欢用武昌鱼的刺冲神仙汤喝。

(资料来源:https://baike.baidu.com/item/%E6%AD%A6%E6%98%8C%E9%B1%BC%E7%A5%9E%E4%BB%99%E6%B1%A4/9903014? fr=ge_ala,2024-5-10)

三、梁湖大闸蟹[①]

自明代开始,鄂州就有关于养殖螃蟹的记载。据明代的《湖北通志》载:"樊湖螃蟹背青,腹银,黄毛金爪,个大腴肥。"樊湖,就是现在的梁子湖。生长在梁子湖的螃蟹,人们叫它梁湖大闸蟹。

梁子湖是湖北省第二大湖,湖水清澈,水质达二类标准。所产螃蟹具有"大、肥、腥、鲜、甜"五大独特风味,风靡国内外。20世纪90年代鄂州螃蟹抢占香港市场,当地新闻媒体惊呼:"鄂州螃蟹横行香港!"

梁湖大闸蟹

西风响,蟹脚痒,金秋正好食蟹黄。金秋十月是品尝梁子湖螃蟹的最佳时间。历代文人墨客对螃蟹的兴趣甚浓,为我们留下了一行行咏蟹的诗句,为人们品味蟹馔平添几分韵味。唐代的诗人唐彦谦《蟹》诗写道:"物之可爱尤可憎,尝闻取刺于青绳。无肠公子固称美,弗使当道禁横行。"这首诗把蟹的生活习性和鲜美之味都描写出来了。唐代诗人皮日休的《咏蟹》诗云:"未游沧海早知名,有骨还从肉上生。莫道无心畏雷电,海龙王处也横行。"把螃蟹的形象和神态写得活灵活现。大诗人李白在《月下独酌》中写道:"蟹螯即金液,糟丘是蓬莱。且须饮美酒,乘月醉高台。"诗人那一副持螯举觞之态、疏狂高傲之状,跃然纸上。宋代徐似道发出"不到庐山辜负目,不食螃蟹辜负腹"的感叹,苏轼则在《丁公默送蝤蛑》中写道:"堪笑吴兴馋太守,一诗换得两尖团。""尖"指尖蟹,"团"指团蟹。苏东坡以诗换蟹,得意之状令人可掬,足见食蟹之魅力。南宋诗人陆游则写得更妙:"蟹肥暂擘馋涎堕,酒渌初倾老眼明。"你看,他持蟹狂饮,高兴得连昏花的老眼,也顿时明亮了起来。可见螃蟹的美味,是有口皆碑的。

国人食蟹的历史,最早可追溯到西周时期。从《周礼》和晋代《字林》的记载可知,我国已有两千七八百年的吃蟹历史。自古以来,食蟹似乎是一件大有讲究的雅事。早在明代,能工巧匠即创制出一整套精巧的食蟹工具。据朱伟的美食指南《考吃》记载,明代初创的食蟹工具有锤、镦、钳、铲、匙、叉、刮、针8种,翻译成现代汉语就是腰圆锤、小方桌、镊子、长柄斧、调羹、长柄叉、刮片、针,故称为"蟹八件"。古人发明食蟹工具后,吃蟹成了一件文雅而潇洒的饮食享受。以小巧玲珑的金、银、铜餐具食蟹,妙趣横生,可以说是一种逸致的高雅餐饮活动。

明清时期文人雅士举行蟹宴,不仅仅是吃蟹剔肉,解馋饕食,而且品蟹、饮酒、赏菊、吟诗,为金秋时节的风流韵事。这种吃蟹的乐趣在《红楼梦》作者曹雪芹笔下有充分而生动的描写,读之回味无穷,令人难忘。

[①] 朱营珍:《梁湖大闸蟹》,载鄂州市旅游局编《山水乡愁——导游鄂州》,第378-379页。

梁湖大闸蟹做法很简单。将大闸蟹洗净，把脚绑好后倒过来清蒸10分钟，绑脚和倒过来都是为了不让螃蟹的脚在清蒸时因挣扎而掉下来。大闸蟹灰色的硬壳变成黄色，就表示熟了。然后开始做配料。备好辣椒丝、生姜、蒜泥、香葱、食用红醋。锅烧红后，将食用油倒进锅里，将辣椒丝放进热油里，再倒进生姜、蒜泥和香葱，熄火后，根据吃客人数多少再倒进食用红醋，顿时香气四溢，让人口舌生津，食指大动。正所谓"螯封嫩玉双双满，壳凸红脂块块青"，那橘红色的蟹黄、白玉似的脂膏、洁白细嫩的蟹肉，造色、味、香三者之极，是其他湖区蟹无法比拟的。

食蟹

雄蟹腹部一般较狭，呈三角形或长条状，雌蟹的腹部一般较圆，呈圆弧形状或长卵状。那么是雄蟹好吃还是雌蟹好吃呢？

一般人都认为母蟹的蟹黄比公蟹多，要好吃些。蟹黄的味道有点像鸡蛋黄，但比鸡蛋黄更鲜美，据说一只螃蟹蟹黄的量抵得上三个鸡蛋的鸡蛋黄（上海的名菜"赛螃蟹"的主要食材就是鸡蛋）。公蟹没有蟹黄，公蟹里面呈白黏状的东西叫蟹膏，蟹膏其实是脂肪。蟹膏细腻、绵密，口感较香，但并不是入口即香，需要含在口中，待它慢慢融化，这样味道才会逐渐地显现出来。一般农历十月之后，雄蟹性腺成熟，蟹肉、蟹膏最为丰满，而农历九月前后，母蟹性腺成熟，是吃蟹肉、蟹黄的最好时机。所以吃蟹宜"九雌十雄"。

每年国庆节前后，到梁子岛吃螃蟹的游客络绎不绝、摩肩接踵，把小小的梁子岛挤得是水泄不通，热闹非凡。

梁子湖螃蟹的传说

相传，梁子湖螃蟹是龙王进贡玉帝的贡品。梁子湖在古代时是高唐县，高唐县名士刘满江进京赶考十载未归，又遇连年大旱，妻孟红玉侍奉多病婆婆，抚育幼子润湖，日子过得非常艰难。婆婆临终前馋肉，红玉割股熬汤，感天动地，龙王听说后化作一位道人，拿一把破伞要换红玉家最后一盅米，红玉看道人可怜，就同意了。

龙王耳闻目睹，深为感动，遂透露了高唐县地陷天机：衙狮流血，天崩地裂，莲鞋一双，可过此劫！红玉一点就透，说："一家活着有什么意义，高唐县的百姓苦很久了！"龙王摇摇头说："天意不可违！"小龙女被孟红玉的大义所动，偷偷从龙宫抱出两个宝瓶交给红玉母子，说："这是龙宫贡品，地陷成湖的当天放入水中。宝物放生日，鱼米之乡时！"

后来，高唐地陷后变成了梁子湖，红玉母子和乡亲们一起把宝物放入湖中，两样宝贝从此来到了人间，一个是螃蟹，一个是鳊鱼，也就是后来的武昌鱼。

（资料来源：https://wenku.baidu.com/view/1609553715fc700abb68a98271fe910ef12dae38.html，2024-6-1）

文化鄂州
Wen Hua E Zhou

四、太和千张[①]

明朝李时珍在《本草纲目》中说："豆腐之法，始于汉淮南王刘安。凡黑豆、黄豆及白豆、泥豆、豌豆、绿豆之类，皆可以为之。"做法为"水浸硙碎，滤去滓，煎成。以盐卤汁或山矾汁或醋浆，醋淀就釜收之，又有入缸内以石膏末收者，大抵得咸、苦、酸、辛之物，皆可收敛尔。其上凝结者，揭取晾干，名豆腐皮，入馔甚佳也。"

千张，由于在特制工具内层层压制，出品时看起来有千百张叠加在一起。在鄂、赣、皖等地称为千张，苏北地区称为百叶，我国北方某些地方称为干豆腐。它是一种特殊的豆制食品，是一种薄的豆腐干片，可以理解成一片特别大、特别薄、有一定韧性的豆腐干，色米黄，可凉拌，可清炒，可煮食。湖北有名菜千张肉丝，即以千张为原料。

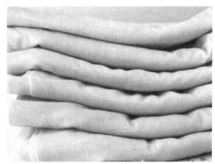
千张

太和千张，正名应该为"谢埠千张"。太和指的是江南古镇——鄂州市梁子湖区太和镇。而太和镇的谢埠村才是千张的发源地，这在当地可谓家喻户晓。太和镇在全国有好几个，为了避免名字的混淆，根据商标注册法规的规定，注册的商标为谢埠千张。但是谢埠只是一个村，不为大家所知，因此外地人在称呼谢埠千张的时候还是习惯性地称呼为太和千张。

相传，三国时期孙权建都武昌（今鄂州）时，这里就开始制作千张，距今已有1700多年历史。孙权迁都建业（今南京）后，委派上大将军陆逊辅佐太子孙登留守武昌，太子经常到吴王山避暑和狩猎。吴王山下一小村庄，因地处两水交汇处，水运方便，成为"商贾骈集、货财辐辏、店铺鳞次、帆樯云聚"的商埠。当时有一家谢氏豆腐作坊，每天从吴王山虎头泉处取水，做出了一种豆制品，它薄得几近透明，但绝不残损，似一张张可捻开的宣纸，入口绵软、清香、甘甜，让人过齿难忘，这就是谢埠千张的源起。

到了宋代，此地商业日盛，油盐柴米布匹生意兴起，城乡豆腐店增多，豆浆、豆花和豆果等品种花样翻新，千张皮也就大量制作起来。明清时期千张被列为朝廷贡品，光绪《武昌县志》将谢埠千张载入史书。

太和千张以"薄、软、香"著称，白如银，薄如纸，坚如布，可凉拌，可清炒，可煮食，是鄂东南地区的风味食品，堪称"湖北一绝"。制作千张非常讲究，水要用附近金鸡坡的泉

炒千张丝

[①] 陈希：《太和千张》，载鄂州市旅游局编《山水乡愁——导游鄂州》，第390-392页。

水,豆浆要用手工磨出的,卤水要点得恰到好处,不能太老也不能太嫩。谢埠人是不保守的,可以毫不保留地将全套制作手艺传授给你,可别的地方做不出太和千张,因为学不来谢埠人那双巧手,更重要的是制作太和千张要用金鸡坡的泉水,泉水汇集了重山的雨露,饱含了绿玉似的草木的芬芳,是大地流淌出的乳汁。因此其他地方制作出的千张很难有太和千张这么薄、这么香、这么甜。

谢埠人也为太和千张而自豪,对它喜爱至极。婚嫁喜事,红白酒席,孩子的谢师宴,最先捧出的毫无例外是一盘千张,不然这酒宴就不够丰盛,对客人就算不得尊重。烹饪太和千张不需要太多的佐料,下锅小炒或清蒸都可,端上餐桌前撒上一撮葱末,热气腾腾,香喷喷的。如果与两三尾梁子湖的鲫鱼放在一起清蒸,不须品尝,用鼻子一闻你就先醉了。

 太和千张的历史传说

公元223年,孙权从建业(今南京)迁来千余富户来武昌落户,为了区别地名和山名,遂将武昌山改名为吴王山。还从武昌修一条大道直通吴王山,并在武昌山上筑城,修建楼台亭阁,建避暑宫。一时,吴王山便成为孙权讲武、修文、避暑、宴饮、郊天之所。孙权迁都建业后,委派上大将军陆逊辅佐太子孙登留守武昌,太子经常到吴王山避暑和狩猎。吴王山下一小村庄,时有一家谢氏豆腐作坊,每天从吴王山虎头泉处取水,做出的一种豆制品,守护吴王山的将士们特别爱吃,谢家每天派自己的女儿小凤给守军送去。小凤天生丽质,活泼可爱,又正值豆蔻年华,越发出落得姿态万千,婀娜可人。时间一久,负责守山的将领鲁紫和与小凤逐渐熟悉,感情甚笃。

在一个雨后天晴、春光明媚的好日子,小凤给吴王山守军送去千张后,沿着龙山坡岭,提着竹篮去采蘑菇。忽然,一头金钱豹张开血盆大口,吼叫一声扑向小凤。小凤吓得尖叫一声:"紫和哥,快救我!"便绝望地闭上眼睛⋯⋯鲁紫和听到心上人的惊叫,循声望去,心头一悸。也许是因为爱情的力量无穷大,鲁紫和蹲下马步,张臂扬弓,一支利箭"嗖"的一声飞向龙山,正中金钱豹的咽喉。金钱豹痛得吼叫一声,丢下小凤逃向密林。

小凤得救了,他俩的爱情也被传扬开来。仁慈的太子孙登知道这件事后,同意鲁紫和与小凤成亲,但有一个要求,鲁紫和要先把守卫吴王山的将士们训练到箭能射到对面龙山顶,百步穿杨的程度。于是,鲁紫和带领将士们日夜搭弓射箭,强化训练。龙山顶上箭声"嗖嗖",箭如雨下,落箭处凹陷成一口塘——落箭塘。

鲁紫和娶了美貌的小凤,再也不愿离开这片风水宝地,便和两个弟弟——鲁紫敬、鲁紫檀在梁子湖畔安居乐业,生儿育女。相传鲁紫檀就居住在今天的太和镇,鲁紫檀的后裔历经数代,子孙繁茂,成为这一带的名门望族。至今在太和一带还留有上紫檀(金圻高家咀)、紫檀庙、鲁家桥、鲁家畈、分伙塘、打鼓墩、鲁家祠等地名,太和镇子坛村就是以鲁紫檀的名字读音命名的。

(资料来源:https://baike.baidu.com/item/%E5%A4%AA%E5%92%8C%E5%

8D%83%E5%BC%A0/2671900? fr=ge_ala,2024-5-15）

五、黄颡鱼羹[①]

《诗经·小雅·鱼丽》："鱼丽于罶，鲿鲨。君子有酒，旨且多。"意思是鱼儿钻进竹篓里结伴游啊，有肥美的鲿和鲨。热情的主人有的是美酒啊，不但酒醇味美而且席面大！诗中的"鲿"，就是黄颡鱼，这可能是最早记载黄颡鱼的诗歌了。

"鱼身燕头颊骨黄，鱼之有力能飞翔"，这是古人对此鱼的外形描述。黄颡鱼，据说全国有200多种叫法，是名字最多的鱼。沪语里称之为鮠鯽次鱼；江浙人唤其昂刺鱼、喇鱼；四川人叫它黄辣丁；湖南人称它黄鸭叫；北方人管它叫嘎牙；鄂州人则称它为黄角（股，方言音）丁。它还被各地称为：昂公鱼、昂丝鱼、昂嗤丁、黄甲鱼、黄蜂鱼、黄丫头、刺疙瘩、刺黄骨、刺棍子、央丝鱼、金丝鱼、弯丝鱼、汪丁头、嘎嘎鱼、锥子鱼、江颡鱼和河龙盾鮠等等。

黄颡鱼

梁子湖自古盛产黄角丁，它是长年生长在梁子湖和长港河一带天然水域内的野生鱼种。一般长10厘米左右，鱼体无鳞，遍体通黄，光滑晶亮。

鲜是鱼类菜肴的灵魂，做鱼羹讲究的是鲜香味美。选择一个晴好的天气，泛舟梁子湖上。船家选4～5条4寸左右的黄角丁，趁着生猛宰杀后，将其一一钉放在鼎罐（铸铁，做饭、烧水的用品）的杉木锅盖上，然后在鼎罐内盛放入适当的粳米，舀几瓢湖水，盖上钉好鱼的锅盖后，置于缸灶（铸铁，专门放置鼎罐的燃烧木材加温灶具）上，以大火烧煮半小时，提起锅盖在鼎罐上抖动几下，再去掉锅盖上的鱼骨，盖上锅盖，就缸灶内的余火闷烧15分钟，再放入适当的盐加以些微搅动，一碗散发着黄颡鱼羹和杉木混合香气的粥羹，定会勾得你的馋虫蠢蠢欲动。

黄颡鱼羹

黄颡鱼还有消除水肿的功效，有诗云："一头黄颡八须鱼，绿豆同煎一合余。白煮作羹成顿服，管教水肿自消除。"

据说诸葛亮在去九江（古柴桑）与东吴孙权联盟之际，经鄂州（古武昌），在梁子湖关公屯兵处，品尝到了黄颡鱼羹，其鲜美让他久久不能忘怀。

四川新津的黄辣丁极其出名，苏轼和苏辙两兄弟每次路过新津，不仅要品尝当地的黄辣丁，还要亲自垂钓。苏轼被贬黄州后，多次到长江对岸的武昌游玩，观美景，尝美食，吟诗词。

[①] 张昌谷：《湖上美食——黄颡鱼羹》，载鄂州市旅游局编《山水乡愁——导游鄂州》，第384-385页。

第六章 舌尖文化

苏辙来探望兄长时,武昌寒溪塘的黄角丁让他们品尝到了那挥之不去的乡愁,却叹息再也回不到"爨烟惨淡浮潜浦,鱼艇纵横逐钓筒"那泛舟南河、垂钓黄辣丁的美好时光。

 思考与探究:

1. "四无不成席""和八铞"指的是什么?你们家乡有什么饮食文化?
2. 武昌鱼因何而得名?武昌鱼的产地是什么地方?如何辨别正宗的武昌鱼?
3. 梁湖大闸蟹具有什么特点?
4. 最早记载太和千张的是哪本书?太和千张有什么特色?
5. 不同的地方对黄颡鱼的叫法不同,在你家乡如何叫呢?有没有不一样的做法呢?
6. 谈谈家乡的特色菜肴。

第二节 丰富多彩的美食节

> 梁子湖采菱节举办地为梁子湖沼山镇楠竹村,在采菱节上除了能品尝到新鲜的野菱角外,还能观赏到梁子湖的渔鼓、穿花龙舟、双推车、戏蚌壳、采莲船等众多具有浓郁梁湖风情的文艺节目,参与丰富多彩的互动活动。
>
> 涂家垴镇蓝莓节活动精彩纷呈。涂家垴镇蓝莓基地是华中地区最大的蓝莓基地,更是灵秀鄂州、绿色鄂州的一张王牌,每年进入五月下旬,蓝莓早熟品种进入成熟丰收季。
>
> 蒲团荷花节主会场为蒲团乡横山社区。莲花赏趣、风味美食、文艺舞台、文化专场、戏剧展演、民俗展示、中华武术、经典诵读、电影周、音乐节等板块栏目,纷纷在这里亮相。
>
> 沼山镇胡柚采摘节除了采摘胡柚、游生态园、观表演、品美食等丰富活动外,打糍粑、踩高跷、投壶等民俗体验活动也热闹非凡。

一、梁子湖采菱节[①]

鄂州梁子湖素有"鱼米梁湖,菱角之乡"的美称。在梁子湖南岸的沼山镇,就有野菱角达10万多亩。

沼山镇属丘陵滨湖地区,地势从东向西倾斜。东南群山连绵,有挺拔的省级森林公园——沼山森林公园;中部丘陵起伏,蜿蜒不断;西面是烟波浩渺的梁子湖,沿湖一带地势平坦,呈狭长半岛状。

采菱节具体活动场所位于楠竹村。楠竹村是沼山镇一个美丽的乡村,全村人口 2300 余人,以水产业为主。采菱节创办于 2013 年,每年 7 至 8 月份是梁子湖野生菱角成熟期。梁子湖南岸湿地散布野莲野菱,密密麻麻的菱叶像绿色的地毯一样覆盖在湖面上。菱湖上,随处可

采菱

---

① 李明发:《梁子湖采菱节》,载鄂州市旅游局编《山水乡愁——导游鄂州》,第 228-229 页。

见采菱人忙碌的身影,采菱女划着菱船来回穿梭采菱,菱下湖水清澈,菱上白鹭翻飞。白居易的《看采菱》"菱池如镜净无波,白点花稀青角多。时唱一声新水调,漫人道是采菱歌",正是此时此地此景最好的写照。

参加采菱节的游客们,除了能观赏到梁子湖的渔鼓、穿花龙舟、双推车、戏蚌壳、采莲船等众多具有浓郁梁湖风情的文艺节目外,还能参与丰富多彩的互动活动。

"扬帆起航",知道这个成语的人多,但见过风帆的人少。桅帆船在梁子湖灭迹四十多年后,又重现在如今的采菱现场。那帆、那桅、那桨、那舟,是梁子湖乡愁最好的记忆符号。

三国水仗战场虽然"暗淡了刀光剑影,远去了鼓角铮鸣",但在梁子湖采菱湖面,魏、蜀、吴三国帅旗高挂,战鼓齐鸣,将士水枪扫射,一场你争我夺的打水仗,让游客个个湿身,嬉笑声、尖叫声不绝于耳。

三国水仗

很多未看过的玉连环、打莲杆、戏蚌壳、采莲船等乡土节目将会让您耳目一新。湖面上,鼓乐手的演奏声,船们有力的吼叫声、划水声,声声入耳;湖岸边,鞭炮声、锣鼓声、呐喊声,声声不绝。梁湖渔歌、梁湖情歌、梁子湖上采红菱等具有梁湖风情和地方特色的原生态歌舞精彩纷呈。

在采菱湿地周边除了采野生菱角外,还可以采鲜花、采水果、采野莲、采野菜……

最令人期待的应该是梁湖篝火晚会了。"梁湖净素月,熊熊篝火烧。乐听采菱曲,夜歌悦九霄。"在这个山含情、水含笑,轻风吹、明月高,湖畔风景多娇的夜晚,伴随着舞蹈、魔术、相声、梁子湖情歌对唱、集体互动娱乐等节目,激情在篝火中尽情燃烧,欢乐与歌声伴着火苗一起跳动!

"山青青水灵灵,山水如画好风景。湖上菱儿望不尽,采菱女儿笑盈盈……"听着悠扬的梁湖民歌,吃着脆甜粉嫩的菱角,让我们充分感受到悠闲轻松生活的愉悦。慢下来,生命别有一番享受。

北人食菱

北人生而不识菱者,仕于南方,席上食菱,并壳入口。或曰:"食菱须去壳。"其人自护其短曰:"我非不知,并壳者,欲以去热也。"问者曰:"北土亦有此物否?"答曰:"前山后山何地不有?"夫菱生于水而曰土产,此坐强不知以为知也。

(明)江盈科《雪涛小说》

菱角

二、涂家垴镇蓝莓节[①]

涂家垴镇蓝莓基地是华中地区最大的蓝莓基地,更是灵秀鄂州、绿色鄂州的一张王牌。涂家垴镇政府从2013年开始每年都办梁子湖涂家垴镇蓝莓节。节日里,活动精彩纷呈:蓝莓采摘、蓝莓精灵选拔赛、美丽涂镇摄影大赛、蓝莓及书画义卖扶贫、蓝莓抖音挑战赛、蓝莓音乐节、蓝莓仙子旗袍秀、网红直播大赛……

国内最大蓝莓种植基地

涂家垴镇蓝莓采摘集中在白龙、碧绿两家基地。每年的5月中下旬至8月,慕名来涂家垴镇采摘蓝莓的游客络绎不绝。此时的涂家垴镇绝不会因为天气的炎热而显得冷清,听听,鸟叫蝉鸣、笑语喧哗、锣鼓喧天;看看,园内风光美不胜收,绿色的蓝莓果园如同一块块翡翠。

蓝莓汁、蓝莓果酱、蓝莓蛋糕你或许吃过不少,可是你知道蓝莓具体的模样吗?它是生长在参天大树上,还是如草莓一样贴着地皮生长呢?是生长在暖棚里还是在野外呢?还有,果粒饱满圆润,摘下来就能入口即食的蓝莓,你见过吗?

园内那一片片高1米左右的灌木林,就是蓝莓树,那一粒粒附着浅浅的一层白色果霜的就是蓝莓。蓝莓果实大小、颜色因种类而异。兔眼蓝莓、高丛蓝莓、矮丛蓝莓果实为蓝色,披有白色果霜,果实形状呈圆形或扁圆形。蓝莓果实一般在开花后2~3个月成熟。果实中种子较多,但种子很小,果实中种子的平均数为65个。由于种子极小,对食用并无影响。

蓝莓

告诉你们哟,摘蓝莓有技巧。长得大的不一定熟,颜色紫的不一定甜。请注意看蓝莓果

---

① 陈茜:《涂家垴镇蓝莓节》,载鄂州市旅游局编《山水乡愁——导游鄂州》,第234-235页。

实上的小梗,小梗与果实连接处有个小圆圈,如果小圆圈接近黑色,就表明这颗蓝莓已经成熟,如果小圆圈还是粉粉的表明还不够成熟。

另外,蓝莓树不长虫子,所以无须打农药。蓝莓摘下来可以直接入口。蓝莓富含花青素,花青素具有活化视网膜的功效,可以强化视力。因此蓝莓有"美瞳之果""浆果皇后"的美誉,是被联合国粮农组织推荐的五大健康水果之一。

大家知道吃蓝莓的终极秘籍是什么吗?就是要一把一把地吃,这样嚼起来口感好、味道甜!千万别一颗一颗地吃,否则,那种酸味一定会让你难以忘怀。

 蓝莓的传说故事

相传在三千年前,长白山天池里住着一个龙王。龙王有个女儿叫"蓝莓",长得赛过天仙,人见人爱。有一年,长白山区的莲花甸出了个五步蛇精,它施行妖术,搞得群魔乱舞,到处都是恐怖的景象。蓝莓向天池龙王请求去斩除妖魔,经过一番殊死搏斗,蓝莓因体力不支被蛇精毒倒,等天山龙王赶来,杀死蛇精,蓝莓已倒在池边,回天乏术了。从此,莲花甸便长出了成片的绿色低矮植物,上面结满了紫黑色的果实,人们叫它蓝莓。

天池龙王的爱女化作蓝莓树后,老龙王终日思念,天天哭日日想,哭得眼睛都瞎了。一天夜里,小龙女给父王托了一个梦,她说:"父王,我的死是为保卫家园尽一份职责,您应该为我感到自豪。看到您日夜哭泣,我真的好心痛。如果您思念我,就每天吃几粒蓝莓果,那是我的血液化成的,能够治好您的眼睛。"

老龙王第二天起来后,就照着女儿所说的话,每天吃几粒蓝莓果,三个月后他的眼睛果然复明了。天池龙王为了纪念女儿,施以法术,从此,整个长白山区都长满了这种植物,而蓝莓果实则给百姓带来了实惠。

(资料来源:https://wenku.baidu.com/view/ff4364812b4ac850ad02de80d4d8d15abe2300f5.html,2024-06-07)

》 三、蒲团荷花节①

蒲团位于鄂州城西,有四海湖、瓜圻塘、挡网湖等上十个湖泊,素有"鄂州粮仓""鱼米之乡""西瓜之乡""水产之乡"的美誉。

沿樊寺路一进入蒲团,便是从郭垱村到横山头的十里荷花基地观赏带。盛夏时节,湖畔、塘边、水池、田畈,两万多亩荷花竞相绽放,争奇斗妍。北面紧临的四

观荷栈道

---

① 余国桥:《蒲团荷花节》,载鄂州市旅游局编《山水乡愁——导游鄂州》,第 238 - 240 页。

177

海湖莲藕基地,种植有三千亩莲藕,真是"接天莲叶无穷碧,映日荷花别样红"!

社区旁有百多亩莲塘,荷叶迎风摆动。观荷栈道可以让您与荷亲密接触,轻抚荷叶,亲吻荷花,采摘莲蓬。精心布置的花海灯光秀和烟火晚会,灿烂整个夜空。荷花仙子笑迎数以万计的游人前来赏荷花、品美食、观烟火、游美景,体味"七月仲夏夜,蒲团赏荷趣"的诗意生活。

乡村生态旅游产业给蒲团带来了契机和机遇,2016年7月23日,首届蒲团荷花节在鄂州开幕。荷花节的主会场为横山社区,莲花赏趣、风味美食、文艺舞台、文化专场、戏剧展演、民俗展示、中华武术、经典诵读、电影周、音乐节等板块栏目,纷纷在这里亮相。

荷花节有一个特色,这便是台湾元素。如仿台北士林夜市的美食街,风味小吃品种繁多、花样独特。台湾音乐文化节专场,电音三太子俏皮可爱的装扮、滑稽幽默的舞蹈,极具台湾本土文化特色。

荷花宴食材均取自蒲团,绿色纯净纯天然。每道菜肴都有与荷相关的名称,道道有文化,盘盘有创意,碗碗是美食,件件是工艺品。精湛的手艺,别致的造型,亮丽的色泽,可口的美味,艳惊四方食客。20多道菜品的荷花宴,以历史文化为骨,荷花为肉,精心研制、赏心悦目、鲜美可口。特别是荷塘蒸卤"荷包鸡",色泽鲜艳、晶莹圆润、香味浓郁、皮酥肉嫩,让人食欲大开。

荷包鸡

精心准备的大型综艺晚会和演出,场面宏大,好戏连台。由市、区、乡选送的歌舞文艺节目和广场舞、采莲船,轮番上演。悠扬的旋律飘荡在天空,曼妙的舞姿旋转在社区广场,给人们带来美的享受。

一大批优秀传统文化艺术精彩纷呈,一一展现:现代京剧、传统京剧、折子戏绽放中华国粹的魅力,国学经典诵读宣扬中华文化精髓,武林高手展示中华武术绝技。还曾邀请象棋大师柳大华闭目对弈切磋中国象棋技艺("盲棋")。民间艺人展示摄影、书画、剪纸等作品,并现场教授工艺和技巧。红色电影周让您百看不厌,忆峥嵘岁月,激满腔豪情,鼓顽强斗志。

横山头,湖光山色,风景宜人。环山公路、上山步道为游客提供观光的便利条件:在水一方、水帘瀑布、亲水亭台等景点点缀风光;横山人家、帐篷营地、篝火营地喜迎宾客;望乡亭里,可饱览莲姿荷韵,静听鸟叫蝉鸣,仰看蓝天白云,俯视原野田畴。

山脚下,潺潺流水,蛙鸣蝶舞,荷塘漫步、淡香扑鼻。篝火旁,欢声笑语,载歌载舞。青春节拍小舞台,让你尽情地卡拉OK,彰显青春的活力。

夜晚,月色溶溶,繁星点点,放荷灯祈福,许下一池心愿……夜色蒙蒙,清风徐徐,观赏萤火虫,又找回童年的欢乐。帐篷中,邀一群朋友,就着小龙虾,小酌两口酒,别有一番滋味。

这里,中国科学院武汉植物园培育基地试种莲藕新品种多达几十种,荷花科普走廊里,介绍了200余种荷的花、叶、莲、藕。您可以尽情地赏花、采藕、品莲,大脑也能饱餐一顿"荷花宴"。

瓜圻塘,一个状如玉龙的湖泊,秀气而安静。盛开的荷花,游动的鱼群,戏水的飞禽,倒映的白云,尽显旖旎风光。塘中的藕带、青荷藕,洁白鲜嫩,又脆又甜。水上荡舟、采莲,倒也兴趣盎然。岸上一片片瓜地,那是"国家地理标志"认证的西瓜,香甜清爽可口。岸边,垂柳摇曳,树影婆娑。树荫下野钓,喜头鱼、花白鲢、草鱼、青鱼……愿者上钩,岂不悠闲自在。

古色古香的门楼,花果飘香的土地,石竹月季果蔬博览园,是您不得不去的地方。匠心独运的瓜果架,像葡萄架又像长廊。架上,爬满了茎蔓,挂满了果实。架下,幽静,凉爽,果实抬眼可见、顺手可摘。做一桌农家菜,品一杯烧谷酒,吃一碗农家饭,喝一碗锅巴粥,心里美滋滋的。

四、沼山镇胡柚采摘节[①]

硕果飘香喜迎八方宾朋,山水胜景畅享七彩沼山。当秋风吹黄青山,当胡柚成熟之季,一年一度的胡柚采摘节便如期而至。

沼山胡柚,为鄂州地标性特产水果,它其实是"外来客"。1993年,沼山镇将其从浙江常山柑橘研究所引种于沼山林场,经过多年努力,精心培育养殖,形成了绿色有机胡柚养殖产业。目前,沼山胡柚基地不仅是我省最大的胡柚生产园区,也是国内仅次于浙江常山的第二大胡柚种植基地。

沼山镇胡柚采摘节从2012年至今,已连续举办了多届。久负盛名的胡柚"盛宴",独具特色的文化"大餐",吸引全国各地的游客纷至沓来。

第八届胡柚采摘节一角

现场除了采摘胡柚、游生态园、观表演、品美食等丰富活动外,打糍粑、踩高跷、投壶等民俗体验活动也热闹非凡,来自五湖四海的宾朋欢聚一堂,共享沼山之美,品味胡柚的香甜!满山金灿灿的胡柚让人感受到了丰收的喜悦。一幅集休闲、户外活动、美食、民俗体验、娱乐于一体的田园牧歌式旅游画卷徐徐展开。

沼山胡柚外形美观,色泽金黄,呈球形或梨形,果实中大。果实汁多味鲜,肉质脆嫩,甜酸适口,尤其是甜中带苦、回味持久的独特风味,有别于其他水果。

胡柚不仅好吃,还是"喜顺果"。胡柚外形浑圆,象征团圆,更重要的是,胡柚的"柚"和庇佑的"佑",有无的"有"谐音,"柚子"即"佑子","大柚"及"大有",意思是除去霉运带来来年好

[①] 陈茜:《沼山胡柚采摘节》,载鄂州市旅游局编《山水乡愁——导游鄂州》,第234-235页。

运,所以胡柚也就成了家家户户春节时的应景水果。

沼山镇近几年来,大力发展以胡柚为主的有机绿色水果种植和生态观光旅游业——胡柚示范基地。目前,沼山镇80％的农户种植胡柚,沼山胡柚种植面积已逾5万亩,其中挂果面积3万亩,盛产期果树总产量达2240万斤,被誉为湖北"胡柚之乡"。蜂蜜柚子茶、胡柚茶、柚油、胡柚果酒、胡柚白兰地、胡柚白酒……这些衍生产品也大受欢迎。

胡柚

一年一届的沼山胡柚采摘节,不仅分享了丰收的喜悦,也展示了梁子湖生态富民的成果;不仅推进了沼山观光旅游和有机农业的发展,还弘扬了沼山胡柚文化。胡柚产业成为繁荣沼山农村经济,促进柚农增收,致力沼山精准脱贫的主导产业,胡柚也因此被沼山人称为"致富果"。

 思考与探究:

1. 你们知道菱角、蓝莓、莲蓬、胡柚的成熟季节分别是什么时候吗?
2. 在这些乡村生态旅游产业中,介绍了哪些乡土文化和民俗体验活动?
3. 谈谈你们家乡的特色水果及乡村振兴策略。

第七章 腾飞鄂州

第一节 美丽乡村

> 万秀村位于鄂州市梁子湖区涂家垴镇。万秀,即万紫千红、钟灵毓秀之意。该村被命名为"全国生态文明村",为江南最美乡村之一。
>
> 岳石洪村位于鄂州、大冶、黄石三市交界处,在著名风景区三楚第一山——东方山东麓,素有"八山半水分半田"之称,曾荣获"全国造林绿化千佳村""湖北省绿色生态示范村"和"江南聚宝盆华中(文化)第一村"美誉。
>
> 张家湾位于鄂州市梁子湖区涂家垴镇的茅圻半岛。这里交通便捷,生态优良,环境优美,被喻为梁子湖畔的"灵动花岛",是梁子湖区美丽乡村的"第一名片"。

一、钟灵毓秀万秀村

"鄂州有个梁子湖,梁子湖有个万秀村",这个说法在鄂州市乃至周边地区几乎家喻户晓。所谓万秀,即万紫千红、钟灵毓秀之意。万秀是江南最美的乡村之一,为省级生态村、省级宜居村庄,被命名为"全国生态文明村"。

万秀村

万秀村坐落于梁子湖畔,始建于清康熙年间,至今已有300多年历史。整个村庄呈"∩"形,这里云淡风轻、蓝天如洗,一林连一林的绿树,一簇复一簇的花朵,在一幢接一幢青墙灰瓦的民宅中伸展。盈盈绿水,在湾中池塘里荡漾,茵茵绿草,在道旁苗圃中疯长。全村宛如一幅水墨画,一户便是一景,让人徜徉在这青山绿水中,感受着浓浓的乡愁。

全村有12个自然湾,有湖山、田林,有有机果蔬采摘园,有国家级野生动物保护站等。它三面环山,一面临水,古朴民居蜿蜒于青山绿水之间,或依山,隐现于青林之中,或傍水,倒映于溪泉之上,与竹林、古树相映成趣,如诗如画。这里四季景色各有千秋,尤其是春秋两季,漫山遍野的红枫叶犹如一簇簇火苗争奇斗艳,这正是"一水护田将绿绕,两山排闼送青来"。身临其境,让人心旷神怡,流连忘返!

万秀村民居极具荆楚特色。村庄有一条环湾路,路旁建筑布局和结构错落有致。各家住宅却又具有鄂南建筑文化特色,浪漫诗意,富有激情,反映了楚人张扬的性格。房屋以水的流动轨迹作为造型主线,外观设计元素选择楚文化特有的符号——楚凤云翔,勾勒出灵动流畅的线条。同时具有高阳台、宽屋檐、大坡顶、多样式山墙,崇尚红、黑、黄等特点。村中还有一口古井,相传是本地一位乡绅熊万秀先生挖掘。村庄的村民当时吃水极为不便,每天需跑很远的地方挑水吃。万秀先生看在眼里,想在心里,有一天,他发现本村塘角有一泉眼,先是自己试探开挖,由于工作量大,后动员兄弟共同挖掘,终成一口泉源不绝、冬暖夏凉的美井,泽益湾人,沿用至今。

后人有诗曰:"新秀山川绿带偎,七星照月抱湾回。西流纳处红阴艳,丽宅明塘满镜开。"万秀村靠近湖和山,湖汊伸进山里,把村庄分成几瓣,离群山不远的高地,像马蹄一样围住万秀村,村前的开口伴着流水与七座山峦,合称"七星照月"。传说古代有位皇帝听说此地要出天子,那还了得,便下令挖掉了中间一座山,所以现在就只有六座山了。

万秀村以传统种植业为主,新兴产业有手工制作、有机采摘、乡村旅游等。万秀村坚持"以人为本,保护为先,生态至上"的理念,在建设管理的同时,致力推进原生态环境、新农村文明和生态产业相互支撑、统筹发展。通过环境整治再造,基本实现了六个全覆盖,即太阳能全覆盖、沼气全覆盖、卫生公厕全覆盖、污水处理全覆盖、垃圾分类全覆盖、绿化全覆盖。按照"整体规划,分步改造"的原则,凸显地方特色,计划改造民居及公共建筑 10 栋,现已完成 6 栋。建有电子政务室、综合服务社、医务室、文化广场、读书吧、小游园等便民服务设施。成立万秀土地综合服务社,以"确权确利不确地"模式推进土地流转,建成蔬菜、瓜果、湘莲等有机采摘园。组织留守妇女成立"秀嫂坊"、发展星级农家乐,将传统工艺、古朴村落、民俗美食、民间传说融入旅游景观之中,发展乡村休闲旅游。

如果说梁子湖区涂家垴镇是一幅灵动的山水画,那么,万秀村则是画中最美、最有特色、最令人瞩目的景致。它用自己的故事,完美诠释了梁子湖区连片规划治理的成效。

万秀村是集万千秀丽于一身的"十大荆楚最美乡村"之一,在这里既能观赏到"接天莲叶无穷碧,映日荷花别样红"的荷塘美景,又能感受到"独坐幽篁里,弹琴复长啸"的竹林幽静,万秀村见证了梁子湖区美丽乡村建设所取得的丰硕成果。

二、"醉美"乡村岳石洪

岳石洪村位于鄂城区汀祖镇东南部、东方山东侧。群山环绕中的岳石洪"八山半水分半田",全村森林覆盖率高达 81%,曾获"全国造林绿化千佳村""湖北省绿色生态示范村"和"江南聚宝盆华中(文化)第一村"等多项荣誉。"山上是绿色银行,山下是矿石宝藏",特有的地貌特征与千百年的人文积淀,造就了岳石洪鲜明的移民隐逸文化与矿冶文化。

相传,汉代名士东方朔晚年隐居东方山,曾到岳石洪采药。三国时期,战乱不止,有人隐居于此山水秀丽之处,桃花山上还留有三国时期古战场石头磐遗址,以及继承三国血统的三国湾村,一户一姓。

遥想当年,周瑜屯兵樊口、西塞山。日练兵马,夜巡水师。一日,携夫人小乔傍晚泛舟花马湖,溯溪而上。时值花朝,两岸桃花盛开。密林深处,鸠鸟啼鸣。见此情景,周郎拔剑起舞,吟唱《关雎》,小乔轻移莲步,羽裳翩翩。春风拂面,桃花飞舞,飘落溪中,化为点点桃花仙鱼。后传说,唐代大诗人白居易曾游此地,留诗一首:"村南无限桃花发,唯我多情独自来。日暮风吹红满地,无人解惜为谁开。"

在岳石洪村有一个天然大峡谷——举人沟。它位于东方山东北面,鄂城、铁山、下陆三地交界处,全长1800多米、宽100余米,沟深300米左右。峡谷风情万种,一年四季景色不同,素有"三楚第一峡"的美誉。春天野花盛开异香扑鼻,夏季飞瀑鸣泉急流直下,秋季草如长发遍野金黄,冬季冰清玉洁银装素裹。举人沟瀑布第一级落差20多米、宽8米,第二级落差7米。在春夏雨水充沛时节,瀑布极为壮观,飞瀑鸣泉震耳欲聋,奇石古树列阵以待,树木葱茏遮天蔽日,沟内景观奇特。

举人沟

举人沟入口处的铁牛懒卧是东方山老八景之一,一头栩栩如生的石牛躺在这里,好像是耕田累了归来正在休憩。1942年,在铁山开矿的日本侵略军流窜到东方山试图将这只铁牛偷走,所幸没有成功。后来有人发现,铁牛竟在水草肥美的举人沟里化为石牛神奇出现。当地人赋诗一首形容石牛:"石牛懒卧举人沟,大地作田耕罢还。性本夜眠昼出牧,天生饮露霜解馋。最怜苦雨淋净体,偏爱寒林筑豢栏。草木向荣应归去,何如忘倦守尘寰。"

岳石洪村矿冶文化悠久。相传五代十国时期,南唐中主李璟为抵御后周入侵,以图中兴,于公元961年迁都洪州(今南昌)后,大办炉冶,猴子山因矿石优良,成为当时重要的原料供应基地。又如武穆铸剑,相传南宋抗金英雄岳飞曾派出士兵在此地开采矿石,大开炉台,铸造兵器。20世纪80年代,岳石洪村黄土山挖掘出大量宋代矿井、矿道,现留有唐王古矿遗址和现代矿山遗址各一座。

2000年前后,"矿石宝藏"日益枯竭,这个曾经的富裕村一度穷得靠林业补偿维持运转。国家限制开采之后,集体收入骤减,村民缺少收入来源,村庄无法承载村民生存发展的基本需求,产业转型已成必然,亟须探索新的发展路径。全村林业占主导,人均耕地面积不足且用地分散,种植品种单一、产量低,二产矿业凋敝、矿冶工业面临转型,三产旅游资源众多,但发展滞后。

随着国家出台复垦土地与建设用地增减挂钩的政策,鄂城区自2018年起支持汀祖镇留用新增土地指标,盘活乡村建设用地资源,为后续投资提前储备土地资源。2018年底,以岳石洪村为试点,汀祖镇引进百村集团投资6000万元规划建设岳石洪"创客空间+共享农庄+康养基地"。该集团投资400多万元用于复垦140亩工矿废弃地,产生相应的建设用地指标,由区政府调剂使用,并按相关规定支付费用。近几年,岳石洪村里的停车场、游客中心、森林步道、村标门楼等建设经费都源于建设用地指标交易所得。废弃的村办小学和矿业厂房摇身一变,成为拥有现代风格的花溪酒店和游客服务中心,同时建成总面积约7500平方米的生态停车场,一步补齐岳石洪村旅游公共服务短板。

2018年12月,岳石洪村启动了村庄规划工作,构建了"农业+文创+旅游+康养"新农旅全产业链发展模式。该规划以农业为基础,以游客为中心,以旅游为手段,以保护为核心,以发展为目的,以道法自然、古今交融为规划理念,打造了自然生长的乡村。2021年5月,岳石洪村村庄规划入选自然资源部国土空间规划优秀案例,作为典型在全国推广。

如今的岳石洪村矿石宝藏变为绿色银行,矿山复垦修复之后生态力爆棚,携千年人文与绿意归来。

》三、墨巷荷秀张家湾

张家湾位于鄂州市梁子湖区东沟镇茅圻村,这里群山如黛,碧波荡漾,山水相依,花海起伏,灰瓦白墙彰显荆楚特色,自然人文相映成趣,被喻为梁子湖畔"灵动花岛",是梁子湖区美丽乡村"第一名片"。该湾居民属敦义张氏后裔,自始祖伯九公于元朝初年从安徽徽州迁徙至梁子湖畔,已有700多年历史。张氏后人遵循"忠孝为本,养亲事君""言则忠言,行则笃敬"的人格修养和伦理道德规范,涌现出了不少名流才俊。

张家湾

茅圻村张家湾,青砖白墙的房屋,掩映于绿色之间。湾子里,印有社会主义核心价值观的大红灯笼沿街挂起,十佳婆媳、十星级农户、家风家训的宣传栏格外醒目。这只是鄂州市统筹城乡推进协调发展的一个缩影。近年来,鄂州市按照"全域鄂州、统筹城乡"总体规划,系统推进,协调发展,描绘出一幅城乡和谐奋进、欣欣向荣的发展新画卷。

2014年初,张家湾200万元"美丽乡村"建设资金启动,紧紧围绕"保护"和"发展"两大主题,遵循"三不、三点、两结合"的原则,在不改变房屋位置、结构、形状前提下,通过村民投入一点、社会集资一点、政府扶持一点的资金筹措方式,将新建民居与改造民居结合、将民居改造与旅游发展结合,改造荆楚风格民居49处。以"扫干净、码整齐"为前提和基础,开展以"三无、一规范、一眼净"(无垃圾、无污水、无旱厕、规范畜禽养殖、庭院一眼干净)为重点的净化、绿化"庭院计划",拆除旱厕和猪圈60处,建起4所生态厕所和污水排放净化系统,改善了生态人居环境,打造"诺水茅圻、灵动一方"的美丽乡村。

2014年，张家湾大力发展"荷田＋"综合生态循环种养模式，在种植湘莲的水田里套养鱼、虾等水产品，实现一水两用，一田两收。2015年7月，"美丽东沟'荷'您共享"梁子湖赏荷节在这里举行，两万多名游客来到这里赏荷采莲，打响了"七月流火，东沟赏荷"的品牌。村民在家门口尝到了休闲农业与乡村旅游相结合的甜头。

张家湾有一处百味果蔬园，这里正在被打造成现实版的QQ农场。百味果蔬园占地面积250亩，通过"散户集中，入股分红"的模式把土地集中起来，进行规模种植。目前，已栽种数千株红叶石楠、樱花、枇杷、海棠等，开发出了具有科普性、参与性、互动性的体验式旅游项目。百味果蔬园中，村里整出100亩土地，以"块"为单位出租给游客，由游客进行自种或者平时委托农民代种、代管，游客在节假日或农事季节进行耕种、收割和采摘，体验当"农场主"的感觉。

在张家湾的"荷畔小筑"农家乐可以品尝到别具一格的农家柴火灶饭，品尝梁子湖糯米酒、锅巴粥、富有特色的荷花宴、梁子湖百鱼宴。

美丽乡村建设，让张家湾的绿水青山逐渐成为金山银山。如今的吴都大地，绿色成为城乡发展基本色，生态奏响城乡发展主题曲，城乡融合一体化发展，让城乡更宜居，让百姓更幸福。

老道画圈挖出凉水井

茅圻村张家湾有一口妇孺皆知的老井——凉水井，地处张家湾对面山丘下。井口3米见方，深2米左右，用青石砌成，周围铺设青石板。井沿边曾放有用老瓠瓜壳做成的瓠瓢，方便过路人口渴时饮水用。

这口老井，不仅是该村村民世代饮水的水源地，而且是一位见证茅圻半岛春秋的"历史老人"。关于凉水井还有一个美妙的传说。

很久以前，茅圻村民多是从湖里往家中挑水吃。每到洪水季节，湖水浑浊，村民们也只能吃它。一天，一位老道人乘船过前海湖上岸，到茅圻村张家湾讨水喝。房主一边热情地与他打招呼，为他烧水泡茶，一边自言自语地说："唉，梁子湖发洪水了，这浑浊的湖水又要吃几十天，村里要是有一口水井就好了。"

说者无意，听者有心。老道人喝完茶后，并不言谢，起身就走，只身围着张家湾转了一圈，又回到房主家，拽着房主的衣袖往外走。房主不知何事，被老道人带到了湾前山丘下，他用手中的芭蕉扇，煞有介事在地上画了一个筛子大的圆圈，扬手做出挖地的样子，然后什么话也没说，转身扬长而去。

房主虽不得其解，但还是试探着在老道人画圈的地上挖了起来。挖了几尺深，挖了个筛子大的圆坑，坑里居然冒出清澈的水来，房主喝了一口，凉丝丝、甜津津的，沁人心脾。他高兴极了，继续挖呀挖，挖了五六尺深，终于挖成一口水井。他挑来水桶，回家后把水烧开沏茶，真是奇了，用井水沏出来的茶格外清香。

这眼井水，不仅清澈如镜，而且甘甜爽口，胜似深山里的矿泉水，喝一口甜蜜蜜。井水冬暖夏凉，夏天，即使天气再炎热，井水也是冰凉凉的，凉得刺骨，喝一口凉丝丝；冬天，哪怕天气再寒冷，滴水成冰，井水的水面上也冒着热气，似热浪滚滚扑面而来。

（资料来源：李名发，《鄂州的传说——老道画圈挖出凉水井》，https://m-ezhou.cjyun.org/p/100496.html，2024-7-10）

 思考与探究：

1. 万秀村的建筑布局特色是怎样的？
2. 谈谈岳石洪村转型成功的原因。
3. 张家湾的民风、家风、族风是什么？
4. 你的家乡有美丽乡村吗？说说家乡的美丽乡村建设。

第二节 航空都市

> 湖北国际物流核心枢纽,是湖北省委、省政府重点推进的战略性项目,目标是建成全球第四、亚洲第一的航空物流枢纽。整个核心枢纽项目包括机场及配套工程、顺丰转运中心工程、顺丰航空基地工程、外部市政综合配套工程、周边水系改造工程、综合交通配套工程等。2016年4月6日,在国家发改委和军方的大力支持下,中国民航局正式批复《湖北国际物流核心枢纽机场选址报告的请示》,同意将鄂州燕矶作为推荐场址。
>
> 2021年1月7日,湖北国际物流机场有限公司收到中国民用航空局综合司《关于鄂州花湖机场名称的复函》,依据《地名管理条例》和《民用机场使用许可规定》等规定,经民航局同意,鄂州机场正式命名为"鄂州花湖机场"。机场位于中国湖北省鄂州市鄂城区燕矶镇杜湾村附近,为4E级国际机场、航空物流国际口岸、亚洲第一座专业性货运枢纽机场。
>
> 2019年3月21日,湖北省人民政府原则同意《鄂州市临空经济区总体方案》,要求以习近平新时代中国特色社会主义思想为指导,全面贯彻党的十九大和十九届二中、三中全会精神,深入贯彻习近平总书记视察湖北重要讲话精神,按照省委、省政府决策部署,坚持"绿色发展、创新发展、协调发展、规划先行、市场运作"原则,以湖北国际物流核心枢纽为依托,强化资源整合,创新空港型物流枢纽城市建设和产业发展模式,全面提升鄂州市临空经济区的高端资源配置力和全球影响力,打造立足中部、服务全国、面向全球的大枢纽、大通道、大平台,建成创新驱动发展引领区、绿色生态宜居新城区,为实施"一芯两带三区"区域和产业发展战略布局、转变经济发展方式、提升对外开放水平、促进军民融合发展发挥示范带动作用。

一、机场获批

打开历史的画卷,纵观中国每一个繁荣时期,都伴随着庞大的对外商贸往来。2100多年前,张骞两次出使西域开辟了一条横贯东西、连接欧亚的陆上丝绸之路。驼铃声声,连接起中国腹地与欧洲的陆上商业贸易通道,迎来了汉唐盛世繁华。秦汉开始,连接我国与欧亚国家的海上丝绸之路也逐步兴起。郑和七次下西洋,中国海上丝绸之路进入黄金期,中国和世界的联系越发紧密。陆海丝绸之路共同构成了我国古代与欧亚国家交通、贸易和文化交往的大通道,促进了东西方文明交流和人民友好交往。

1978年我国实行改革开放,历经40多年努力,中国经济取得了令世界瞩目的成就。事实证明,越是对外开放,资金、技术、人员、信息等生产要素便越能得到自由流动,大发展、大繁荣就能如期而至。

时光进入21世纪。2013年9月7日,习近平访问哈萨克斯坦时,首次提出共同建设"丝绸之路经济带"的倡议。2013年10月3日,习近平在印度尼西亚国会发表演讲时提出共同建设21世纪"海上丝绸之路"。2015年3月,"一带一路"的愿景与行动文件发布。习近平在博鳌亚洲论坛2015年年会发表主旨演讲时对"一带一路"做了重点阐释。2015年9月22日至28日,习近平对美国进行国事访问,并出席联合国成立70周年系列峰会。习近平访问美国的第一天,参观了波音公司商用飞机制造厂。访美期间,习近平出席多场活动,在联合国系列峰会期间,习近平利用多个平台,全面阐述以合作共赢为核心的新型国际关系理念,系统地提出了打造人类命运共同体的中国倡议。国家主席习近平22日在西雅图表示,中国发展的根本出路在于改革,中国开放的大门永远不会关上。

"要开放,修机场。要想强,上民航。"抢抓民航发展机遇,提升开放开发水平,打造空中丝路,充分满足大型物流企业对航线和航班密度的需求,将进一步推动中国与世界的物质文化交流,促进中华民族伟大复兴。

2013年,在顺丰公司的发起和参与下,湖北省规划建设国际物流核心枢纽机场,并启动机场选址工作。在省委、省政府的大力支持和科学指挥下,湖北上下团结、万众一心,立志抓住这次千载难逢的发展机遇。2014年下半年,湖北武汉、黄冈、鄂州、仙桃等地成为备选城市的消息开始传出。鄂州燕矶作为最后一个备选场址,被纳入比选范围。

2014年11月,湖北七个备选场址开始综合比选。经过从多式联运、飞行距离、绕飞频率、社会发展以及武汉城市圈、鄂东城市群高新产业配套、人才储备、气候气象、地质构造等维度进行论证和比选,最终鄂州凭借天然的地理位置、交通优势等条件胜出。

首先,鄂州作为武汉城市圈的一员,有着极佳的区位优势。其次,提起中部崛起,湖北是中国东西南北的交会核心地带,是承东启西的枢纽地带,又位居长江经济带中段,是国家区域发展战略划定的第五个"中三角"。最后,从技术层面考量,武汉作为省会城市和人口密集城市,航空客运网络发达,空域相对饱和,需要避开。鄂州作为紧邻省会武汉的地级市,不仅交通满足了条件,而且从技术层面和战略角度上来说都是最优选择。

鄂州作为航空货运枢纽建设地,有着地理、交通、空域等诸多优势,1000公里半径内,1.5小时飞行圈可覆盖全国90%的经济总量、80%的人口和5大国家级城市群,距离世界主要城市也不过一夜之隔。同时,具备建设完善的多式联运交通体系的良好条件,能实现公、铁、水、空的无缝对接,大幅提高货物派送效率、降低网络服务成本,并具有完善的口岸通关功能。

2015年6月,顺丰公司正式致函,将鄂州市燕矶场址确定为核心枢纽拟建场址,全国首个专业货运机场花落鄂州。

2016年4月6日,在国家发改委和军方的大力支持下,中国民航局正式批复《湖北国际物流核心枢纽机场选址报告的请示》,同意将鄂州燕矶作为推荐场址。这标志着核心枢纽机场选址阶段工作全部完成,湖北省与顺丰公司共同

2016年4月6日鄂州民用机场场址获批

规划建设的湖北国际物流核心枢纽项目向前推进了一大步。该项目规划由以全货机运作为主的4E级机场、多模式物流运输基地和产业园组成,目标是建成全球第四、亚洲第一的航空物流枢纽。这意味着鄂州机场建成后,能架起连接世界的"天路",将打造覆盖全国、辐射全球的航路航线网络,成为对外开放和对接全球市场的门户,给湖北这个内陆地区一次赶超沿海地区的机会,对促进湖北特别是鄂东城市群经济发展和产业结构提档升级,起到重大战略性和支撑性作用。

 全货运枢纽机场落户鄂州

中国民航局日前正式批复《湖北国际物流核心枢纽机场选址的请示》,同意将鄂州燕矶场址作为推荐场址。

该机场是湖北省"十三五"重大建设项目,也是国家"十三五"重大生产力布局项目,对促进湖北特别是鄂东城市群经济发展和产业结构提档升级,具有重大战略性和支撑性作用。

规划中的湖北国际物流核心枢纽机场,位于长江南岸,地跨燕矶、杨叶、沙窝三个乡镇。建成后,将以顺丰公司作为主运营航空公司,建设覆盖全国、辐射全球的航空网络。机场计划建成4E级双跑道独立运行飞行区,初步用地规模12平方公里,规划远期货运量500万吨/年,将建成全球第四、亚洲第一的航空物流枢纽。预计到2020年,波音747等大型飞机将从鄂州起飞。

目前,我国高端快递行业快速发展,正成为航空货运的重要力量;国家推行"一带一路"建设,物流业国际业务发展面临新机遇,在亚洲、在中国建立世界一流的国际物流核心枢纽正当其时。

(资料来源:基础设施发展司,《全货运枢纽机场落户鄂州》,https://www.ndrc.gov.cn/fggz/zcssfz/wtyj/201604/t20160425_1146345.html,2016-4-25)

鄂州机场是顺丰公司定制的大型机场,定位为航空货运枢纽机场、客运支线机场。货运业务主要满足航空快递运营中转运作需要,兼顾传统航空货运业务,与武汉天河机场共同构建武汉城市圈航空客货双枢纽;客运业务主要服务于鄂州及周边地区的旅游、探亲、公务和商务活动,兼顾保障抢险救灾、应急救援和通用航空使用。

湖北国际物流核心枢纽项目落户湖北、选址鄂州之后,便受到国家、省、市的高度重视和大力支持。在国家级规划层面上,分别被纳入《国防军事交通"十三五"规划》《长江经济带发展规划纲要》《全国民用机场布局规划》《快递业"十三五"规划》《中国民用航空发展"十三五"规划》,对打造快捷高效的"空中丝绸之路"、实现中部崛起带来重要支撑作用。同时,还被列入了湖北省"十三五"重大标志性工程、湖北省特色产业增长极,是事关长远的重要生产力布局,也是鄂州市加快"传统钢城"向"现代港城"转型的重要载体,能促进湖北特别是鄂东城市群经济发展和产业结构提档升级。

湖北国际物流核心枢纽是省委、省政府重点推进的战略性项目,目标是建成全球第四、亚洲第一的航空物流枢纽。整个核心枢纽项目包括机场及配套工程、顺丰转运中心工程、顺丰航空基地工程、外部市政综合配套工程、周边水系改造工程、综合交通配套工程等。

项目从动议之初,省委、省政府就高度重视,时任省委书记蒋超良、省长王晓东参与项目的谋划和推进,并将该项目作为湖北"十三五"头号工程,向李克强总理作了专题汇报。在2017年6月召开的湖北省第十一次党代会上,省委书记蒋超良在主题报告中明确提出:"推进湖北国际物流核心枢纽项目建设,打造中部国际航空门户。"

二、机场落地

机场,是一座城市发展和文明的象征。在"十三五"期间,实现大飞机起飞,既是市委、市政府的强烈愿望和神圣使命,也是鄂州人民的热切期盼。然而,建一座机场的难度远远超出常人想象。

为加强统筹指挥,省委、省政府成立了由书记、省长担任组长的项目建设领导小组,组建了由时任常务副省长黄楚平挂帅的项目建设指挥部。在省委、省政府的带领下,这场抢夺发展机遇的攻坚战取得阶段性胜利。

从立项、规划、选址到项目批复,需要国家相关部委审批的手续多达400多项,且每一项手续都需要国家级立项、国家级审查、国家级审批、国家级验收、国家级审计。审批的门槛之高、程序之严、编制之细、难度之大都超乎寻常。

为了早日完成机场审批,市委书记、市长等鄂州市领导不辞辛苦,一次次带队北上首都、南下广州,与总参、原广州军区、国家发改委、中国民航局等相关部门协调相关事宜,为机场审批关键性节点的重要工作排除了障碍。在市委、市政府的坚强领导下,在相关市直部门和航空都市区建设指挥部的共同努力下,项目开工前的各项工作任务都按时完成。

2017年11月,上报中国民航局的预可研报告通过专家评估,为项目如期开工奠定了坚实的基础。

在一年多的时间内,为建设大项目,核心区燕矶、杨叶、沙窝3个乡镇8个村征地拆迁

5000余户,2万名父老乡亲搬迁腾地,拆迁过程实现了零上访、零炒作、零事故、零违纪。建设机场,让这座城市充满无限活力,让扎根在这里的人们对未来美好生活充满期待。

仅征迁土地一项,除了机场内征拆6000多户、机场外征拆1000多户外,噪声影响区需迁5000多户,还有各类道路施工涉及6000多户。鄂州这片热土上的人民对项目建设信心满满,对美好未来充满向往。大家坚信,飞机起飞之日,定是鄂州经济腾飞之时。

2017年12月13日,湖北省政府与顺丰公司签订《关于湖北国际物流核心枢纽项目合作协议》,携手组建公司,以规划、建设、运营亚洲首个专业货运机场——鄂州机场。根据协议,省交通投资集团有限公司、顺丰控股股份有限公司全资子公司深圳顺丰泰森控股(集团)有限公司、深圳市农银空港投资有限公司共同出资50亿元,组建湖北国际物流机场有限公司,三方出资比例为49∶46∶5,负责鄂州机场的规划、设计、投资、建设和经营。三方将以枢纽机场(鄂州机场)为核心,建设多式联运的交通枢纽与国际物流基地,形成覆盖航空货运网络、综合物流体系及相关配套产业体系,规模为全球第四、亚洲第一的国际航空综合物流枢纽。

湖北国际物流核心枢纽项目包括机场及配套工程、顺丰转运中心工程、顺丰航空基地工程、外部市政综合配套工程、周边水系改造工程、综合交通配套工程等。工程占地1450公顷,总投资超过1000亿元,建设工期4年。它是鄂州市贯彻落实十九大精神,瞄准国际标准,加强航空、物流等基础设施网络建设的重大实践;是打造快捷高效的"空中丝绸之路",推进交通强国战略的重要抓手;是提升城市集聚力、辐射力、带动力,增进民生福祉的重大举措。

2017年12月20日,湖北国际物流核心枢纽项目系列工程集中开工仪式举行。

湖北国际物流核心枢纽项目开工仪式

12月20日开工的湖北国际物流核心枢纽项目包含走马湖水系改造、花马湖综合水系治理、航空都市区安置小区、机场快速通道(S203)、航空都市区市政污水处理、机场配套电力、机场净空保护无线电检测站、场区土石方堆场等8个项目,是核心枢纽项目的重要内容和配套工程,总投资逾180亿元,为核心枢纽项目乃至整个临空经济区的公共服务、综合交通运输体系建设、水电供应、无线电通信等城市和产业功能配套提供保障。

按湖北省的部署,鄂州机场建设"2018年打基础、2019年出形象、2020年基本建成、2021年投入使用"。

2018年2月国务院和中央军委联合批复立项,12月总体规划获中国民航局批复;12月25日鄂州机场被中国民航局列为首批"四型机场"(平安机场、绿色机场、智慧机场、人文机场)示范项目,要求机场各主体坚持以人为本和客户思维,着力全面提升机场软硬件设施的数字化水平和智慧化功能,致力于为货主、旅客提供更贴心、更人文的优质服务。

 四型机场

"四型机场"是以"平安、绿色、智慧、人文"为核心,依靠科技进步、改革创新和协同共享,通过全过程、全要素、全方位优化,实现安全运行保障有力、生产管理精细智能、旅客出行便捷高效、环境生态绿色和谐,充分体现新时代高质量发展要求的机场。

平安机场是安全生产基础牢固,安全保障体系完备,安全运行平稳可控的机场。绿色机场是在全生命周期内实现资源集约节约、低碳运行、环境友好的机场。智慧机场是生产要素全面物联、数据共享、协同高效、智能运行的机场。人文机场是秉持以人为本,富有文化底蕴,体现时代精神和当代民航精神,弘扬社会主义核心价值观的机场。

为贯彻推动长江经济带发展等国家战略,促进区域经济社会协调发展,完善区域综合交通运输体系,适应航空货运发展需求,提升应急救援保障能力,2019年1月11日,国家发改委签署发布了《关于审批新建鄂州民用机场工程可行性研究报告的批复》,批准同意新建鄂州民用机场。可研报告的批复,标志着机场项目已经取得建设所需的合法性审批,由前期筹备阶段进入实质性建设实施阶段。

2019年2月27日,湖北鄂州民用机场项目机场工程初步设计顺利获中国民航中南地区管理局及湖北省发展和改革委员会联合批复。2020年4月,中华人民共和国自然资源部批复鄂州民用机场建设用地。

机场飞行区跑道滑行道系统工程按满足2030年旅客吞吐量150万人次、货邮吞吐量330万吨的目标设计,航站区、转运中心等设施按满足2025年旅客吞吐量100万人次、货邮吞吐量245万吨的目标设计,飞行区等级指标4E。项目总投资320.63亿元,主要建设内容包含机场工程、转运中心及顺丰航空公司基地工程、供油工程等三个部分,投资额分别为158.57亿元、152.81亿元、9.25亿元,分别由湖北国际物流机场有限公司、深圳顺丰泰森控股(集团)有限公司、中国航空油料有限责任公司负责项目的组织实施和管理。

机场工程:建设东、西2条远距平行跑道及滑行道系统,跑道长3600米、宽45米,跑道间距1900米,主降方向均设置Ⅱ类精密进近系统,次降方向均设置Ⅰ类精密进近系统;建设1.5万平方米的航站楼,2.4万平方米的货运用房,124个机位的站坪,配套建设空管、消防救援、供电、供水等设施。

转运中心及顺丰航空公司基地工程:转运中心工程,建设67.8万平方米的分拣中心以及分拣转运系统设备等,建设4.1万平方米的海关、安检、顺丰公司办公业务用房及配套设施设备用房;顺丰航空公司基地工程,建设15.5万平方米的机务维修设施,3.1万平方米的地面及勤务设施,19.8万平方米的综合保障用房等。

供油工程:建设4万立方米的机场油库,1个5000吨级的码头泊位,以及航空加油站、输油管线等。

2020年6月2日10时8分,由中建三局负责施工的新建鄂州民用机场塔台空管工程首根工程桩开钻。该工程位于机场转运中心中轴线北侧,两条跑道的中间,建设用地面积约6932平方米,包括塔台、裙楼及小区。空管塔台建筑高度89米,是机场内最高建筑,地上13层,地下1层,裙楼建筑面积约1500平方米,地上2层。塔台是整个飞机起飞、降落、调度的指挥中心。塔台造型灵感来源于鄂州市市花——腊梅,以直径为10米的混凝土核心筒为"花径",其整体呈花瓣形对称,从空中俯视,塔台像空中绽放的"腊梅",朴素淡雅,简洁大方,象征着鄂州空港未来将绽放于吴楚大地,傲立于世界货运枢纽之列。雷达站是机场空管工程的"千里眼",是机场运行的神经中枢,三个雷达站是鄂州花湖机场空管工程重要的组成部分。

鄂州花湖机场塔台

2020年8月18日,鄂州机场航站楼项目正式开工。航站楼是鄂州机场的标志性建筑之一,首期工程按满足2025年旅客吞吐量100万人次的目标设计,总建筑面积约1.5万平方米,共有地上两层,造型简约大气,采用大范围玻璃幕墙,白天可通过玻璃引入太阳光,减少室内灯光照明,总建筑高度为20.5米,室内空间高大开阔。

航站楼工程自8月18日开工以来,中建三局鄂州机场房建2标项目部克服多雨天气等不利因素影响,抓节点抢工期,8月25日,仅用7天时间完成航站楼96根桩基施工;12月5日,完成航站楼土建结构约1100吨钢筋绑扎、3800立方米混凝土浇筑,保证了航站楼土建结构提前封顶。

航站楼点亮"鄂州"二字

双跑道正式贯通

2020年8月24日,中华人民共和国国家发展和改革委员会、中国民用航空局印发《关于促进航空货运设施发展的意见》将鄂州民用机场建成亚洲第一个专业性货运机场上升为国家战略。

2020年12月9日,鄂州民用机场员工宿舍楼主体结构封顶。2020年12月31日,鄂州民用机场顺丰航空基地开建。2021年5月31日,鄂州花湖机场航站楼"鄂州"二字首次亮灯。

2021年6月2日,鄂州花湖机场东跑道正式开建。机场跑滑系统包括东、西2条远距平行跑道及滑行道,跑道长3600米、宽45米,跑道间距1900米。2021年8月27日,鄂州花湖机场两条长3600米的跑道全部贯通。机场定位是货运枢纽,根据物流特性,飞机一般都在夜间起降,所以对跑道要求比较高。建成后的花湖机场,设124个停机位,2条3600米的跑道。

2021年10月30日,鄂州花湖机场空管塔台工程、航站楼及货运站工程主体结构全面封顶。

机场转运中心总建筑面积约70万平方米,"工"字形设计,建成运营后,来自全球的货物将在此分拣集散。转运中心主楼为机场的核心部分,单层建筑面积16万平方米,建筑檐口高度为42米,共分4层。转运中心投产后将打造亚洲规模空前、自动化程度行业领先的复合型物流枢纽,成为一流国际门户与开放的综合物流平台。按规划,转运中心将安装总量超过2.3万台的各类设备,其中输送设备总长约52公里,首期规划产能为28万件/时,远期规划产能为116万件/时。机场97%的货物将在转运中心进行转运分拣,并实现无人化生产。

2021年11月11日,鄂州花湖机场正式通电。11月15日晚,随着一个个助航灯串起几道笔直闪亮的灯带,鄂州花湖机场东、西跑道首次亮灯!

机场本期建设东、西2条E类跑道,长度均为3600米。每条跑道各239套跑道中线灯、118套跑道边灯、184套接地带灯和2排入口末端灯。在机场进近带区域还设有900米长的B式进近灯光和30套顺序闪光灯系

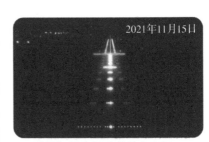

花湖机场东西跑道首次亮灯

统。助航灯光系统被誉为飞行员的"第三只眼睛",主要是在白天能见度低的情况下和夜晚,通过其独特的构型、颜色、光强、有效范围等语言符号,为飞机驾驶员起飞、进近、着陆和滑行的目视提供引导,最大程度减少复杂气象对飞机起降的不利影响。机场东西跑道灯光成功点亮,标志着鄂州花湖机场飞行区工程完工。

2021年12月27日,鄂州花湖机场净空保护(核心)区域公布。

作为中国民航局确定的"四型机场"示范项目和住建部建筑信息化改革试点项目,鄂州花湖机场项目坚持建设运营一体化理念,以智慧机场为统领,统筹推进平安、绿色、人文机场建设,全面、全程推广BIM应用,打牢项目全生命周期数字底盘,实施"无人驾驶""大数据仿真""5G""智能跑道"等15项创新项目,申报专利、著作权60余项。

鄂州花湖机场是全国首个全程数字化建设机场。鄂州机场工程全面应用数字化建造技术,具有"三全"特点:全阶段,数字化建造技术涵盖工程设计、施工、运维等各阶段工作;全专业,数字化建造技术应用实现建筑、机电、弱电等专业全覆盖;全参与,数字化技术应用实现设计、施工、监理、造价等相关单位全参与。

不同于按照平面图纸施工的传统模式,鄂州机场工程根据三维模型指导施工,这类似于在电脑中先搭建一座机场,再调整模型进行"3D打印"。施工前,所有工序的每个构件都进行数字建模,将全部构件的尺寸、材质、外形、技术参数等转化为数据信息,用数字技术"复制"出每个构件。数字机场模型搭建后,在施工设计阶段不断深化、细化数字模型,全面采用数字化施工管理措施,确保在施工过程中建造实体符合数字模型。湖北国际物流机场有限公司信息技术部主管潘乐介绍:"工程完工后将移交一对'孪生'机场——一个实体机场,一个数字机场。"

不只是设计建模,数字化应用在鄂州机场建设中比比皆是。新建数字工地系统,对工地的人、机、料实行数字化管理。利用人脸识别、智能安全帽等技术,对施工过程中涉及的所有人员进行实名制管理、考勤管理;利用视频智能分析等技术对运输车辆及施工机械进行管理;通过视频监控、智能拌合站监控等技术对施工涉及的材料进行管理。新建施工数字化监控系统,对工程施工进行数字化、精细化管理。对道面工程中的推土机、挖土机、强夯机等施工器械及结构工程中的桩基机、塔吊、升降机等施工器械进行改造,在每台设备上安装传感器,对施工工艺进行全面深度监控。采集施工过程数据并实时传输到后台分析处理,运用监控大屏幕进行可视化管理。通过深入应用数字化监控技术,有效提升工程进度和质量。

鄂州机场在勘察、设计、施工、质量评、清单算量、后期运维等全过程运用数字化技术。机场数字化中心办公大厅管理整个施工现场数字化设备的中枢,已孵化、投用的新技术达20多项。施工期间上千台(套)车辆机械和万余名施工人员都安装或携带了数字移动端,登录智慧工地管理系统,定位、轨迹和运转都尽在"掌握",一目了然。基于智慧工地管理系统,线上监测施工的精度达到了厘米级。无人驾驶压路技术在鄂州机场建设中普及投用,开创了国内机场建设先河,夯点一出现偏移或漏击,即可从移动端获悉警报,快速予以纠正。

花湖机场工程采用建筑信息模型(BIM)技术,设计阶段搭建数字机场模型,施工阶段不断深化、细化数字模型,确保施工过程中建造实体符合数字模型,竣工时形成现实、电脑中精准吻合的两个"孪生"机场。一方面使机场工程实现了设计可视化、模拟分析等功能;另一方面,以模型为信息的载体整合全过程数据,为"智慧机场运营"提供"业务智能+大数据"的运作平台。《基于BIM技术的造价管理标准》已由住建部、中国民航局发布为行业标准,这是在鄂州机场诞生的第一个行业标准。

鄂州机场拥有国内首个自主知识产权的智能跑道系统,跑道下面埋了5万多个传感器,传感测点覆盖了跑道、滑行道、机坪和联络道,可掌握飞机的载重量、飞机降落时对跑道的冲击力、飞机在跑道上的运行轨迹和速度。跑道异物探测系统,能实现对跑道异物和道面情况的全天时、全天候不间断检测监控,实时发现并及时提出报警。这也是目前世界上第一条真正实现了全覆盖的智能跑道。

花湖机场布设了5G站点69个,实现5G信号在公共区域的全面接入。智慧道面应用光栅阵列传感器近5.3万个,实现机场道面全时全域感知。通过5G运用,可进行机房运维、围界机器人巡检、无人机巡检、机坪无人驾驶、机器人分拣等业务。机场运行后机场货运将靠无人运输机械完成上下飞机的装卸任务。

花湖机场的玻璃还能发电。转运中心屋面的空置区域使用的是光伏玻璃,可并网发电,供转运中心和机场使用。后期,花湖机场将建设光伏发电二期工程,电力供给范围逐步扩大至机场航站区。

花湖机场还建立了模拟仿真中心,能够通过智能算法实现包括飞机排班、机位分配、货物装卸口分配、飞机滑行和车辆行驶路径的全过程模拟,根据顺丰的运营经验建立数学模型预判客、货流量流向,指导机场的建设布局和运营方案。数字化仿真模型可联动航空器、保障车辆、分拣系统等实体,实现对航班起降、飞机滑行、货物装卸、拖车运输、服务车保障、分拣中心票件处理、地面交通及车辆调度管理的机场系统全流程智能化仿真,清晰直观地展示仿真运行情况、关键指标数据等,实现机场运行方案对比。

作为亚洲首个专业货运枢纽,花湖机场在智慧民航、数字机场建设中具有引领示范作用,是中国民航局首批以"平安、绿色、智慧、人文"为核心的"四型机场"示范项目。

2021年1月7日,依据《地名管理条例》和《民用机场使用许可规定》等规定,中国民用航空局综合司批复同意鄂州民用机场定名为"鄂州花湖机场",英文名称为"EZHOU HUAHU AIRPORT"。5月,鄂州花湖机场 ICAO 机场代码批复为"ZHEC";8月,鄂州花湖机场 IATA 机场代码批复为"EHU"。

ICAO 机场代码与 IATA 机场代码

ICAO 机场代码,即国际民间航空组织机场代码(International Civil Aviation Organization Airport Code,ICAO code),是国际民航组织为世界上所有机场订定的识别代码,由4个大写英文字母组成。

国际民用航空组织(民航组织)是联合国的一个专门机构,1994年为促进全世界民用航空安全、有序地发展而成立。

ICAO 机场代码用于空中交通管理及飞行策划等。ICAO 机场代码与一般公众及旅行社所使用的 IATA 机场代码并不相同。ICAO 机场代码有区域性的结构,并不会重复。通常首字母代表所属大洲,第二个字母则代表国家,剩余的两个字母则用于分辨城市。部分幅员辽阔的国家,则以首字母代表国家,其余三个字母用于分辨城市。

IATA 机场代码,即国际航空运输协会机场代码(International Air Transport Association Airport Code,IATA code),由3个大写英文字母组成,不允许有数字,最常见于登机证及行李牌上。

鄂州花湖机场飞行区等级为4E,由中国民用航空中南地区管理局管理,湖北国际物流机场有限公司和深圳顺丰泰森控股(集团)有限公司联合运营。

三、机场试飞

在开工建设四年之后,中国唯一一座以航空货运为主业的民航机场——鄂州花湖机场即将进入启用阶段。机场正式启用之前需要进行一系列飞行校验工作。

校飞是指为保证飞行安全,使用装有专门校验设备的飞行校验飞机,按照飞行校验的有关规范,检查和评估新建机场导航、雷达、通信等设备的空间信号质量及其容限,以及机场的进、离港飞行程序,并依据检查和评估结果出具飞行校验报告的过程。这也是新机场在建设完毕、启用之前的必经程序。机场导航设备的稳定性直接影响到本场降落飞机的飞行品质,信号的精确度对飞行安全有重大影响,通过飞行校验可以全面验证机场导航设施、助航灯光、飞行程序以及道面的性能,可将设备调试到最佳工作状态,因此做好飞行校验工作对保障飞行安全、提高飞行品质有重要意义。校飞分为投产校验、监视性校验、定期校验和特殊校验。

(一)机场投产校验校飞

2021年12月29日至2022年1月24日,鄂州花湖机场迎来首次校飞。这次校飞属于投产校验。

2021年12月29日,中国民航飞行校验中心开始对鄂州花湖机场进行飞行校验工作。29日下午3时59分,一架赛斯纳"奖状"560校飞飞机在鄂州花湖机场起飞、降落。

1月24日17时25分,"奖状"560飞机平稳降落在鄂州花湖机场西跑道,标志着机场校飞科目全部完成。

本次校飞持续27天,飞行33场次共86架次,空中飞行时间总计98小时18分钟,进行了鄂州花湖机场二次雷达设备的空间信号性能、容限及系统功能、ADS-B设备性能、甚高频设备的覆盖情况、集成塔台系统性能,以及天山、茶山、回龙山三个导航台的投产飞行校验,数十条进离场航线、跑道助航灯光的校验。校飞结果显示鄂州花湖机场所有校飞科目均合格。

2022年1月24日,鄂州花湖机场投产校飞成功。本次校飞对机场的通信设备、导航设备、助航灯光设备、飞行程序做了全方位检测,为机场如期投入运营奠定了基础。

机场启动校飞,首架飞机落地花湖机场

校飞完成

飞机开启首次飞行校验测试

校飞飞机在鄂州花湖机场上空飞行

(二)飞行程序模拟机验证

申请实地验证试飞之前,需要进行模拟机验证,这是确保后续试飞安全的关键环节。模拟机验证采用飞行模拟机,导入机场导航数据及地形数据,开展模拟飞行,评估障碍物、可飞性和人为因素,证实其是否符合规范要求,机载导航数据库数据是否准确且完整。

2022年2月24日至25日,在广东东莞顺丰航空飞行训练中心,鄂州花湖机场飞行程序成功通过中国民航中南地区管理局组织的模拟机验证。

花湖机场飞行程序通过模拟机验证

此次验证工作是国内首次采用全货机机型进行新机场飞行程序模拟机验证工作,所使用的机型是顺丰航空有限公司B757-200机型,验证机组为顺丰航空B757机队资深机型师。承担此次验证工作的飞行全自动模拟机,就像一个白色"驾驶舱",平常是做飞行训练使用。

为确保此次模拟机验证工作顺利完成,湖北国际物流机场有限公司委托顺丰航空通过国外导航数据服务商制作了导航数据库,并积极协调验证模拟机使用时间、机组时间及中国民航中南管理局验证检查时间,克服多地疫情影响,共耗时6小时,中国民航中南地区管理局及验证机组最终认定鄂州花湖机场飞行程序设计合理,模拟机飞行顺畅、验证合格。拿到模拟机验证报告及相关材料后,鄂州花湖机场即可申请实地验证试飞。

(三)实地验证试飞

实地验证试飞可以说是一场"大考试",而飞机和机组就是"考官"。试飞主要是验证机场飞行程序、运行最低标准、机场使用细则。试飞过程中,将检验机场通信、导航监视及气象等空管设施,检验机场跑道、滑行道,检查滑行路线和停机坪等相关情况,对机场开航具有重要意义。

花湖机场进行实地验证飞行

2022年3月14日至16日,鄂州花湖机场先后完成场道工程、助航灯光工程及空管工艺工程竣工验收工作,为试飞打下坚实基础。

2022年3月19日,鄂州花湖机场开始进行实地验证试飞。此次试飞的"大考官"是货运飞机,它能完全模拟花湖机场通航后飞机飞行情况及机场设备运行情况,只有常规的接收设备,没有专门的测试设备,因此更能检验机场正式投运后的设备安全、飞程程序、地形条件、周边空域以及飞机性能等,是花湖机场飞行程序批复和相关行业验收的重要前置条件。

顺丰航空波音757-200全货机执行花湖机场试飞任务

3月19日11时32分,执行试飞任务的顺丰航空B757-200全货机从武汉天河机场飞抵鄂州花湖机场。15时3分,鄂州花湖机场西跑道,伴随着尖锐的轰鸣声,一架顺丰航空B757-200全货机腾空而起、冲上云霄,拉开通航前的试飞大幕。这是我国首次由全货机机型执行新机场试飞任务。19时10分,B757-200全货机完成任务后安全降落。

本次试飞历时4小时7分钟,此次试飞任务有4次起落、12项科目,包含飞行程序与导航系统验证,跑道、飞行区标志等设施查验,完全模拟鄂州花湖机场通航后,飞机飞行情况及机场设备运行情况,检验机场正式投运后的设备安全、飞行程序、地形条件、周边空域和飞机性能等,是对新机场空中交通管制、地面服务、应急处置等综合保障能力的全面检验。实地验证试飞十分顺利,整个飞行程序很合理。

(四) 监视性校验校飞

按照《中国民用航空飞行校验规则》的规定,在机场仪表着陆系统(俗称盲降)投产校验后的3个月内,必须进行一次监视性校验飞行,目的是对仪表着陆系统运行参数进行跟踪检测,检验设备在投产后的三个月内运行情况,确保设备运行稳定,各项参数正常。

3月28日至30日,中国民用航空局飞行校验中心B-3666校验飞机在鄂州花湖机场进行了监视性飞行校验。校飞机组在鄂州花湖机场两条跑道四个方向各进行了5个科目的检验,共计17次起降,36次通场,飞行时间为6小时。30日12时45分,伴随着校验飞机在鄂州花湖机场西跑道平稳落地,本次监视性校验工作圆满结束。经测试各项参数正常,校验结果符合中国民航局相关技术标准,监视性校验所有项目全部达标。

通过各项校验,鄂州花湖机场于2022年7月正式通航,实现从"建起来"迈向"飞起来"。

鄂州机场效果图(鸟瞰)

 校飞科普知识:什么是飞行校验

飞机校验(flight inspection,FI)全称"飞机飞行校验",也叫"飞行校验",是指为保证飞行安全,使用装有专门校验设备的飞行校验飞机,按照飞行校验的有关规范,检查和评估导航、雷达、通信等设备空间信号的质量及其容限,以及机场的进、离港飞行程序,并依据检查和评估的结果出具飞行校验报告的过程。鄂州花湖机场只有通过飞行校验,证明机场导航、雷达、通信等设备运行正常、数据准确可用,才能对机场安全运行提供保障。

飞行校验的对象:主要包括导航设备、通信设备、监视设备和助航灯光设备等。导航设备包括航向信标、下滑信标、全向信标、测距设备、无方向性信标、指点信标、卫星导航设备等。通信设备包括甚高频低空通信系统、高频地空通信系统、内话设备等。监视设备包括一次雷达、二次雷达、场面监视设备、精密进近雷达、自动相关监视系统、空中交通管制自动化系统、多点定位相关系统等。

飞行校验的特点：校验飞行和常规的民航航线飞行不同，飞行员需要执行非常特殊的飞行剖面。执行投产校验的飞机不是普通的民航飞机，机上会加装大量的基准设备用于产生标准的校验信号，同时要加装参数记录设备用于记录各类技术参数，以便事后分析与评估。校验飞行结束后，试飞工程师需要依据不同地面设备的技术指标要求，对试飞中所取得的试飞数据进行分析和计算，给出飞行校验结论，形成飞行校验报告。

想知道飞机在起降过程中是怎么判断位置的吗？通过何种引导来完成起降吗？

在飞机运行的过程中，VOR全向信标告诉飞机相对方位，而DME测距仪告诉飞机的相对距离，有了方位和距离，飞机就知道自己在机场哪个方向和具体的距离。

检查全向信标/测距仪是为了给飞机提供正确、安全的距离和方位信号指引。现在一般机场会将全向信标和测距仪合装在同一地址。校验时，通过对比理论方位和飞行校验系统导航接收机接收到的地面导航方位信号，检查全向信标和测距仪的信号精度。当全向信标和测距仪提供的方位信号和距离信号误差超限时，校验员会选择圆周内一条更接近圆周平均误差的方向作为基准径向，通过校准这条径向的参数，实现高效、便捷地调整整个圆周的信号。

在管制运行工作中，指挥航空器有序起降，保障航班运行安全和高效，离不开空管二次雷达提供的监视信息。

作为管制员的"眼睛"，二次雷达可以提供信号覆盖范围内的航空器信息，包括航空器的位置、高度、速度、航班号、识别码等关键信息。

作为空管监视设备的核心，二次雷达具有覆盖范围广、探测精度高等特点。以鄂州花湖机场二次雷达站为中心，450公里半径范围内、20 000米高空下，均在雷达的探测范围之中。

为了检测和验证雷达的各项关键指标，包括水平和垂直方向的探测范围、探测精度及运行稳定性，需要对雷达进行飞行校验，包括顶空盲区测试、水平覆盖测试、垂直覆盖测试及航路航线测试。

通过指挥校验飞机在不同高度层沿预定航路飞行，记录各个高度层雷达的探测范围，同时观察并核验雷达探测精度，保障雷达对管制范围内的空域实现全面有效的覆盖。

四、飞向未来

伴随着全球经济一体化发展，速度经济应运而生，为了追求更短的时间、更高的效率，嗅觉敏锐的大公司近乎本能地向机场周边聚集，以实现原材料以及产品的快速转移。机场成为继海运及天然运河、铁路、公路运输之后，对区域经济发展的"第五冲击波"，被喻为"国家和地区经济增长的发动机"。

第七章 腾飞鄂州

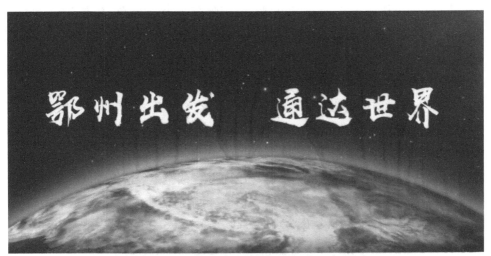

鄂州出发　通达世界

鄂州,地处国家经济地理中心,"一带一路"和长江经济带两大战略的交汇点,西临湖北省会武汉,东接黄石,北望黄冈,位于国家两横三纵城市化战略的几何中心,长江中游城市群的核心节点。自古以来即是商贸、港口重地。这座湖北最小地级市拥有2个货运火车站、6个客运火车站。三江港是武汉新港南岸的核心港区,是国家一类对外开放口岸。鄂州机场是我国目前唯一获批建设的专业国际货运枢纽机场,采用的是"航空货运枢纽+龙头航空物流企业"的国际主导模式,是全球第四、亚洲第一的专业货运枢纽机场,势必将代表国家参与全球航空物流竞争。湖北国际物流核心枢纽项目被列入国家"十三五"规划,是国家航空领域补短板项目,也是完善我国航空产业布局的重大项目,属国字号工程。2018年11月,三江港新区国际物流铁水公空一体化多式联运项目被纳入国家第三批多式联运示范工程,也是全国唯一衔接铁水公空4种运输工具的项目。

作为一个经济总量刚刚迈上千亿元台阶的地级市,拥有这样的"高配"格局,发展条件得天独厚。鄂州花湖机场建成后与高铁、长江高速有效衔接,完善多式联运枢纽,打造长江经济带综合立体交通走廊,构建高效、快捷、智能的立体多式集疏运体系,形成长江中游和中部地区独一无二、在全国乃至全球罕见的交通格局,与武汉天河机场共建大武汉航空客货双枢纽,构建铁水公空联运的枢纽一体化体系,实现与武汉铁水公空等全球化口岸互联互通。

鄂州市委、市政府抢抓历史发展机遇,着眼于鄂州高质量发展需要,主动对标融入全省"一芯两带三区"区域和产业发展布局,科学判断、综合考量、慎重研究,把鄂州总体战略定位为要成为中部地区、内陆地区对外开放通道,通过建立"大枢纽、大通道、大平台"立体开放体系,构建内陆地区对外开放高地。

为争创国家级空港经济综合试验区,加快中部地区对外开放、优化区域产业布局、推动区域协同示范发展,鄂州市决定成立鄂州市临空经济区。市委、市政府坚持以习近平新时代中国特色社会主义思想为指导,秉持"世界眼光、国际标准、中国特色、高点定位"理念,对标雄安新区,努力将临空经济区打造成区域经济高质量发展新引擎、创新驱动发展引领区、绿色生态宜居新城区。成立临空经济区是鄂州百年大计,对于优化鄂州市城市空间布局结构,形成经济增长的新引擎,加快推动鄂州城乡融合高质量发展,有着极其重要的意义。

2019年3月,湖北省政府批复同意成立鄂州市临空经济区。临空经济区的成立,将推动鄂州市深度融入全国全省发展战略布局,构建中部地区开放新高地;推动高端要素资源加快集聚鄂州,打造国际航空贸易平台;推动区域产业布局优化,形成高端临空产业集群,打造全省特色产业增长极;推动区域协同示范发展,为创建国家级空港经济综合试验区创造条件。

鄂州市临空经济区肩负着省委、省政府和市委、市政府的殷殷嘱托,承载着全市人民的切切期望,担负着推进鄂州"三城一化"建设的重要使命。

省人民政府关于鄂州市临空经济区总体方案的批复

鄂州市人民政府,省发展改革委:

省发展改革委《关于呈报鄂州市临空经济区总体方案(送审稿)的请示》(鄂发改文〔2019〕47号)收悉。经研究,现批复如下:

一、原则同意《鄂州市临空经济区总体方案》(以下简称《总体方案》),请认真组织实施。

二、鄂州市临空经济区规划建设应当符合鄂州市城市总体规划、土地利用总体规划等法定规划。

三、《总体方案》实施要以习近平新时代中国特色社会主义思想为指导,全面贯彻党的十九大和十九届二中、三中全会精神,深入贯彻习近平总书记视察湖北重要讲话精神,按照省委、省政府决策部署,坚持"绿色发展、创新发展、协调发展、规划先行、市场运作"原则,以湖北国际物流核心枢纽为依托,强化资源整合,创新空港型物流枢纽城市建设和产业发展模式,全面提升鄂州市临空经济区的高端资源配置力和全球影响力,打造立足中部、服务全国、面向全球的大枢纽、大通道、大平台,建成创新驱动发展引领区、绿色生态宜居新城区,为实施"一芯两带三区"区域和产业发展战略布局、转变经济发展方式、提升对外开放水平、促进军民融合发展发挥示范带动作用。

四、鄂州市人民政府要加强对《总体方案》实施的组织领导,制定具体工作方案,明确责任分工,完善工作机制,加强绩效考核,抓紧推动重点工作和重大项目实施。

五、省政府有关部门要按照职能分工,加强对《总体方案》实施的支持和指导,研究制定支持鄂州市临空经济区建设的具体政策措施,在有关规划编制、政策实施、资源配置、项目安排、体制创新等方面给予积极支持。

六、省发展改革委要加强对《总体方案》实施情况的跟踪分析和督促检查,适时组织开展《总体方案》实施情况评估,重大问题及时向省人民政府报告。

2019年3月14日

鄂州市临空经济区规划面积178.7平方公里。西起鄂黄大桥连接线,北抵长江,东接黄石市主城区与鄂州市花湖镇界,南接黄石市下陆区、铁山区,包含鄂城区燕矶镇、花湖镇、杨叶镇、沙窝乡、碧石渡镇、汀祖镇、新庙镇(葛山大道以东区域)七个乡镇,并托管鄂州市三江港新区。1.5小时航程可覆盖全国90%的主要经济区域,具备衔接东西南北航线,开展联程联运的区位优势,可有效辐射京津冀、长三角、珠三角、成渝、关中—天水等各主要经济区。

鄂州临空经济区规范范围

鄂州市临空经济区近期发展目标是,鄂州民用机场、顺丰速运转运中心、货运航空基地、航空物流园建成运营,临空经济区货运枢纽功能初步显现,起步区规划基本完成。临空经济区基础设施、公共配套服务、产业规划构架初步形成。到2025年,年航空货邮吞吐量达到245万吨,年旅客吞吐量100万人次,多式联运综合交通体系基本建成,实现天河—鄂州机场互联互通,客运消费性服务体系及生活出行配套设施基本完备。远期发展目标是到2045年,大力发展航空物流产业、电子商务产业、临空服务产业、新一代信息技术产业、高端临空制造产业、大健康产业,全力构建高端临空产业体系,并带动传统产业转型升级,区域经济跨越发展,年航空货邮吞吐量达到765万吨,年旅客吞吐量1500万人次,形成全方位扩大对外开放的多组团集约紧凑发展的生态城市,成为航空货运特色鲜明、功能优势突出、高端产业集聚、公共服务高效、绿色生态宜居的临空经济区。

鄂州市临空经济区建设,将坚持"绿色发展、创新发展、协调发展、规划先行、市场运作"原则,强化资源整合,创新空港型物流枢纽城市建设和产业发展模式,按照集约紧凑、产城融合发展理念,构建"一港五区"的总体空间发展格局,同时高水平推进国际化城市生态、文化、教育、医疗等综合功能配套,实现产业、人居环境协调融合发展。"一港"是指国际物流航空港,"五区"是指产城融合发展区、先进制造引领区、航空物流集聚区、综合服务创新区、生态基底保护区。

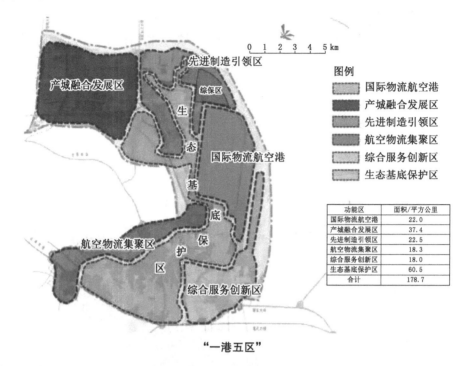

"一港五区"

产城融合发展区,位于临空经济区西北部,规划面积37.4平方公里,建设城市综合体,完善社会公共服务体系,打造产城融合发展的现代都市典范。

先进制造引领区,位于临空经济区北部,规划面积22.5平方公里,重点布局综合保税区、航空货运总部区等功能性项目,发展新一代信息技术、智能装备、大健康等产业,打造临空产业集群。

航空物流集聚区,位于临空经济区西南部,规划面积18.3平方公里。积极发展现代物流、配送产业集群,发展航空服务、电子商务等重点产业,带动相关配套产业协同发展。

综合服务创新区,位于临空经济区南部,规划面积18平方公里。建设国际航空特色城市生活区,发展高端居住、酒店、综合商贸,创新发展航空经济区综合服务业。

生态基底保护区,规划面积约60.5平方公里。推进乡村振兴,建设绿色生态屏障,保护山水林田湖草,审慎开发江湖近岸景观带,发展休闲体验、科普教育、创意文化与生态养生。

鄂州临空经济区将围绕打造国际航空货运枢纽、构建高端临空产业体系、完善临空经济区对外开放功能、建设高品质绿色智慧空港新城等四方面重点任务,大力发展航空物流产业、电子商务产业、临空服务产业、新一代信息技术产业、高端临空制造产业、大健康产业,创新空港型物流枢纽城市建设和产业发展模式,打造立足中部、服务全国、面向全球的大枢纽、大通道、大平台,建成创新驱动发展引领区、绿色生态宜居新城区,为实施"一芯两带三区"区域和产业发展战略布局、转变经济发展方式、提升对外开放水平、促进产业转型升级、引领产业向价值链高端跃升发挥示范带动作用,全面提升鄂州市的高端资源配置力和全球影响力。

2019年12月18日,鄂州市临空经济区正式挂牌。按省委编委批复,鄂州市委临空经济区工作委员会与鄂州市临空经济区管理委员会合署办公。同时,市、区两级出资成立鄂州临空集团有限公司,为临空经济区招商、投资、融资、开发、建设、运营的市场化主体,由市政府委托临空经济区管理与运营。

未来,湖北省计划依托物流核心枢纽项目,在武鄂黄黄地区,大力发展临空产业,聚集人流、物流、资金流、信息流等产业要素,努力形成与航空物流联系密切的高端产业集群,打造国际航空都市区,培育形成新的增长点,辐射带动区域经济社会发展和产业结构转型升级。据预测,项目的实施将增加20万个就业岗位,并带来千亿级产业的经济效益。

2021年9月29日,为助力国家物流枢纽承载城市建设,鄂州市临空物流中心与鄂州职业大学签订战略合作协议。该战略合作协议本着政校合作、优势互补、合作共赢的原则,围绕联合组建服务团队、搭建信息互动平台、建立资源共享机制、合作开展应用研究等方面,开展常态化合作交流,共同服务临空产业发展。

2022年7月17日,鄂州花湖机场(简称"花湖机场")正式投运。国内,顺丰公司将开通从鄂州始发的46条国内城市直飞航线,航空快件时效基于现状预计提升10%～15%,鄂州始发次日达覆盖近300个国内城市。国际,顺丰公司将开通从鄂州始发的9条国际直飞航线,连接日韩、亚太、欧洲及北美。届时,机场白天将主要满足客运需求,夜间将主打货运航空。预计到2025年,鄂州花湖机场年航空货邮吞吐量达245万吨,旅客吞吐量达100万人次;到2050年,年航空货邮吞吐量达908万吨,旅客吞吐量达2000万人次,抢占国内航空货运制高点。

机场将带动更多湖北企业融入世界贸易格局,内陆"空中出海口"呼之欲出。被列为空港型国家物流枢纽承载城市的鄂州市迎来了空前的发展机遇,并将依托鄂州市临空经济区大力发展临空经济,打造"航空之城",谱写鄂州城乡融合高质量发展新篇章,让鄂州这颗镶嵌在长江经济带上的明珠焕发出更加夺目的光彩!鄂州出发,通达世界,千年古都鄂州的腾飞指日可待!

飞行神话传说

古代人类在艰难的生活和生产中,与自然现象作斗争而产生飞行的渴望。扑翼飞行的鸟和昆虫,甚至天空中飘浮的云,都足以引起人们对飞行的幻想,古代种种美丽的飞行神话传说也就由此产生。这些飞行神话传说不仅丰富了古代人类社会文化,也孕育了航空航天技术的萌芽。在众多的古代飞行神话传说中,以中国、古希腊、埃及、印度和阿拉伯地区的最为著名,而且流传最广,有的流传于口头,有的记载于典籍,有的还反映在文学艺术作品中。

中国民间流传的神话故事《牛郎织女》中的天河,欧洲文艺复兴时期的绘画《银河的起源》中的银河,是古代人民对宇宙的生动想象和艺术加工。中国家喻户晓的美丽神话《嫦娥奔月》是人类最早的登月幻想。有关《嫦娥奔月》的记载,初见于西汉初年的著作《淮南子·览冥训》。20世纪70年代初在长沙马王堆一号汉墓出土的帛画上,也绘有嫦娥奔月图,足见这个神话故事至少在公元前200多年就已在民间广为流传。古希腊神话中的代达罗斯父子插翅逃亡,中国春秋时期萧史、弄玉乘龙跨凤双双成仙飞去的故事,是人类升空愿望的生动反映,而古代人类对于升空飞行的方法和途径则又有不同的设想和探索。

飞行神话传说——飞车

对风力的认识和应用在中国已有4000多年的历史,而凭借风力飞行的设想,在公元前就已有记载,如中国战国时期庄周《逍遥游》中的"列子御风飞行",又如古叙利亚人幻想月球上的士兵靠宽大的衬衣升空作战,都表达了古代人类对空气动力作用的朴素认识。中国古籍《山海经》中的飞车、古希腊神话中墨丘利的带翅凉鞋、古条顿传说中魏兰的飞行马甲以及阿拉伯神话中的波斯飞毯等等,进一步表达了人类对利用器械飞行的向往。

(资料来源:https://baike.baidu.com/item/%E9%A3%9E%E8%A1%8C%E7%A5%9E%E8%AF%9D%E4%BC%A0%E8%AF%B4/14107213?fr=ge_ala,2024-7-7)

 思考与探究:

1. 鄂州机场被中国民航局列为首批"四型机场"示范项目,"四型机场"具体指什么?
2. 你对鄂州市临空经济区未来哪些产业特别关注?

参考与征引文献

[1] 盛巽昌. 三国的水战[J]. 航海,1994(4):17.

[2] 水经注[M]. 陈桥驿,叶光庭,叶扬,译. 陈桥驿,王东,注. 北京:中华书局,2020.

[3] 孙大英,李伟山. 魏、蜀、吴三国民族政策之比较[J]. 新世纪论丛,2006(3):79.

[4] 曾建忠. 三国屯田:农田水利中的经济地理[J]. 忻州师范学院学报,2009,25(5):79-81.

[5] 宗旸. 三国孙吴青瓷俑[J]. 南方文物,2010(3):170-171.

[6] 陈鸿彝. 三国时期的交通之势[J]. 中国公路,2018(1):98-99.

[7] 洪燕. 鄂州:铜镜之乡[J]. 湖北档案,2002(2):69-72.

[8] 余鹏飞. 孙权定都建业考[J]. 襄樊学院学报,1999,20(1):30-33.

[9] 张灵敏. 三国时期东吴赵爽对数学的贡献[J]. 兰台世界,2013(24):89-90.

[10] 朱和平,翁小云. 东吴商品经济初探[J]. 许昌师专学报,1997,16(3):64-70.

[11] 叶贤恩. 鄂州人物[M]. 武汉:武汉大学出版社,1995.

[12] 你不了解的鄂州传说[EB/OL]. (2016-04-26). https://www.sohu.com/a/69942987_408958.

[13] 百姓谱局[EB/OL]. (2018-12-20). http://www.ifzsd.com/index.html.

[14] 鄂州市群众艺术馆. 鄂州民间故事集[Z]. 鄂州:[出版者不详],1991.

[15] 贺觉非,冯天瑜. 辛亥武昌首义史[M]. 武汉:武汉大学出版社,2006.

[16] 武汉市档案馆. 湖北革命实录馆武昌起义档案资料选编:下卷[M]. 武汉:湖北人民出版社,1981.

[17] 龚德玖. 烽火麻羊垴:鄂南抗日根据地指挥中心记实[Z]. 2021.

[18] 中共鄂州市委党史办公室. 鄂州历史革命故事选编[M]. 武汉:湖北人民出版社,1994.

[19] 钟桐山. 武昌县志[M]. 刻本. 鄂州:[出版者不详],1885(清光绪十一年).

[20] 熊登. 武昌县志[M]. 刻本. 鄂州:[出版者不详],1673(清康熙十二年).

[21] 邵遐龄. 武昌县志[M]. 刻本. 鄂州:[出版者不详],1763(清乾隆二十八年).

[22] 品读鄂州:鄂州历史文化历史人物文选[Z]. 鄂州:鄂州市史志研究中心,2021.

[23] 明太祖实录[M]. 北京:中国书店出版社,2015.

[24] 丁鹤年. 丁鹤年集[M]. 山东:泰山出版社,2008.

[25] 海瑞. 海瑞集[M]. 北京:中华书局,1962.

[26] 蓝默. 大厦将倾 造物弄人:晚清理财能臣柯逢时其人[EB/OL]. (2022-11-24). https://www.guayunfan.com/lilun/381194.html.

[27] 房玄龄,等.晋书[M].北京:中华书局,1974.

[28] 叶贤恩.鄂州人物[M].武汉:武汉大学出版社,1995.

[29] 叶贤恩.叶贤恩文钞[M].武汉:长江出版社,2018.

[30] 王云武,吴川淮.书作赏析[M].北京:华文出版社,2014.

[31] 丁生俊.丁鹤年[M].银川:宁夏人民出版社,1982.

[32] 湖北省政协文化文史和学习委员会,湖北省荆楚文化研究会,鄂州市政协文化文史和学习委员会.鄂州文化简史[M].武汉:湖北人民出版社,2021.

[33] 刘敬余.中国传统节日[M].北京:北京教育出版社,2018.

[34] 刘向.战国策[M].长沙:岳麓书社,1988.

[35] 李学勤.十三经注疏·周礼注疏:下[M].北京:北京大学出版社,1999.

[36] 王明.抱朴子内篇校释:增订本[M].2版.北京:中华书局,1985.

[37] 佘晖.鄂州古镜500面 200破镜在重圆[N].长江日报,2005-09-01(5).

[38] 刘国安,杜政宁.鄂州古铜镜[J].瞭望,1998(21):53.

[39] 吕晴.有生一生镜中:记鄂州青铜镜铸镜人仙有生[N].鄂州日报,2022-03-24(6).

[40] 姜剑松.750余年前老手艺 织就华容老土布[N].鄂州日报,2022-03-09(5).

[41] 鄂州市文化和旅游局.华容土布代表性传承人倪珍云[EB/OL].(2021-11-04).http://www.ezhou.gov.cn.

[42] 鄂州市华容区文化和旅游局."土布"传承人倪珍云老师[EB/OL].(2021-09-09).http://blog.sina.com.cn.

[43] 光同敏.新疆维吾尔族印花土布图案研究[J].装饰,2013(2):94-95.

[44] 王凯迪.为什么湖北省内部的方言差异如此巨大?[EB/OL].(2021-01-31).https://new.qq.com/rain/a/20210131A0BEFC00.

[45] 谈微姣.鄂州方言语音研究[D].武汉:华中师范大学,2008.

[46] 柳翠.鄂州方言典型词汇表达浅析[J].大众文艺,2010(18):46-48.

[47]《三山村志》编纂委员会.三山村志[M].武汉:崇文书局,2015.

[48] 刘江峰.山水乡愁·歌游鄂州[M].北京:中国旅游出版社,2016.

[49] 龚冠军,叶贤恩.鄂州史话[M].北京:气象出版社,1992.

[50] 田克华.远去的樊湖硪歌[EB/OL].(2019-03-20).http://www.ezhou.gov.cn.

[51] 张靖鸣,刘江峰.鄂州民歌,散落在水乡的瑰宝[EB/OL].(2023-05-21).https://baijiahao.baidu.com/s?id=1766463496191658095&wfr=spider&for=pc.

[52] 黄小平.哈尼族民歌衬词艺术[J].武汉音乐学院学报,2009(1):97-100.

[53] 乐记译注[M].吉联抗,译注.阴法鲁,校订.北京:音乐出版社,1958.

[54] 陈绍辉.试论三国时期的鄂州[J].鄂州大学学报,2009,16(3):34-36,46.

[55] 曾建忠.三国屯田-农田水利中的经济地理[J].忻州师范学院学报,2009,25(5):79-

81,90.

[56] 汪家伦. 东吴屯田与农田水利的开发[J]. 中国农史,1989,8(1):57-64.

[57] 徐国胜. 鄂州出土纪年铜镜综述[A];《全国第七届民间收藏文化高层(湖北 荆州)论坛文集》2007:85-86.

[58] 张作耀. 论孙权[J]. 江汉论坛. 2006(9):79-82.

[59] 梁中效.《水经注》中的三国经济地理[J]. 汉中师范学院学报(社会科学). 1997(1):37-40.

[60] 肖梦龙. 试论历史上三次移民对镇江发展的巨大推动[J]. 东南文化,2001(3):69-75.

[61] 徐明德. 公元三世纪江南经济考略[J]. 浙江学刊. 1984(4):24-27.

[62] 马宝记. 曹魏学校教育制度及其特点述论[J]. 许昌学院学报,1998,17(S1):73-76.

[63] 陈鸿彝. 三国时期的交通之势[J]. 中国公路,2018(1):98-99.

[64] 朱和平,翁小云. 东吴商品经济初探[J]. 许昌学院学报,1997,16(3X):64-70.

[65] 熊寿昌. 鄂州市三国文物资源情况及保护与利用思路[J]. 文化发展论丛,2013(2):182-191.

[66] 王少石. 一件三国越窑白瓷熊灯引起的思考[J]. 收藏家,2005(8):28-30.

[67] 娄佳清. 三国东吴时期越窑青瓷工艺技术研究[D]. 杭州:浙江大学,2019:3-35.

[68] 贺云翱,干有成. 南京与海上丝绸之路的历史观察[J]. 江苏地方志,2023(6):35-40.

[69] 杨洪贵. 试论孙吴时期江南经济的开发[J]. 重庆师专学报,1997(3):54-57,63.

[70] 王永平. 略论东吴时期侨寓士人的文化贡献[J]. 南京大学学报(哲学 人文科学 社会科学),2001,38(2):75-82.

[71] 张学淳. 千古绝句-赏析宋诗[M]. 上海:上海社会科学院出版社,2013.

[72] 李建邡. 凭栏十里芰荷香:黄庭坚《鄂州南楼书事》赏读[J]. 写作(中),2002(16):33.

[73] 邹志生,王惠中. 毛笔书法教程[M]. 6版. 武汉:华中科技大学出版社,2018.

[74] 罗福惠,罗芳. 名人咏武昌[M]. 武汉:武汉出版社,2019.

[75] 魏丽. 丁鹤年及其诗歌研究[D]. 兰州:西北师范大学,2012.

[76] 潘雨. 张裕钊书法研究[D]. 长沙:湖南师范大学,2019.

[77] 王永鸿,周成华. 中华书法千问[M]. 西安:三秦出版社,2012.

[78] 刘韵智. 张裕钊诗文研究[D]. 保定:河北大学,2018.

[79] 洪燕. 鄂州:铜镜之乡[J]. 湖北档案,2002(2):36.

[80] 党建网微平台. 习近平谈文化自信[EB/OL]. (2019-06-14)[2024-3-25]. http://www.qstheory.cn/zhuanqu/bkjx/2019-06/14/c_1124624754.htm.

[81] 雷闯. 湖北携手顺丰打造航空物流"巨无霸"[EB/OL]. (2017-12-14)[2024-4-22]. http://www.hubei.gov.cn/zwgk/hbyw/hbywqb/201712/t20171214_1234483.shtml.

[82] 周奥. 湖北国际物流核心枢纽项目开工仪式隆重热烈简朴大方不需等三年机场抢先看[EB/OL]. (2017-12-21)[2024-4-22]. https://www.ezhou.gov.cn/zt/zdzt/hkcs/ywdt/201712/t20171221_174528.html.

[83] 戴劲松. 湖北鄂州民用机场总体规划通过专家评审[EB/OL]. (2018-10-27)[2024-4-22]. http://www.hubei.gov.cn/zwgk/hbyw/hbywqb/201810/t20181027_1357156.shtml.

[84] 李剑军,方阳. 鄂州民用机场初步设计方案通过专家评审[EB/OL]. (2019-02-03)[2024-4-22]. https://www.ezhou.gov.cn/zt/zdzt/hkcs/ywdt/201902/t20190203_178250.html.

[85] 鄂州政府网,图解:《鄂州市临空经济区总体方案》. [EB/OL]. (2019-04-15)[2024-4-22]. https://www.ezhou.gov.cn/gk/zc/zcjd/zcjdzy/201904/t20190415_186766.html.

[86] 周奥. 鄂州市临空经济区正式成立:王立出席会议并讲话 刘海军作工作部署[EB/OL]. (2019-12-05)[2024-4-22]. https://www.ezhou.gov.cn/zt/zdzt/hkcs/ywdt/201912/t20191211_310887.html.

[87] 戴劲松,郑博,刘小进. 鄂州机场首个地面建筑开建 主体工程今年计划完成投资45亿元[EB/OL]. (2020-04-03)[2024-4-22]. https://www.ezhou.gov.cn/zt/zdzt/hkcs/xmjz/202004/t20200403_332607.html.

[88] 曹彦,熊庭辉,李念. 鄂州民用机场空管工程首根桩基顺利开钻[EB/OL]. (2020-04-17)[2024-4-22]. https://www.ezhou.gov.cn/sy/ezyw/202004/t20200417_334005.html.

[89] 吕晴,刘洪宇. "政校合作"共谋临空产业发展[EB/OL]. (2021-10-21)[2024-4-22]. https://www.ezhou.gov.cn/zt/zdzt/hkcs/cyfz/202110/t20211021_434232.html.

[90] 蒋康康,王锦旗. 花湖机场跑道首次亮灯[EB/OL]. (2021-11-18)[2024-4-22]. https://www.ezhou.gov.cn/zt/zdzt/hkcs/xmjz/202111/t20211118_442140.html.

[91] 王永建. 乘"机"而上 打造"空中出海口"——鄂州花湖机场工程建设综述[EB/OL]. (2021-12-28)[2024-4-22]. https://www.ezhou.gov.cn/zt/zdzt/hkcs/xmjz/202112/t20211228_450016.html.

[92] 周长庆,周奥. 亚洲第一个专业货运机场——鄂州花湖机场建成校飞 湖北航空客货"双枢纽"格局即将形成[EB/OL]. (2021-12-30)[2024-4-22]. https://www.ezhou.gov.cn/gk/zdlyxxgk/lwlb/gzbs/202112/t20211230_450453.html.

[93] 吕晴. 一飞冲天 通航可期——鄂州花湖机场建成校飞剪影[EB/OL]. (2021-12-30)[2024-4-22]. https://www.ezhou.gov.cn/zt/zdzt/hkcs/ywdt/202112/t20211230_450456.html.

[94] 戴劲松,何旭峰.鄂州花湖机场顺利完成飞行程序模拟机验证[EB/OL].(2022-02-25)[2024-4-22]. https://www.ezhou.gov.cn/zt/zdzt/hkcs/ywdt/202202/t20220228_458291.html.

[95] 鄂州花湖机场第一架货运大飞机来了[EB/OL].(2022-03-19)[2024-4-22]. https://lkjjq.ezhou.gov.cn/lkzx/lkdt/202203/t20220319_462206.shtml.

[96] 湖北鄂州打造国际航空货运枢纽 助力区域经济高质量发展[EB/OL].(2022-07-17)[2024-4-22]. https://www.ezhou.gov.cn/zt/zdzt/hhjc/meitijujiao/202207/t20220725_487936.html.